首席数据官管理手册

建立并运行组织的数据供应链

［德］马丁·特瑞德（Martin Treder） 著

马欢 等译

本书从首席数据官（CDO）的视角介绍了作为一个组织的数据部门管理层，如何开展和推进自己的工作。

全书分为三个部分，共23章。第一部分（第1~11章）从职能角度介绍了如何打造一个合格的数据办公室，包括现状调研、数据供应链、数据愿景、数据使命和数据战略、数据治理、数据质量、主数据、数据的组织角色，以及数据办公室的职责等传统数据管理的专业内容；第二部分（第12~15章）从心理学角度介绍了首席数据官应该具备和了解的一些软技能，包括应对CDO的挑战、利益相关者分析、治理心理学，以及CDO的常见误区等；第三部分（第16~23章）讨论了数据管理的一些新兴话题，如数据伦理、外部数据、数据分析、危机中的数据管理、并购中的数据和数据创新等内容。

这是一本适合首席数据官们阅读的百科全书式的管理手册，对于其他数据管理相关岗位的读者，本书也是一本难得的学习用书。

此版本仅限在中国大陆地区（不包括香港、澳门特别行政区及台湾地区）销售。

First published in English under the title
The Chief Data Officer Management Handbook: Set Up and Run an Organization's Data Supply Chain
by Martin Treder
Copyright © Martin Treder, 2020
This edition has been translated and published under licence from APress Media, LLC, part of Springer Nature.

北京市版权局著作权合同登记 图字：01-2021-6192 号。

图书在版编目（CIP）数据

首席数据官管理手册：建立并运行组织的数据供应链 /（德）马丁·特瑞德 (Martin Treder) 著；马欢等译. — 北京：机械工业出版社，2022.4（2025.3 重印）

书名原文：The Chief Data Officer Management Handbook: Set Up and Run an Organization's Data Supply Chain

ISBN 978-7-111-70430-0

Ⅰ.①首… Ⅱ.①马… ②马… Ⅲ.①企业管理-数据管理-手册 Ⅳ.①F272.7-62

中国版本图书馆 CIP 数据核字（2022）第 048793 号

机械工业出版社（北京市百万庄大街22号　邮政编码100037）
策划编辑：张淑谦　　责任编辑：张淑谦　赵小花
责任校对：张艳霞　　责任印制：单爱军

北京虎彩文化传播有限公司印刷

2025 年 3 月第 1 版·第 5 次印刷
184mm×240mm · 19.5 印张 · 1 插页 · 441 千字
标准书号：ISBN 978-7-111-70430-0
定价：119.00 元

电话服务	网络服务
客服电话：010-88361066	机 工 官 网：www.cmpbook.com
010-88379833	机 工 官 博：weibo.com/cmp1952
010-68326294	金 　书 　网：www.golden-book.com
封底无防伪标均为盗版	机工教育服务网：www.cmpedu.com

本书翻译组

组　　长

马　欢　《DAMA数据管理知识体系指南》系列书主译者

组　　员（按姓氏笔画排序）

马　运　华为公司数据管理部部长，质量与流程IT首席数据官
王　兵　中国软件评测中心数据治理专家
刘贤荣　中国建设银行数据管理部副总经理
刘静莉　上海市海促会浦江学术委员会学术委员
吴志刚　中国软件评测中心副主任、大数据生态联盟专家委委员
张礼立　上海市海促会秘书长、中国人民大学CIO研究中心研究员
赵　瑞　数据管理专家、高级工程师
姚　凯　天邦股份CIO，云安全联盟研究院执行主任
袁　芳　清华大学信息化技术中心高级工程师
高　平　康明斯（中国）高级数据服务经理
郭　媛　上海市海促会浦江学术委员会学术委员
宾军志　数据管理能力成熟度评估模型DCMM国家标准主要起草人
彭文华　数据管理专家、高级工程师
魏　凯　中国信息通信研究院云计算与大数据研究所副所长

译者序

以信息与数字技术为核心的新一轮技术革命，正在迅猛影响着如今的经济运行模式和机制。随着信息科技的进一步深入发展，人类正在快速步入数字时代。海量数据及其高速交换所产生的价值已经成为生产的核心要素与生产力，正在帮助各行各业的组织做出更为客观、快捷与合理的决策。数据管理的重要性变得越来越明显，并成为现代组织管理至关重要的生产因素之一。

直到20世纪末，数据管理还远非一个高级岗位。首席数据官（Chief Data Officer，CDO）于21世纪初首先出现在国外一些数字化转型领先企业，是随着企业不断发展而诞生的一个新型高级管理者。CDO负责开发和实施组织获取、管理、分析和应用数据的一套方法，以数据支撑组织业务战略并确保从中产生价值。

目前，CDO在中国还是一个新兴的岗位，但是我们欣喜地看到，对数据的重视已经上升到国家战略层面，目前多个省市已经出台鼓励各组织设置CDO岗位的政策。CDO将在中国的数字化转型中扮演非常重要的角色，即从数据资产管理者到数据价值创造者，甚至将来CIO的角色都要逐渐向CDO的角色转换。

同时，我们也看到，不同的组织属性，不同的数字化转型程度，使组织对CDO岗位的理解和要求也有所不同。目前还缺乏CDO岗位相关的知识体系介绍。本书的作者马丁有25年跨国企业工作经验，专业上涉猎几乎全部数据领域，在DHL快递公司、TNT快递公司和FedEx快递公司等多家企业成立并领导了数据管理组织。他将丰富的经验浓缩成这本《首席数据官管理手册》，以通俗的语言介绍了CDO应该具备的技术和非技术素养。

全书分为三部分，共23章。第一部分（第1~11章）从职能角度介绍如何打造一个合格的数据办公室，包括现状调研、数据供应链、数据愿景、数据使命和数据战略、数据治理、数据质量、主数据、数据的组织角色，以及数据办公室的职责等传统数据管理的专业内容；第二部分（第12~15章）从心理学角度介绍首席数据官应该具备和了解的一些软技能，包括应对CDO的挑战、利益相关者分析、治理心理学，以及CDO的常见误区等；第三部分（第16~23章）介绍数据管理的一些新兴话题，如数据伦理、外部数据、数据分析、危机中的数据管理、并购中的数据，以及数据创新等内容。本书不仅可以为CDO们提供极大的工作参考，对于有志成为CDO的读者，本书也是一本难得的学习用书。

本书的译者均来自国内大型企业或科研机构，他们担任 CDO 或者实际承担 CDO 职责，抑或是数据管理领域的专家，平均从业经验超过 20 年。感谢他们在百忙之中奉献难得的闲暇时光，给读者们带来高质量的精神食粮。

随着后工业与后疫情时代的到来，译者希望每位读者都能问问自己：我的目标是什么？是想成为幕后工作的大师，还是成为跨专业领域的转型领导者？

希望本书能给数据管理领域的各位同仁以启迪和帮助。让我们在数字化的道路上共同前进！

马　欢

作者简介

马丁·特瑞德（Martin Treder）是一位经验丰富的数据总监，拥有25年跨国企业从业经验。在过去的十年，马丁在DHL快递公司、TNT快递公司和FedEx快递公司等多家企业成立并领导了数据管理组织。他所涉猎的数据领域多种多样，包括数据治理、主数据管理、数据建模、数据质量、数据科学和数据分析等。

作为一名善于钻研的数学家（主要研究课题为运筹学和应用统计学），马丁始终致力于通过管理好数据来创造长期商业价值，并注重塑造数据驱动的企业文化。

与此同时，在各种国际会议上，马丁也是一位颇受欢迎的演讲嘉宾和专题讨论小组成员，主要围绕数据、数字化和分析学等主题开展讨论。他著有专著《成为数据驱动型组织：解锁数据价值》（*Becoming a data-driven Organisation: Unlock the value of data*, Springer Vieweg, 2019），帮助管理层认识主动管理数据的必要性。

致谢

具有广泛适用性的书籍是无法由个人成就的,由衷感谢世界各地数据社群的支持,在一轮又一轮反复讨论中,相互分享所面临的挑战、采取的应对方法、取得的成果,以及遭受的失败。参与的朋友们不计其数,很难在此一一列举。

众多专业组织通过举办研讨会、专题活动和展会等多种形式,为广大数据专业人士互通有无提供了必不可少的交流平台,在此向你们致以崇高的敬意!

非常荣幸曾受邀在这些组织的活动中参与演讲:Data Leaders(英国)、IQPC(美国)、ThinkLinkers(捷克)、Corinium Global Intelligence(英国)、Vonlanthen Group(捷克)、GIA Global Group(捷克)、Encore Media Group(英国)、Platinum Global Solutions(英国)、Marcus Evans(捷克)、Cintona(瑞士)、Khaleej Times(阿联酋)、Information Services Group(美国)、Corporate Partners(捷克)、Hyperight AB(瑞典)、Engaged Communications(德国)、DataCampus(德国)、The Economics Times(印度)和 IMH(塞浦路斯)。

参加这些活动总是收获颇丰,既能通过分享有所贡献,又能从其他演讲嘉宾和观众的经验中汲取养分,真是太棒了!

序言

在伦敦郊外诺森伯兰公爵（Duke of Northumberland）城堡中，正在举办一场精彩纷呈的 CDO 峰会。在自助餐台前，作为活动主席，我尽职地与每位来宾交谈。不过，我还是有点饥肠辘辘，而且由于时差的缘故稍感不适。我正打算自己待会儿，舀起一块特别美味的鸡肉准备品尝，突然被盘子对面洪亮的声音吓了一跳。

"我猜你肯定不喜欢最后一位讲的内容吧？"

就我的身份而言，应当尽可能保持中立，对每一位演讲者都不妄加评论，于是，我回答道："不好意思，您说什么？"

"我说，你一定不喜欢最后一位演讲者所讲的，他说绝大部分首席数据官最终都会变成首席数据分析官！"

这说法在会上确实触动了我，这位仁兄一针见血，实在是太了解我了。

我大声说："是的，我一点也不喜欢！"

他微笑着说："我刚才说了嘛，你不喜欢。"

就这样，我和马丁·特瑞德成为好友，我们都意识到彼此志同道合，尤其在数据重要性方面有许多共识。

我是斯科特·泰勒，以雅号 Data Whisperer（数据语者）闻名。我帮助数据平静下来。"让数据平静下来"是我们每个人在数据管理领域所做的工作。数据很难被驾驭，它规模庞大并且没有被结构化，我们需要让它平静下来。

我和马丁都坚信恰当的数据管理具有战略意义。对于管理数据的关键因素我们拥有共识，主要在于数据，尤其是基础数据，如何帮助企业成长提升，并保护业务的开展。我也认为类似分析这样的因素很重要，但重要性达不到人们所认为的程度。分析很炫酷诱人，背后至关重要的东西却更值得探讨，尽管它们籍籍无名、相对乏味。毕竟没有正确的数据基础何谈分析的意义。

近段时间，我们两人都在致力于宣传、普及工作，希望让各个组织更关注它们的数据，数据不只是花式图表和报告，还有待掌握的基本要素。在我看来，数据和数据管理是要确定事实，分析和商业智能是要推导意义。大部分数据专家已经知道和支持这一观点，并明白它的含义。实际上，我所见过的数据专家无一例外都会赞同正确使用数据进行分析可以获得更多价值的观点，马丁和我也这样认为。数据和分析相互依存、彼此需要。两者紧密结合，不过将它们分开考量也很有帮助。马丁说，每家企业都需要坚实的数据基础，用于展示各种用数据实现的炫酷形式。

如今的大趋势是推行炫酷的东西，包括云、数据科学、边缘分析等。这些仍然需要坚实的数据基础。不管过去怎样，现在如何、去向哪里，未来是什么，都需要"一个实现所有炫酷形式的坚实数据基础"。

我倡导朴实的东西。往往是默默无闻的数据专业人士在数据管理、数据治理、主数据管理（MDM）、研究数据管理（RDM）、主数据、元数据等领域辛勤耕耘，他们的日常工作成为基础，形成基石，让企业凭借出色的信息分析能力蓬勃发展。

如果将组织比作人体，则数据好比身体里流淌的血液，组织的健康离不开数据的妥善管理。想要减重和塑形，吃的食物要有所不同，还得坚持锻炼。这些都是我们需要理解和掌握的基本要点。除了辛勤耕耘之外，并无捷径可循。

我希望人们觉得我擅长"谈论数据"。我关注"战略原因"而非"实际操作方法"。因为您正在读这本书，在电梯里遇到公司 CEO 时，想分享的应当不仅仅是个好故事吧。您需要从资深数据专业人士那里获取实践经验，他们往往在数据领域摸爬滚打数年，面对挑战在失败中获得成功，理解首席数据官当下和未来的角色意义。这就是《首席数据官管理手册》会成为实用宝典的主要原因。马丁潜心研究自身专业知识和其他专业人士的经验，旨在帮助大家理解首席数据官（Chief Data Officer，CDO）的设计、执行以及心理学等方面的知识。首席数据官可是数十年来首席（Chief）家族里新增的一员。请注意，这里没有加 A （单词"Analytics（分析）"的首字母）。

马丁给出的是可以付诸行动的建议，而不是学术理论。这是一本手册，并非教科书。它简明扼要，但并不简单。我们可以通过本书培养技术知识之外的必备技能。将它作为日常工作中的实用指南，会给您当前的首席数据官工作带来很大鼓舞与帮助！

我曾亲眼所见马丁给一众数据领导做分享，他凭借自身的满腔热情感染了现场所有人。对于数据的价值和能量，马丁深信不疑，并激励大家为之奋斗。有时，他恨不得冲下讲台，撸起袖子，帮助听众一道挖掘他们的数据价值。希望有一天您也能亲临现场感受这无与伦比的感染力。在这一刻到来之前，本书能带给您意想不到的收获。或许某天您会幸运地亲身体验马丁的感召力，甚至在自助餐台旁与他愉快交流。把握机会好好享受吧！

斯科特·泰勒（Scott Taylor）
数据语者（Data Whisperer），MetaMeta Consulting

前言

您抱着某种期待翻开本书。

组织可能正要求您让数据变得更有序。当发现某些数据无法获取，或者看似精确的预测但结果并不对时，CEO 很可能会大发雷霆。或者，通过观察组织中处理数据的方式，您会认为有更好的处理方法。

无论哪种方式，都涉及当前在经营方面最被低估的话题之一：对于使用数据呈现的各种炫酷事物，都离不开坚实的数据基础。

您是否曾想过，为什么许多组织将数据称为"21 世纪的石油"，但在实现真正的数据驱动时却很艰难。

这个问题不能一概而论。各种症结在不同程度上造成了这一困局。但是，从商业角度而言，要帮助组织获得短期和长期收益，理解这些因素至关重要。

诚挚邀请您细读本书，看看业界一些先驱者们有什么发现。当然，最重要的还是根据所服务的组织情况反思书中的内容。

空余时间有限，几百页的数据管理内容读起来太多了？别担心，这本书不是一本小说！想从哪里开始看都行，可以选择最感兴趣的主题阅读，或是按个人喜好确定阅读顺序。书中有些交叉引用的部分，不过没有哪一章是一定要读过前面的内容才能看的。

尽情享受阅读时光吧！

马丁·特瑞德

导读

首席数据官（Chief Data Officer，CDO）的数量正在逐年上升。

早在 2018 年，Randy Bean[1] 就在福布斯网站（Forbes.com）上写道：

在 2012 年首次调查中，仅有 12% 的高管表示所在公司任命了 CDO。过去几年里，首席职位家族中的这一新角色增幅迅猛。在最近发布的 2018 年调查中，近三分之二（即 63.4%）的高管称其公司拥有 CDO。显然，CDO 已成为大多数大公司的常设职位。

2020 年 3 月，Gary Richardson[2] 报告了进一步的增长：

CDO 的角色正在发生变化，并进一步受到业界关注——70%的公司现已任命 CDO，而 2012 年时这一比例只有 12%。这一角色是否胜任对于业务发展至关重要。很明显，CDO 应跳出防御性数据战略的思维，力争成为变革的推动者[3]。

然而，与此同时，在数据方面有意识的人们仍然很难有效地让其组织以数据驱动的思维模式发展。

我乐于倾听各种组织里数据专家们的担忧[4]。越来越多最初参与变革的人表示，他们的挫败感与日俱增。其中大多数人认为几乎不可能在组织中自下而上形成以数据为中心的思维方式。

即便位居高层，有充分的权力推动变革，情况似乎仍然极具挑战。最近，在 2020 年 2 月，Michael Wade[5] 教授表示，CDO 的平均任期仅为 31 个月，比其他 C 层级的角色都要短[6]。

为什么会这样？

大多数情况下，问题不在于 CDO 们的观念或知识水平。他们中的许多人都算得上经验丰富的数据专家。

了解数据价值及其背后的科学知识确实很有帮助，但这往往还不够。挑战在于让人

---

[1] Randy Bean 是咨询公司 NewVantage Partners 的首席执行官（CEO）和管理合伙人。
[2] Gary Richardson 是 6point6 的新兴技术部总经理，领导 AI 与机器学习解决方案开发团队。
[3] Gary Richardson："CDO-你获得了这个职位，现在如何避免被解雇？" ITProPortal，2020 年 3 月 2 日，https://www.itproportal.com/features/cdo-you-got-the-job- now-how-do-you-avoid-getting-fired/。
[4] 专业平台的数据会议和专家讨论组是倾听与学习的绝佳机会。
[5] Michael Wade 是瑞士洛桑 IMD 商学院创新与战略学教授，思科数字化业务转型主任。
[6] Michael Wade："从兴盛到离去——为何首席数字官难逃失败宿命"，世界经济论坛（World Economic Forum），2020 年 2 月 12 日，https://www.weforum.org/agenda/2020/02/chief-digital-officer-cdo-skills-tenure-fail/。

们都参与进来，包括管理层和所有人员。

没有正式职权的 CDO 就像没有牙齿的老虎。然而，仅凭借权力也无法使 CDO 成功。CDO 需要培养的技能通常可分为以下三类。

1）数据专业知识。

2）组织能力和以业务为导向的能力。

3）社交和沟通技能。

就上面第一类而言，CDO 普遍没有什么问题。通常他们都紧跟技术发展步伐，知道自己在谈论什么。

虽然数据管理书籍不谈第一点会显得不完整，不过本书还是着重讨论另外两点。

CDO 要成功开展工作，建议采取三步法：

1）了解组织情况。

2）规划各级目标。

3）制订并实施计划。

本书通过三部分内容帮助 CDO 完成上述三步工作：

- 第一部分（第 1~11 章）：设计高效的数据办公室。它讨论数据管理组织结构的相关内容，以应对现有的不足和机遇。
- 第二部分（第 12~15 章）：数据管理心理学，解决将公司向数据驱动型组织转变中遭遇的主要挑战。
- 第三部分（第 16~23 章）：数据管理实践，探讨如何处理数据办公室所面对的典型问题。

整本书都会以 CDO 作为首席数据官的缩写。当然，因尚未有明确标准，您的角色可能会有不一样的称呼。但不用担心称谓的不同，无论是业务信息经理（Business Information Manager）、首席数据分析官（Chief Data and Analytics Officer），还是数据管理主管（Head of Data Management），都适合阅读本书。

目录

译者序
作者简介
致谢
序言
前言
导读

第一部分　设计高效的数据办公室

第 1 章　了解组织情况　2
第 2 章　有效数据管理的几个方面　14
第 3 章　数据供应链　26
第 4 章　数据愿景、使命和战略　35
第 5 章　主数据管理　45
第 6 章　数据治理　58
第 7 章　数据语言　68
第 8 章　数据流程　81
第 9 章　角色和职责　91
第 10 章　数据质量　99
第 11 章　打造数据办公室团队　113

第二部分　数据管理心理学

第 12 章　CDO 的典型挑战　136
第 13 章　如何表现得像 CDO　150
第 14 章　利益相关者　154
第 15 章　治理心理学　174

第三部分　数据管理实践

第 16 章　数据业务案例　182

第 17 章　数据伦理与数据合规⋯⋯⋯⋯⋯⋯⋯⋯⋯⋯⋯⋯⋯⋯⋯⋯⋯⋯⋯⋯⋯⋯⋯⋯ 201

第 18 章　外面的世界⋯⋯⋯⋯⋯⋯⋯⋯⋯⋯⋯⋯⋯⋯⋯⋯⋯⋯⋯⋯⋯⋯⋯⋯⋯⋯⋯ 209

第 19 章　数据处理⋯⋯⋯⋯⋯⋯⋯⋯⋯⋯⋯⋯⋯⋯⋯⋯⋯⋯⋯⋯⋯⋯⋯⋯⋯⋯⋯⋯ 228

第 20 章　分析数据⋯⋯⋯⋯⋯⋯⋯⋯⋯⋯⋯⋯⋯⋯⋯⋯⋯⋯⋯⋯⋯⋯⋯⋯⋯⋯⋯⋯ 246

第 21 章　危机中的数据管理⋯⋯⋯⋯⋯⋯⋯⋯⋯⋯⋯⋯⋯⋯⋯⋯⋯⋯⋯⋯⋯⋯⋯⋯ 267

第 22 章　并购中的数据⋯⋯⋯⋯⋯⋯⋯⋯⋯⋯⋯⋯⋯⋯⋯⋯⋯⋯⋯⋯⋯⋯⋯⋯⋯⋯ 273

第 23 章　数据创新⋯⋯⋯⋯⋯⋯⋯⋯⋯⋯⋯⋯⋯⋯⋯⋯⋯⋯⋯⋯⋯⋯⋯⋯⋯⋯⋯⋯ 281

附录 A　定律列表⋯⋯⋯⋯⋯⋯⋯⋯⋯⋯⋯⋯⋯⋯⋯⋯⋯⋯⋯⋯⋯⋯⋯⋯⋯⋯⋯⋯⋯ 292

附录 B　参考文献⋯⋯⋯⋯⋯⋯⋯⋯⋯⋯⋯⋯⋯⋯⋯⋯⋯⋯⋯⋯⋯⋯⋯⋯⋯⋯⋯⋯⋯ 294

第一部分
设计高效的数据办公室

> 尚未建立数据战略和强大数据管理职能的公司亟待迎头赶上,否则就要准备退出市场了。
>
> ——托马斯·H.达文波特,"你的数据战略是什么?"
>
> (达文波特,2017)

第 1 章
了解组织情况

"小心啦!智能企业来啦!"

图 1-1. 智能企业

人人都在谈论"数据"。如果询问公司高管数据是否重要，他们普遍都会认为数据很重要。事实上，越来越多的组织意识到，数据的重要性与日俱增。

是的，即使没有专门的数据管理，看看几十年的成绩，他们已然成功很多年了。但是技术的发展使数据管理势在必行已经是毋庸置疑。数据带来了很多机会，而不使用数据的人在竞争中则有很多劣势。

这是否意味着大多数组织都做好了充分准备，以应对数据时代带来的挑战和机遇呢？

上述问题可能被认为是明知故问。那么是什么阻止这些有意识的组织迈出关键一步行动呢？

让我们仔细看看。

想改变一个组织，首先要了解这个组织的情况。

要理解目前组织处理数据的方式，需要回顾整个发展过程：数据并非突然出现，数据的相关性是在过去几十年里逐渐发展起来的。

因此，不是某个时刻或者某件事促使组织做出决定"我们需要管理和协调数据"。就像寓言故事[1]中的温水煮青蛙一样，本应对数据大爆炸的出现做出反应的组织，却并未随着数据的逐渐升温而及时采取行动。

反而组织中的不同领域涌现出越来越多明智的人，认识到采取行动的必要性和由此带来的机遇。通常，IT 部门成为孵化器，并首先意识到技术机会。一些其他情况下，业务[2]部门的非技术人员也感受到了痛点，并决定为此做点什么。

随着时间推移，人们逐渐发展出许多典型的做法，也由此引发出一些问题。让我们来仔细看看吧。

五种隐晦的数据治理模式

数据不能不治理。它无处不在，人们总是需要处理数据。在组织允许的范围内，人们会避免那些明令禁止的活动，采取当前情况下看起来最佳的方法。

这种情况类似于国家政体及其政权制度，我们采用五种政治标签描述组织处理数据的模式（见图 1-2）。

最有效的国家政体形式在组织中的效果不一定最好。这一发现特别适用于数据管理领域。

组织可自由匹配以下这些模式。找准模式可以帮助解决相关风险。

---

[1] 维基百科中有相关描述——Boiling Frog, 2019（温水煮青蛙，2019）。

[2] 本书使用"业务"一词描述受益于有效管理数据的实体。当然，将数据服务提供者与数据服务使用者完全区分开并不准确。实际上，IT 在这种情况下主要是服务提供者，而当数据用于帮助管理 IT 部门的"业务"时，IT 就成为数据的使用者。

中央集权型数据治理

中央集权型的模式是在组织中建立一种严格的管理结构。这种模式经常会在传统实业组织中见到。因为它往往不考虑所处环境的具体情况,有时也被称为"象牙塔模式"。

图 1-2. 组织中实际的治理模式

通常来说,在任何情况下,"必须有人负责"这一积极的出发点已成为该类型组织的信条。

在现实生活中,利用这种方法处理数据时经常会导致以下状况:

- 组织的所有数据专家都集中在一个团队中。
- 其他部门都通过这个团队开展数据活动。各部门不得单独行动,或者无法获得资金支持。
- 该团队只注重数据分析。一些中央集权型组织还会有一个专门的团队管理主数据,但组织通常不会强制要求这两个团队合作。

然而,这种非常传统的组织架构设置会带来一些风险。

(ⅰ) 互不相通

人们要么是业务专家,要么是数据专家,两者之间可能互不了解。往往没有人既能理解业务,又能知道如何通过数据管理解决业务问题。

(ⅱ) 利益冲突

数据人员的目标往往与业务部门不同。可能没有有效机制能根据业务相关性对数据团队的活动进行优先级排序。因此,数据团队可能会关注成功概率更高的事情,或从数据科学角度来看更有趣的那些项目。

(ⅲ) 跑偏的忠诚度

当业务团队和其集中式"服务提供商"之间有明显不同的意见时,大家都不会觉得自己是大团队的一员，很容易区分"他们"（对方）和"我们"。因此，数据人员往往感觉不到哪部分业务决策是根据他们的输出而做的，也看不到和他们的工作有什么联系。当业务团队取得成功时，往往想和自认为是"我们"团队的人一起去庆祝，这通常不包括那些"服务提供商"。

总而言之，当企业的整个业务环境日益依赖跨职能协作时，中央集权模式将不再适合。

民主型数据治理

民主型数据治理听起来不错，对吧？

民主制是从像国家这样的群体发展起来的，这一点应当是普遍共识。这类群体的大多数成员都是长期利益相关者，因此不太关注短期收益。

要从最初的参与模式发展为可持续的民主模式，这些群体必须引入某些规则[3]，以避免因追求大多数人的短期收益而对整个群体产生长远影响。

> **示例**
>
> 假设在一座孤岛上有一个社区。为了改善公共生活，居民们同意以民主方式做出所有决策。
>
> 过了一段时间，社区中四分之三最贫穷的居民组织起来。他们建议将最富有阶层的财富平均分配给整个社区的居民。
>
> 不幸的是，这个小岛社区并没有保护财产的"规则"。因此，75%的人投票赞成这一提议，通过了一项重新分配财富的法律。
>
> 然而，从那一刻开始，人们就试图避免成为最富有的那四分之一。生产力和创造力停滞不前，岛上的繁荣发展受到了严重打击。

大多数民主型组织都会设置一套规则，以避免出现示例中的这种情况[3]。它们明白，追求大多数人的既得利益可能会危及整个群体的长远发展。

虽然这样的设置对于国家来说非常好，但对组织来说则是欠佳的。这么说吧，管理者可能有私心，希望通过获得多数人的同意来实现自己部门的成功。如果他们的提议给组织中三分之二的人带来一点点好处，而给另外三分之一的人带来灾难，他们仍然能够获得大多数支持，但却不会给整个组织带来任何好处。

在最好的情况下，这种管理者可能希望组织够强够大以满足他们的私心。在最坏的情况下，他们可能随时离开组织，为自己的职业生涯增添一笔看似成功的记录。

那么，民主型组织的典型体制是什么呢？

---

[3] 在现代政府组织中，这种类型的一套规则通常称为"宪法"。

- 各个部门都是对话的一方（这绝对是一件好事）。
- 总是寻求所有利益相关者的同意（有时甚至是正式批准）。
- 决策的主要标准是达成共识，或者获得大多数投票支持。

这种设置也存在不少风险：
- "多数人同意"并不等同于"最佳解决方案"。大多数人投票代表的价值可能很低，从而对组织产生整体性的负面影响。
- 个人工作日程安排可能阻碍组织的前进道路。
- 管理者们会同意同事的建议，以便这些同事日后支持自己的建议。
- 在最终做出决策之前，整个民主过程会耗时很长。
- 缺少大多数人的支持可能会被用作不开展行动的借口："我什么都尝试了，但组织不想执行"。

上述这些是这种模式最重要的危险因素，因为听起来像是正确的做法。谁又敢说一些反对民主的话呢？

自由型数据治理

一些组织决定不去规范数据的处理。

有趣的是，我们主要谈论的并不是那些对数字化等现代数据话题感到陌生的传统组织。

相反，我们看到了相当多的初创高新科技公司采用了这种模式。原因是，在大多数情况下，这些组织专注于高速发展主要业务，不希望任何内部监管来减缓他们的速度。

这种行为让我想起了第一次网络浪潮中的主角。许多公司由于缺乏适当的财务管理而失败。当时缺少CFO，相当于今天缺少CDO，结果必然是相似的！

自由型数据治理通常具有以下特点：
- 各方都具有完全自主权。
- 在部门层面定义不同程度的数据工作相关职责。
- 许多数据方面的伪专家负责管理数据工作。
- 无论在什么场合公开交换数据，重点都是自我炫耀，而不是说服别人。

这种环境将会面临一系列风险：
- 许多孤立的设置，如多个独立、互不兼容的术语表。
- 业务模式变化缓慢。
- 看到问题却不知道和谁说。
- 一半的人变成了宿命论者，另一半则成了利己主义者（有点夸张）。
- 变更的复杂性：没有人能概述某一特定变化的总体影响。每次重大业务变更都需要对 IT 环境进行全面的评估。

技术依赖型数据治理

在 2019 年 9 月的一次数据会议上，我听到有人说："解决我们数据问题的方案不是技术，而是架构！"毫无疑问，此人在组织的架构团队工作。

我同意这种说法的前半部分，后半部分则反映了一种典型的观点：技术解决方案要从正确的地方开始，但是技术依赖型的做法往往会忘记应该从问题本身出发。

对于技术依赖型组织，建议如下：要有效管理数据，各方面都需要做出贡献——但请考虑顺序，不要从技术开始（注意，也不要从架构开始）。

技术依赖型组织是什么样的？它通常具有以下特征：

- 认为数据是一个技术活。
- 数据工作的责任能明确定义，但全部是 IT 的责任。
- 有很多软件可以管理和分析数据，但几乎没有人了解其背景。
- 方法是，"这是解决方案。你有问题要解决吗？"

技术依赖型的风险：

- 错过了同时需要了解业务状况和技术选择的机会。
- 业务人员的参与程度越来越低，"让 IT 处理吧。"

IT 人员甚至常常意识不到问题，"可以啊……"

无政府主义型数据治理

通常，业务老兵已经习惯于相信自己几十年的经验。利用众多老兵的经验和知识是传统组织的典型做法。

在这样的组织中，经验和直觉的使用往往会得到很好的控制。通过大量指导委员会，管理者们会相互交换意见，并以某种方式做出决策。然而，没有人试图描述"从直觉到理智"的过程：如何验证感觉，如何正确看待直觉，如何将感觉与有形的业务目标相匹配？

相反，经验丰富的管理者所说的一切都被认为是该管理者执行合理（但其实潜意识）评估过程的结果。

正如你所猜到的，除了日常记录之外，无政府主义模式中没有数据的一席之地。你会将"这个月我已经看到它发生两次了！"算作使用数据吗？

只要有治理意识就不会形成这样的数据治理模式。

事实上，无政府主义型的数据治理并不是决策的结果。相反，它更代表了一种无意识引入的模式。

遗憾的是，这正是许多组织在数据管理方面所处的境地。

无政府主义型的数据治理通常具有以下特征，描述稍微有点夸张：

- 数据在监管领域之外算不上一个话题。
- 对管理者的尊重程度与他们的资历成正比。有 30 年服务经验的人应该有所体会。
- "约翰是这么说的！"总是被用来当作令人信服的理由。
- 很难理解管理决策。
- 因为没有人敢质疑管理层的决策，业务模式的变更存在巨大风险。

这种治理模式与自由型数据治理模式有一个共同的基本风险，即变更的复杂性，因为没有对数据全景的概述，没有人可以估计变更的影响。正因如此，任何大的业务变更都需要对 IT 环境进行全面评估。

在这样的环境中，很难通过分析根本原因来吸取失败的教训。相反，人们更倾向于不问原因，而直接避免之前造成过失败的决策（见图 1-3）。

"我正在做决策！不要再用事实来干扰我了！"

图 1-3. 事实是决策的敌人

数据工作的常见行为模式

了解组织中当前的数据治理方法是很重要的。不过，具体的行动需要更深入地理解组织中的人员如何应对数据挑战，以及为什么这么做。

数据是 IT 的任务

如果在任何组织中随机选 100 名员工询问"数据是与 IT 是一个东西吗？"，至少 95 人回答"是的"。

为什么大家这么认为呢？数据可是早在计算机出现之前就已经存在了。想听个例子吗？那我们就来聊聊！

圣经中以下面一段文字来描述耶稣基督的诞生：[4]

1 那时候，恺撒·奥古斯都颁布了一条法令，要求全世界的人都要登记。2 这是奎里尼乌斯担任叙利亚总督时的第一次登记。3 每个人都要到各自的城镇登记。

——路加福音，1971 年

这次人口统计是一个古老的数据管理案例。恺撒·奥古斯都肯定没有 IT 部门，但他很可能有一个**数据部门**。

让我们再来看看 IT 的作用。自从这门学科产生以来，它使用硬件和软件帮助人们更有效地处理所有数据。

因此，任何想要获取数据的人都必须与 IT 打交道。同样的方法也适用于数据获取，以及数据传输和存储。

IT 代表着巨大的进步。如果没有今天的技术，就只能使用数据价值的一小部分。恺撒·奥古斯都处理他收集的数据时，至少也会对其中的一些可能性感到兴奋。

很多人似乎已经忘记了：IT 代表信息技术，而不是信息本身。IT 应该简化数据的处理，为拥有数据的业务职能部门提供服务。

这样是否能下结论说需要从 IT 部门取"数据"？

事实上，**数据办公室（Data Office, DO）**是否设在 IT 部门并不是它成功的决定性因素。重要的是放权及相关支持。**数据办公室应是一个独立的团队，而不与任何其他专业团队相互混合。**

在这种情况下，数据办公室应归属于其可信度和有效性最高的地方。它可能是 IT 部门或任何其他职能部门，这主要取决于组织的文化和传统。

综上所述，你应当让员工知道数据不是信息技术（IT）。

我们专注于分析

数据世界太大，关联太多，无法集中于一个方面。需要查看整个数据世界，才能实现对数据的可持续管理。可是"数据"和"分析"常被当作同义词看待。

这种情况让我联想到一个老故事：

有一天，母鸡召集来小鸡们，庄严宣布："既然你们已经长大，我就能和你们分享一些智慧了。到目前为止，你们都被告知鸡舍的围栏就是世界的尽头。"她用翅膀指着地平线，深吸一口气，与下一代继续分享："围栏不是世界的尽头！世界的尽头在那边，在森林的边缘……"

如果组织的数据活动直接从数据科学与分析开始，那么可能无法获得所需要的结果。这是因为数据世界远远超出了分析的范畴。

---

[4] 路加福音 2,1 - 3，圣经，英文标准版。

因此你可能希望首先奠定适当的数据基础，以确保充分理解所用数据的结构、用词和质量。这样的基础需要覆盖主数据和事务数据，并且应该适用于内部和外部数据。要确保每个人都遵守相同的规则，就需要正确定义数据治理。

如果将数据比作冰山，分析则是显露出来能被看得见的那部分。请注意，这只是非常小的一部分！

那么，如何判断一个组织是全面看待数据，还是只关注分析呢？

查看组织中顶层数据领导的角色描述。若描述的是首席分析官（CAO）或机器学习团队领导职责，角色却被称为"数据管理负责人"或"首席数据官（CDO）"，那这个组织就很可能弄错了。

典型的错误警示是组织期望首席数据官必须能够在技术上指导数据科学家。例如，使用 Python 和 TensorFlow 实现无监督机器学习模型。这样的组织确实将 CDO 与数据科学团队领导混淆了[5]。

如果不能及早解决这个问题，未来将会出现危险的局面。因为即使这样的数据团队也会不断输出"成果"，问题不会那么快暴露。

就是数字化

需要适当数据管理的部门很多，数字化团队只是其中之一，而且它并不是唯一的部门。因此，组织的数据管理工作优先级不应由其数字化团队设定，也不应由需要数据的其他任何团队设定。

数字化可能会是数据办公室的首要工作。但只有跨职能全局审视各个部门的情况才能客观看待。

分析导致瘫痪

一些组织自认为是数据驱动的，但实际上却被数据束缚。

这里是指那些允许滥用数据的组织，结果数据会成为武器，人们会使用数据来质疑不喜欢的每一个决策。

众所周知，如果由你决定使用哪些数据以及如何使用，那么你几乎可以利用数据证明一切都是错的。

但大多数情况下，没有 100% 的数据支持人们就不敢做决策。典型的情况是在"做某事"和"不做某事"之间进行选择，数据可以证明这两种选择都有风险。受数据束缚的组织在这种情况下倾向于不做决策，反而要求需求方重新评估，并提供更多证据支持，

---

[5] 成熟的组织需要两种角色，而且即使数据科学团队主管向 CDO 汇报，后者的薪资也不一定比前者高，要符合供求规律。

最终可能根本做不了决策，或者需求方会调整数据，使它完全支持其中一个选择。显然，这两种结果都不可取。

这种行为给数据办公室提供了一个很好的理由。鉴于自身的中立性，数据办公室不会因为利益需要而取悦任何一方。

另外，组织只有一个最高级别的 CDO 也是因为必须有一个人做最终决定。

数字原生代知道如何做

真是这样么？

大多数数字原生代主要熟悉数据的使用。他们不一定知道如何获取、管理、组织和提供数据。

这里涉及两套完全不同的技能。知道怎样在女王的餐桌上就餐的人不会成为一位明星厨师。

数字原生代最大的问题是对数据的看法过于简单。他们是现代设备的使用者，接触的往往是最简单的部分。正如欧洲领先的 IT 和技术杂志 c't 所说，"虽然所有的数字原生代都知道如何在 Instagram 上发自拍，但几乎没有人知道什么是命令行，更不用说会编程了"（吉塞尔曼，2020）。[6]

相反，需要有人知道如何为这些数字原生代服务。遗憾的是这类人才很稀有。

业务职能部门可以自己处理数据

业务职能专家通常被假定为能够处理其工作相关的数据事宜。这种假设不仅在许多情况下是错误的，还会导致孤岛思维、不一致性和翻倍的工作量。

一切都很好

这是迄今为止我听到高管们说得最多的话。他们会问："你打算解决什么问题？"

在有几十年辉煌历史的传统组织中经常听到这种说法，他们甚至从来没有考虑过专门的数据管理。

某些有活力的初创公司也会发现这种情况，他们觉得做了报表、数据分析和人工智能（AI）就足够了。

这种情况是最具挑战性的。问题本身合情合理，但如果询问问题的人不愿意听你的，也听不进其他公认值得信赖的顾问的话，这个问题就会一直得不到正确解决。

---

[6] 德语原文："Die Digital Natives können zwar alle Selfies auf Instagram posten, aber kaum einer weiß, was eine Kommandozeile ist – geschweige denn, wie man programmiert."

先整理再选择

不是所有组织都没有意识到自身面临着数据问题。不良数据的影响已经变得太明显了,甚至所需的数据根本不可用。

但是,并不是所有的应对方式都适合持续性地解决这些问题。一种非常危险的选择是"一次性"方法:通过建立一个项目来解决组织的数据问题,并打算在项目结束后恢复常态。

这种方法看起来如何?这样的组织不会寻找首席数据官,甚至不会设立数据办公室,反而会聘请外部咨询公司,或寻找临时数据管理人员来"解决数据问题"。

不出意外,这种思维方式注定会失败,就像不能一劳永逸地修理一个设备,不希望它再次坏掉一样。因此,将知识嵌入组织中至关重要,数据必须像其他资产一样处理——这意味着需要永久性的主动管理。

英飞凌(Infineon)公司主数据治理主任尤尔根·舒伯特博士这样说:"数据不是有结束日期的项目,需要持续不断地投入精力管理。"

但是,有些组织认为有形资产必须维护,数据处理却可以一劳永逸,这是为什么呢?

在过去几年里,我遇到过下面三种情况。

(i)数据不被视为资产

首要原因无非是数据作为资产的整体价值没有被发现。

这种情况下,建议与组织的传统(有形)资产进行详细比对,并仔细研究其他无形资产,比如专利。通过比较会发现它们实际上比表面看起来有更多共同点。因此,这种比较通常会产生意想不到的效果。

关于数据作为资产的更多想法,请参见第 16 章。

(ii)有策略的数据处理

一些组织遵循实用的方法:"每当它要崩溃时,我们就会修复它!"它们愿意在必要时立即启动另一个数据修复项目。

如果面临这种情况,引入外部专家的知识可能会有所帮助。早在 1993 年,当时几乎没有人谈论过数据管理,G.拉博维茨和 Y.张就在其专著《高质量工作:结果驱动型管理者领导力指南》中描述了 1-10-100 规则,量化了质量不佳的隐藏成本。

根据 1-10-100 规则,如果在造成损坏之前纠正了错误,则可以将故障成本降低为 1/10。如果更早防止错误发生,甚至可以将成本降低为 1/100。[7]

即使没有科学证据证明这些精确的因素,该规则的数量级在很长一段时间的各个领域中都得到了证实,包括数据质量。

换句话说,持续的数据管理花费不菲,但是如果把它用在保持数据良好的质量状态,

---

[7] 我们可能发现 1-10-100 金字塔常常被用来说明这个规则。

而不是用于纠正数据质量上，组织将节省大量资金。如果与数据质量不佳造成的损害相比，将节省更多的资金。

用在组织中观察到的示例来支持此规则应该没什么挑战。

在第 10 章中，将有更多关于数据质量的内容。

（iii）数据被认为是一种竞争手段

另外，选择不可持续的方法还有完全不同的其他原因，即现任高管们害怕失去影响力或者独立性。他们宁愿聘请能随时可以请走的外部团队，也不愿常设一个职能团队。

这种情况面临的挑战是没有人会承认自己受到这些动机的驱使。每当你觉得高管"应该知道得更清楚"时，就应深究并进一步提问，从而了解这种选择背后的驱动因素。

如果将数据办公室作为可提供长久支持的常设团队，其价值应当可以直接显现。需要理解的是，数据办公室的主要目标是帮助其他职能部门人员更好地完成工作，而不是取代他们。

在第 4 章中，将对利益相关者的管理有进一步介绍。

第 2 章
有效数据管理的几个方面

"等你们两个辩论完了,我就有数据了!"

图 2-1. 观点很好,有数据就更好了

成熟度评估

为了使数据管理发挥作用，需要考虑许多方面。在后续章节深入讨论之前，先简要介绍一些最关键的因素。

仔细阅读本章后，你可能希望组织针对"理想状态"执行成熟度评估。建议不要在评估形式上花费太多精力，通过测量能在执行过程中量化进展就足够了。

然而，必须理解成熟度评估有两个不同的目标群体，需要采用完全不同的方法。

- 第一个目标群体包括您自己和投身组织数据工作的每位伙伴。这个群体需要知道还有多少工作要做，阻力是什么，影响有多大。
- 第二个目标群体由所有利益相关者组成，需要努力说服他们承认当前面临的问题。对于这个群体而言，差距分析是主要沟通手段，包括错过的机会和未解决的问题，以及由此带来的财务影响。

理想情况下，这两种评估工作应当是并行的，但在利益相关者被说服之前，不会针对他们运用第一种评估。一旦评估完成，就能为制订路线图和优先事项公开讨论奠定坚实的基础。

两个主要差距

正如第 1 章所述，常见的数据治理模式似乎都不能很好地应对数据管理和分析带来的挑战和机会。那么，各种模式之间的主要差距是什么呢？大多数组织都面临着以下两个挑战：

- 缺乏协作能力。
- 缺乏业务所有权。

建议在评估过程中仔细研究以上两个方面。它们会反复出现，应该在各个数据管理领域中加以解决。

辅助性原则

我们已经看到，随着时间推移发展起来的数据处理模式可以借用政治术语来描述。尝试开发有效解决方案时，也能在政治领域找到合适的类比。

这两个领域中都被证明行之有效的一种方法就是辅助性。辅助性原则是"中央当局应具有附属职能，仅执行那些在地方层面上不能执行的任务。"[1]

---

[1]《牛津英语词典》(*Oxford English Dictionary*), https://en.oxforddictionaries.com/definition/ subsidiarity。

这一原则在数据管理中意味着什么？经常发现领导们会问他们自己：应该由授权组建的高度专业化团队集中管理数据，还是应该将数据管理工作留给分散在组织中的每个人完成？

如果遵循辅助性原则，就会发现数据管理不属于任何一个极端情况。辅助性原则建议将数据责任集中在能发挥作用的地方，并将剩下的工作分给"自留地"，"自留地"可能是业务职能部门、子公司或不同地区的分支机构，具体根据组织的具体情况而定。

巧妙分担责任还不能解决问题。要解决问题，还要为各个相关团队配备他们所需要的一切！关于数据管理中哪些领域应该放权或集中管理，本书给出了相关建议。首先介绍数据管理第一定律。

数据管理第 1 定律

关于与数据相关的责任和活动是集中管理还是放权管理，组织必须适当权衡。
- 任何集中都需要有充分的理由。
- 任何放权都必须以信任和支持为前提。

业务导向

技术驱动型的人往往倾向于从解决方案出发。常见想法是"这项新颖的技术一定有应用！"要想避免陷入未使用过的高科技带来的陷阱，就不要从解决方案入手，而要从问题或机会开始研究。经验表明，这种思维模式的转变很难，特别是对于经验丰富的 IT 领导，他们习惯于主动提供最先进的解决方案。

要解决这个挑战，可以考虑以下三个建议。
- **不断发问**：是否存在问题（某些事情没有按其应有的方式进行）？有机会么（虽然有效，但还可以改进）？能不能创新（新的商业模式）？确定并量化实际的痛点和可能的收益。
- **寻求对话**：与各个独立的业务职能部门探讨可能的收益，并一起验证。
- **培养产品思维**：从项目经理到产品所有者的视角转变有利于数据管理工作的开展。眼光可以更长远，不应局限于单个项目的结束。

图 2-2 和图 2-3 可以展示相关的变化。在图 2-3 中，通过增加的浅色部分来表示建议加入的业务主导部分。图 2-2 是 IT 团队几十年来的工作模式。图 2-3 是在初期就开始发动业务职能部门参与的新模式。

这种新模式有一个重要特点，即没有严格的交接点：在整个周期中，双方都是对话的一部分。这甚至可以应用于瀑布式项目或产品的整个生命周期中。

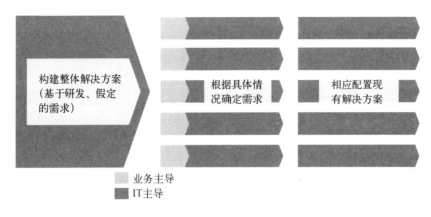

图 2-2. 传统模式

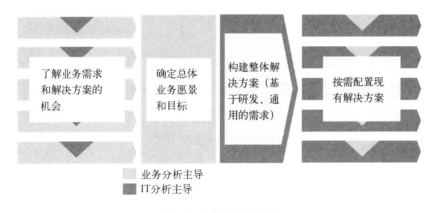

图 2-3. 业务驱动型模式

非常小的公司通常不会面临缺乏业务导向的问题。IT 人员往往与业务人员关系密切，原因很简单，就是规模小人手少。有时，优化流程的人也负责软件的后续修改。

然而，这种公认为非常有效的方法不具有扩展性。随着组织的发展，对专业化的需求也在增加，但角色的专业化需要所有专家之间有意识地组织交流。到了这个阶段，主动的数据管理就登场了。

业务视角和技术视角之间的鸿沟主要在于流程和数据领域。双方常常都认为自己是开放的，但却不知不觉陷入旧思维方式（见图 2-4）。许多人都表示他们是从组织的利益出发才这么想和做的。

为了避免这种情况，要求数据办公室成员：

- 了解流程和数据。
- 了解驱动 IT 专家和业务专业人员的因素。
- 设法保持"中立"，也就是说，不以预先设定的视角开展工作，而是平等吸收双方的想法和顾虑。

图 2-4. 分析人员忙得没时间分析

- 能适度调整和换位思考。

同样，必须由高层赋予数据办公室权限，数据办公室则需要通过良好的工作表现来获得尊重和信任。

数据管理第 2 定律

数据管理是整个组织中每个人的工作。它尤其不是一项 IT 工作，也不是从技术开始的。数据管理是在相互理解的坚实基础上构建业务与 IT 之间的桥梁。

商业导向

除非在公共部门或非营利组织，否则数据处理工作需要增加可测量的利益相关者价值。在数据方面有投入的组织都希望看到回报。我称之为"数据回报率"（Return on Data，ROD）。这种表述来源于财务术语"投资回报率"（ROI），它对于任何需要花钱的活动都至关重要：只有能得到收益才会去做。

谈"数据回报率"不是以处理数据为终极目标。要判断数据活动效果如何，必须要看它对组织整体状况的影响。这包括间接和长期的影响，以及对潜在问题的规避情况（这意味着对风险的处理）。[2]

从短期来看，一些高管可能会同意投资数据，因为"每个人都在做""这是未来的趋势"或者"我们不应该落后"。然而，从长期来看，他们（尤其是首席财务官）希望看到收益的增长。

---

[2] 数据回报率的定义参见我所著书籍：《成为数据驱动型组织：解锁数据价值》（2019）。

正如第 16 章所述，构建令人信服的业务模式并不是为了让数据投资看起来足够有吸引力，为了确保资金安全，则需要从一开始就从商业导向出发。尽早发现业务模式的负面影响并不是失败！

协作

协作非常必要，原因有如下几个：
- 每个利益相关者都参与其中。
- 涉及组织的方方面面。
- 组织受益于全体成员的共同创造力和知识积累。
- 避免并行重复性工作（会导致效率低下和不一致性）。

然而，协作并不会自动发生。数据工作中的协作理念应当是 CDO 带给组织的首要创新思维。协作需要一个能够支持和推动它的环境，包括治理和组织，也需要激励和培训。人们需要理解为什么离开自己的孤岛对他们自己有好处。

数据办公室

协调协作关系需要一个强大的中枢组织，它本身不应受自身职能利益的影响。理论上，数据办公室就是这样一个地方。如果希望整个组织全员参与并发挥作用，**强烈建议：在数据办公室内设立专门的协作职能团队，负责促进和协调所有利益相关者之间的协作。**

明确数据所有权

如果没有明确的数据所有权，则每个人都会觉得有权处理各种数据，而没有人觉得要对这些数据负责。这种行为会导致各个孤岛数据的不一致。

数据所有权会促进交流。"我需要某个数据，我知道谁拥有它，我要和那个人交流"，这些是我们希望看到的。

决策和问题升级的流程

人们彼此相处愉快，就不需要问题升级的流程吗？我不同意这个观点。如果解决分歧靠个人关系，那么很可能不会做出最好的决策。

但是基于事实和规则的决策过程也可能会存在以下情况：
- 各方代表各自的职能立场，本着良好意愿行事。
- 由此得出的结论可能会无意识地产生偏差。

- 如果局限于对单个职能的评估，即使是基于事实的结论也可能是次优的。

数据管理第 3 定律

仅仅根据某些事实做出决策是不够的，而是需要整体考虑组织范围内所有的相关事实。

作为决策流程的一部分，"问题升级"只是意味着将决策提升了一个层级。理想情况下，视角会从部门角度转变为可以减轻偏差的跨职能角度，并最终转变为可以避免偏差的全体"股东"角度。

这样的流程有助于不受个人观点和动机影响做出决策，而且可以鼓励组织中级别较低的人跨职能看待问题，并提出跨职能的最佳建议。

信息共享

你可能希望共享官方信息和想法。这不应是单向的，每个人都应该能够与他人分享自己的想法，最好是以系统的方式。

实际上你可能有多个技术平台，但是需要声明哪个是唯一用于交流的平台。而数据办公室的成员应该是首批积极使用该平台的人员。

数据管理专员网络

如何了解跨组织各个领域的不同视角？毕竟，任何组织都由不同的人员组成，包括职能导向、地理位置导向、成本导向、用户导向和其他领域导向的人员。是的，需要形成一个网络，将所有这些人员联系在一起。

除了为所有员工提供一个协作平台之外，最好为"数据专家"搭建一个专门的网络。这样的网络应该足够全面，可以覆盖组织的所有领域，同时它的规模应当足够小，方便一起开电话会议，并和潜在的其他相关人员"实时"互动。因此，一个好方法是数据管理专员之间相互合作，每个管理专员代表一个特定的群体。

数据管理专员网络的核心是将信息流从"批处理模式"转变为"对话模式"。换句话说，就是让讨论成为可能。数据办公室人员的积极调节能确保关注重点，充分做好文档化工作以支持后续行动。

请记住数据管理第二定律：数据管理是组织中每个人的工作。

检查清单

促进协作的方法应当满足以下功能：
- 连接不同的部门。
- 连接业务和 IT。

- 连接数据供应链的所有步骤。
- 奖励协作。
- 促进人们自发合作。
- 使合作变得更容易。
- 利用协同效应。
- 避免重复工作和不一致性。
- 为所有主题定义明确的目标角色和人员。

动机

如前所述，如果没有强大的最高管理层授权，数据管理永远不会发挥作用。同样重要的是，仅有强大的授权也是不够的。被迫服从但本身并不认可你的人会想方设法抵制工作。

数据管理第 4 定律

CDO 既需要最高管理层授权，也需要员工的认可。

前者必须从一开始就存在。后者必须由 CDO 自己来实现。

跨职能

优化规则可以从传统运筹学研究中挖掘：

针对整个组织的最佳数据方法总是会优于各部分最佳数据方法的总和。

换句话说：如果独立优化组织的不同部分，将无法实现组织的最佳配置。为什么会这样呢？想象一下不同领域确实可以独立处理的情况，如图形加速器、线性方程系统或 MapReduce。这类工作方法有效的基本先决条件是什么？

就是没有**相互依赖性**！

如果一个过程的最终或临时结果影响其他过程的结果，则两个并行过程是相互依赖的。对于任何组织中的数据，都面临相同情况：数据是跨职能和地理边界的。

有例子吗？财务部门认可的用户支付意愿应与销售人员共享。销售代表收集的用户信息应提供给客户服务部门。

人们越来越多地谈论"用户 360 度"（Customer 360）是有充分理由的：用户各个方面的信息通常由不同部门收集，都应被整合并提供给组织内的所有潜在使用者。完整周期的 360 度是一个很好的类比，可以从各个角度来看待用户。

这种方法不仅仅用于改善各种职能部门的活动。如果不能通过各个渠道系统地提供用户数据，诸如 B2B 用户全渠道解决方案等重要的开发活动是无法开展的。

另外，这种 360 度的视角并不仅仅限于用户数据。产品数据与销售、电子商务、市场营销、生产、财务、客户服务等相关。市场洞察力与定价、产品开发、市场营销和研发等方面密切相关。

从数据的角度来看，众所周知，局部优化解决方案的总和通常不同于整体优化解决方案。如前所述，原因是不同区域之间的相互依赖关系程度不同。

以下两个示例会让我们更容易理解这个数学规则：

- 销售人员希望增加收入，打折销售是最简单的。然而，财务部门认为折扣会减少利润。
- 项目应在预算范围内按时完成。因为缺乏对未来项目和其他部门影响的考虑，可能会导致选择次优的解决方案。

有一个组织上的挑战：团队成员通常知道什么对组织最有利，但他们的领导能正式和/或非正式地被自身领域职责的本位主义驱动，成员也会受这种情况影响。

我们需要意识到，任何单个部门都没有股东。如果为一个部门创造价值会导致其他部门的成本增加，那么从整体角度来看，这是没有意义的。

这就是为什么必须在最高管理层一级有意识地解决这种挑战：要让每个人始终关注整个组织的利益。

通过应用以下原则可以实现这一目标。

关注组织目标，而非部门目标

应该鼓励管理者和个人贡献者发挥主人翁精神，将公司目标与个人目标结合起来行动。

如果没有意识到这一问题，组织最终会依赖有"正确态度"的人员，而具备这种态度只是偶然情况。这种方法对个别人有效，但永远不会对每个人都有效。

管理层经常说"为让我们在竞争中脱颖而出的优秀员工感到自豪"。说实话，一个行业中的所有优秀员工都决定为你的组织工作，而所有表现不好的员工都加入你的竞争对手，这种情况基本不太可能发生。相反，你应该以一种即使是最自私的员工也会自愿为组织做最佳贡献的方式来激励他们——因为这对他们个人来说也是最好的选择！[3]

你还需要定期评估是什么促使人们采取行动——它会随着时间的推移而发生变化。

激励协作

制订协作目标——激励员工在自己领域之外创造价值。

让它成为业务模式结构的一部分！如果项目从组织的角度创建了最好的解决方案，

---

[3] 这适用于全体人员，包括从事体力劳动的人员、专家和领导。

即其他部门也从中受益，就需要获得更多的资源、时间和资金。

它还有助于确保来自不同部门的人彼此了解和信任。因此，聚会活动和组织范围内的庆功会可以带来很大的价值。

聚焦组织文化

应在组织中培养"设身处地为组织所有者着想"的文化，即使没有所有者也没关系。

这种文化有别于"关注利益相关者价值"。每个组织都必须关注利益相关者、员工和用户的三角关系。明智的所有者都会这样做。鼓励每个员工达成一致观点，这种文化是许多组织缺少的。

你可能还想收集"组织层面思维"的典型案例，并公开肯定当事人的成绩。这类案例不应局限于通力合作的情况，对于单独开展工作却帮助组织受益的情况也应当考虑。

认为某些团队比其他团队更重要会适得其反，即组织将其成功主要定义为某个特定团队的成果，如工程团队。我们可以看到组织的情况类似于人体：

- 足球运动员可能会认为脚是他最重要的身体部位，但在前交叉韧带撕裂的情况下，脚能怎么样呢？膝盖基本靠前交叉韧带连接，膝盖功能失调脚再好也没用。
- 如果没有强壮的身体去执行，脑子里的想法再多又怎样？
- 此外，还要考虑身体的所有"支持功能"。毫无疑问，大肠毫不起眼，但是如果它有问题，老兄，你会痛苦得要死！
- 没有人会问是心脏重要还是肺重要。两者中无论哪个失能，任何机体都会不可避免地走向死亡。

数据管理第 5 定律

因为数据是跨职能的，所以数据管理也是跨职能的。

变革管理

目前几乎没有什么组织是完全以数据为中心的。换句话说，对几乎所有组织，关注数据意味着会发生根本性的转变。

或者，正如生物技术公司 Abcam 消费者洞察与分析副总裁柯斯蒂·斯佩克在数据会议上所说："要认识到正在进行的是变革管理！算法只是其中最简单的部分。"

在过去几十年里，大多数组织都面临多次变革需求。这形成了一项专门的学科来研究变革管理。我们可以假定相关研究成果也适用于工作量巨大的"数据变革"。

> **数据管理第 6 定律**
> 要成为数据驱动型组织，整个组织范围内各方面都要做出改变。

数据素养

记得我曾和一家大公司的产品经理讨论产品和服务的逻辑。他知道从商业角度想要什么，但却无法描述出来。还有，他发现目前的产品设置不够灵活。

当我问现有产品模型之前是如何在软件解决方案中实现时，他说："我不知道。但是我提出要什么，IT 人员就会帮我实现。"

这不是我们所要追求的！**相反，业务人员需要学会如何表述他们的业务需求。**他们通常有个框架性的认识，但不是很清楚具体内容，这是他们应当弄清楚的。

有时，被问到关键点时，甚至会发现他们的思维存在逻辑缺陷，这样部门以外的人怎么能发现呢？

不用说，我与这位产品经理讨论过的产品不仅结构不够灵活，它在组织中执行的情况也不一致，即不同的人对它的理解也不同。负责业务的人都发现不了问题，更不用说解决问题了。

幸运的是，通过以下方式提高组织成员的数据素养可以解决这种情况。

帮助员工理解数据

将数据逻辑"外包"给 IT，IT 可能不理解所有的业务动机，不如帮助业务人员理解数据的基本原则，并用清楚的语言表达自己想要的逻辑。

在这种情况下，最重要的不是让所有员工都学习数据，就像有人学习词汇一样，学习主题一直在变。相反，要训练人们去思考。他们应当具备根据变化做出决定的能力。

分享知识

2019 年，我在迪拜举行的一次人工智能会议上发言，迪拜人工智能国务部长奥马尔·苏丹·奥拉马致开幕辞。他提醒与会者，中世纪以前中东在全球科学领域处于领先地位。200 年里，这种优势就消失了。上一次辉煌是在什么时候？

按照部长的说法，是一位名叫约翰内斯·古登堡的人做的一个小发明：机械活字印刷术。这项发明将书籍和书中的内容带给了普通大众，除了中东，那里的书籍被禁了几个世纪。

迪拜从这次经历中学到了什么？他们不会再错过下一次科技革命。正因如此，迪拜成为唯一拥有人工智能专任国务部长的国家。

从这个故事中能得到什么启发？

如果希望发动全员力量，分享知识至关重要。组织应该通过对每位成员开展培训来普及**数据知识**。

共享数据

应该向每个人提供数据用于分析。这不仅限于技术娴熟的数据科学家，蓝领工人也可以从描述其当前环境的数据中得出有价值的结论。需要鼓励每个人在基于数据的调查结果出来时发表意见。

正面的例子："自从三天前改变了步骤 A 和 B 的顺序，从白板上的数字可以看出，缺陷的数量已经减少了。我会坚持这个新的顺序，并与主管分享我的发现。"

即使受信息安全和数据隐私要求的限制，也可以为整个组织的员工提供足够的数据，无需个人身份信息的聚合或匿名化数据也能揭示趋势，从而获得更多有价值的深刻洞察。

> **数据管理第 7 定律**
>
> 数据处理不只是一小群专家所关注的主题。
>
> 数据驱动型组织需要提高全员的技能，并为他们开放所有相关数据的访问权限。

第 3 章
数据供应链

图 3-1. 只谈分析就像蒙着眼睛投飞镖

数据不会凭空而来，涉及数据的过程包括创建或采集、管理、存储、转换、转发数据，以及最终使用数据等。每个步骤都不应该被单独看待，它们之间紧密联系。这也是组织的数据办公室应负责数据全生命周期的原因。我称它为"数据供应链（Data Supply Chain，DSC）"。

接下来介绍这个数据供应链的七个步骤（见图3-2）。

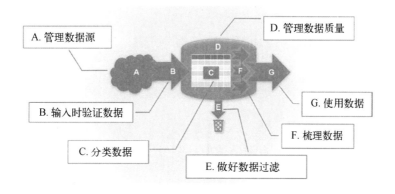

图 3-2. 数据供应链的 7 个步骤

A. 管理数据源

数据不是天然存在的，大部分都是由组织有意识地创建出来的，一些是从组织外获得的，有时由第三方提供。即使数据作为一个副产品产生，它仍然可能具有很高的价值。典型的数据来源多种多样，例如：

- 员工通过不同方式输入的数据，包括通过键盘、语音、扫描仪、照相机或其他设备。
- 接收的电子邮件和消息。
- 纸质文件的说明图像。
- 物联网设备。
- 机器设备。
- 软件（如日志文件）。
- 组织之间共享的数据。
- 社交媒体。
- 数据科学家在网络上"某个地方"发现的数据。
- 网站上用户输入的数据。
- 流式数据（持续的流）。

- 来自外部数据提供商的主数据和交易数据。

对这些不同的数据源完全不予管理甚至不进行协调会导致各种问题，其中四个严重问题如下：

（i）重复的数据采集

不同职能部门需要某些相同类型的数据。如果没有协调，它们可能会各自去获得这些相同的数据。

记得有一个组织，它的全球总部就与邓白氏有三份独立的合同。这显然是在浪费钱。如果能购买一次、用于多个用户无疑会更便宜。

此外，统一获取数据会减少整体工作量。这也是为什么对于免费获取的数据也有意义。

（ii）不一致的数据

如果各团队彼此独立地搜索数据，他们通常会用不同的数据源，或者使用了相同的数据源，但数据的时间版本不同。

所有这些都是在违背"单一可信来源"的原则，尤其是对组织无法控制的那些数据类型。

（iii）数据的模糊性

在互联网上发现的数据，其含义可能不够明确清晰。

然而，这样的数据是数据科学家们普遍的信息来源。他们经常下载带有某些标题的数据文件，他们需要假设（这里避免使用"猜测"一词）标题的含义。即使他们的假设是正确的，具体数据列的精确定义可能也是不清楚的。

（iv）产生偏差的风险

如果每个团队或部门都负责获取所需的外部数据，则可能无法保证中立性。人们可能会被引导去选择支持其本位目标的数据。或者他们可能与多个来源合作，最终寻找最有利自己的数据来源。

你自己的组织是什么样的？组织中是否有人了解所有的数据源？是否有关于获取外部数据的规则，是否执行了这些规则？所有这些活动都是数据办公室的任务。如何建立这样的组织呢？

- 建立负责所有外部数据源的中心职能团队。
- 使此职能团队成为搜索信息的首选场所。
- 确保此职能团队协调所有活动，并完全透明。
- 将数据的执行和所有权交给专业部门。确保任何数据治理过程不要绕过他们。
- 将所有理清外部数据的任务交给此职能团队。

- 将所有传入企业的数据与企业数据模型相匹配[1]。这个模型需要将内外部数据连接在一起。典型示例是将邓白氏数据与内部用户数据库对接匹配。

B. 输入时验证数据

验证数据的最佳时间是什么时候？是的，在数据输入时。保持数据干净比一次又一次地验证数据更容易。并非所有的数据都需要具有最高的质量，但需要知道数据的质量情况。

此外，数据不仅需要验证和清理，还需要：
- 与内部数据同步，包括历史数据。
- 必要时应进行匿名化或模糊处理。
- 标记好元数据。

C. 分类数据

数据有自己的结构，任何想要使用它的人都需要理解这个结构。

大多数组织的参考数据都有适当的结构，但因为它们的来源可能不同，所以必须查看所有的数据源以确保它们的一致性。

记录良好的数据模型对于业务经营者如何经营其业务至关重要。同时，这些模型需要足够规范，以便 IT 架构师将其转换为他们的数据库模式和解决方案。

IT 架构师不仅需要理解业务数据模型，以优化物理实现的数据结构，他们还需要理解数据，以便能够做出满足业务需要的硬件配置、平台和解决方案、物理数据模型、数据库大小和数据库类型等。

示例

如果产品特性列表很简单，那么 IT 架构师可以选择使用关系型数据库。但是，复杂的产品组合可能会导致复杂的结构：
- 功能是可选的、强制性的或是有条件的。
- 这些功能是否有可变数量的参数。
- 每个参数是否可能带有不同的测量单位（kg/lb）。

在这种情况下，一个 SQL 数据库需要由多个表组成，可能会变得非常复杂。此外，它的大部分字段将为空值。这种情况下，NoSQL 数据库可能是更好的选择。

最终的决定还必须考虑将来如何使用这些数据。将记录插入 SQL 数据库通常比

---

[1] 请参见第 18 章"企业数据模型（CDM）和外部数据"一节。

NoSQL 数据库更快。再次说明，设计最佳的 IT 架构需要大量业务信息输入。

即使是非结构化数据也需要进行分类。无法确定和记录其结构的数据源是没有意义的。至少需要相应的元数据来理解这些数据，才能够处理这些数据。所需元数据的级别取决于基础数据的内容及其业务目的。所有这些非技术性信息都需要从业务人员那里收集。

总结：将业务知识和业务逻辑转化为提供给 **IT 架构师**的信息是**数据办公室**的一项关键任务。与职能部门的业务代表不同，数据办公室必须始终从跨职能的视角出发。

D. 管理数据质量

在接受《信息时代》采访时，安迪·乔斯[2]曾说：

AI 和机器学习非常流行。但如果正在训练 AI 模型，拥有真正高质量的数据会令人更有信心得到正确的结果。（巴克斯特，2019 年）

这是对"输入的是垃圾，输出的也是垃圾"直白说法的委婉表达。

如果所使用的数据质量低，或是不知道质量状况，那么得到的结果也无法令人信服。[3]

更糟糕的是，往往无法从结果中判断出基础数据是好是坏。这与食物不同，人的味蕾或胃能对一盘菜的质量给出快速反馈。

假设计算新产品发布的成功率，得到的结论是"成功率有 62.3%"。即使采用最完美的计算方法，对这个结论是否准确的判断也没有任何意义。主要取决于数据的质量。

现在这个产品发布了。无论它是否成功，事后你可能仍然不知道预测有多好，失败和成功都会与预测保持一致。

E. 做好数据过滤

海量数据可能会掩盖真正有价值的宝藏。就像往一桶水里倒入好酒。因此，应该制定一个好的保留策略，来检查要舍弃或保留哪些数据。

此外，数据保留规则需要不断调整更新。一方面，必须将某些数据记录保存一段时间。另一方面，要关注数据隐私法规，如 GDPR，根据它们的要求数据往往不是想存多久就存多久。

不管怎样，在这方面没做好代价会很大。

F. 梳理数据

存储库里的数据质量高不代表能很好地使用它们。

---

[2] 安迪·乔斯，英国诺丁汉 Informatica 公司欧洲、中东、非洲及拉美地区数据治理负责人。

[3] 如需更多信息，包括个人偏见带来的影响，请参见第 10 章。

确保每个人都在使用正确的数据并可持续使用，这点很重要。

梳理数据的目的

从数据使用者的角度来看，需要知道什么？下面几项可以作为检查清单参考。
- 在哪里找到需要的数据？
- 如何使用这些数据？
- 这些数据的解释是什么？
- 谁拥有这些数据（假设我需要变更）？
- 以前有其他人开始使用这些数据了吗？我可以复用什么？

数据使用者还需要依赖什么呢？
- 提供给使用者的数据应具备以下特点：正确、唯一反映客观事实、最新、与其描述相符，并且很容易获得。
- 针对任何问题和变更，都应提前做好沟通。
- 充分考虑数据安全和隐私。

如何做好数据梳理

数据的使用要有可持续性。换句话说，数据仅仅在获取或第一次使用时良好是不够的。未来当数据内容或结构发生变化时，应能自动使用新数据，而不需要任何人工干预。具体需求如下。

（i）数据存储集中化

不要让人们直接使用原始数据，而是让他们通过 Web 服务来更新或使用它。

（ii）数据逻辑集中化

不要在客户端应用程序中实现一般的数据逻辑，应该集中实现。客户端应用程序应该调用 Web 服务来应用该逻辑。

（iii）帮助用户了解数据

鼓励数据使用者与数据所有者交流。后者是解释数据逻辑的最佳人选。

（iv）允许用户访问数据

帮助使用者访问需要的各种数据，包括数据相关的结构、相互依赖性、质量、生命周期和任何其他相关属性的信息。这适用于所有类型的数据：主数据、元数据和交易数据。

（v）理解和记录数据转换情况

在整个数据供应链中，数据会被合并、过滤、计算、派生或丰富。早在数据管理成为一门公认的学科之前，许多这样的活动就已经进行了几十年。

因此，数据供应链也已经存在了很长一段时间。在大多数情况下，目前还没有关于这些数据操作和转换背后逻辑的系统文档。

但是，为了充分管理数据供应链，需要了解发生了什么。

在大多数情况下，从业务方面开始评估没什么用处，如同询问业务所有者数据应该如何进行逻辑转换。他们通常没有能够解释这些内容的专业知识。

相反，需要对过去几代人已经实现的逻辑进行逆向改造。这是一个漫长而烦琐的过程，包括诸如多页 SQL 操作和 COBOL 源代码等挑战。

那么，这样劳神费力的好处究竟是什么呢？

第一个也是最重要的好处是，全面了解当前组织中进行的各种数据相关工作。无论原始数据有多好，如果不了解它随后是如何被处理的，那么任何后续存储的数据都是无用的。

其次，可以要求业务人员根据他们的业务理解来验证结果。验证呈现给他们的内容比从零开始验证更容易。

第三，有可能降低这些数据转换的复杂性。如果业务专家不理解数据转换逻辑，也许能采用更简单的逻辑。

最后，如果业务人员理解对"他们的"数据做了什么，他们将更愿意获得这些数据的所有权。

当记录所有数据操作时，应将其置于变更控制流程中：如果没有审批，不应进行任何更改或添加，所有操作必须得到记录。

（vi）记录数据使用情况

让每个人访问并不意味着不知道谁在使用数据：如果数据结构或内容发生变动，需要马上知道谁会受到影响。

是的，记录什么人在使用什么数据会增加工作量。起初这听起来有点多此一举。但大多数组织随着自身的发展，仅仅靠人们大脑记忆知识已经远远不够。即使记得住，也要考虑人员离职或退休的情况。文档则能够永远保存下来。

向使用者提供信息

文档和手册是必要的：数据格式、接口描述、技术访问描述、数据所有者，以及需对用户或潜在用户完全可见的数据变更流程。请考虑以下三个组成部分。

（i）数据目录

数据目录为使用者提供了所需数据的所有相关信息。

（ii）Web 服务目录

这是为应用程序开发人员和数据科学家提供数据访问的技术描述，如果没有这些信息，可能要重复开发现有的逻辑，或不停追踪源代码，找到合适的 Web 服务。

（iii）内部网站

数据团队之外的人员可能无法对自己的需求进行分类，也不知道去哪里寻找数据。他们甚至可能不知道数据目录和数据库之间的区别。他们确实不需要知道！

故应为他们提供一个专门的信息平台，方便他们快速找到所有信息。这样的内部网站将以友好的方式向用户提供数据目录或 Web 服务目录。它还将提供对解释性文档（包括经典演示文件）、数据策略和流程等的访问。

最后，使用者需要一个反馈渠道，告诉数据办公室哪些信息有缺失或错误，以及改进数据梳理工作的建议。这应当作为数据工作流程的一部分。

G. 使用数据

最后，我们来看看许多组织决定使用数据的初衷。数据的使用不仅仅是花哨的数据分析图表。组织中数据的用途与数据本身一样是丰富多彩的。典型的用法包括：

- 运营用途。
- 关键绩效指标（KPI）计算。
- 各种报告。
- 分析（AI、数据科学、ML）。
- 机器人流程自动化（RPA）。
- 审计支持。
- 用于测试或验证。

上述这些用途都需要使用一致的数据。如果只是涵盖一两个领域的数据则不必经历上述全部步骤。

数据分析人员往往喜欢在使用数据之前"修复"数据。不应推崇这种想法，不要从分析出发倒回去操作。这可能导致修复后的数据对于其他重要用途会变得没有意义。

总结：综合考虑整个数据供应链

我曾看到太多的组织任命了首席分析官（CAO），并希望他们能有深刻的见解。这些组织的数据工作只关注了整个数据供应链的步骤 G。他们完全没有考虑数据的各种用途，更不用说其他关键操作步骤了。

回到本章开篇使用的这张图。显然，数据分析只是数据办公室职责的一小部分。

为什么高管们通常只关注数据分析和可视化的内容？他们只考虑数据管理工作中看得见的部分！这种想法类似于建造一个仅由空中观景平台组成的建筑。即使不是建筑师，也能理解因为重力作用这种方式不现实（见图 3-3）。

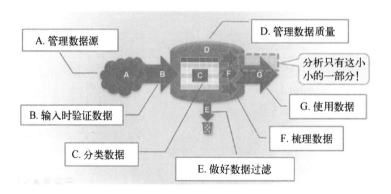

图 3-3. 数据供应链不只包含数据分析

乘坐直升机能够纵览全局,但这只是暂时的,一旦燃油耗尽就看不到了。数据的使用也遵循相同的逻辑。这就是为什么关注整个数据供应链总会有帮助。只有夯实地基逐层搭建,最终打造出观景平台,才能确保稳固长久。

数据管理第 8 定律

数据管理需要涵盖数据供应链的所有步骤,从数据的创建或采集一直到数据的使用。

第 4 章
数据愿景、使命和战略

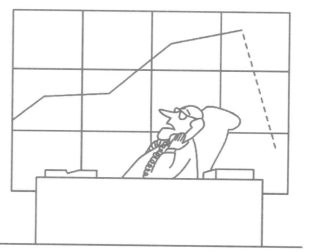

"对,我已经做出了战略决策。我决定不管那条坏消息……"

图 4-1. 忽略数据也是一种策略

数据战略是一个严肃的话题吗？

战略与执行

成功的商业领袖经常强调执行的重要性。肯·艾伦（Ken Allen）曾经说过："大多数战略都像新年祝福一样，愿景非常美好，但缺少执行的愿望或能力"（2019）。换句话说，执行必须受到关注。然而，只有快速执行力是不够的。人们需要知道朝什么方向努力。

肯·艾伦还说："在 DHL，我需要一个清晰的转变战略，每个人都能够执行它。我需要确保整个公司都专注于'做事'——做正确的事。"（2019）。这句话清楚地表明，我们需要一个能指导组织中每个人采取行动的战略。如果制订的战略不能达到这个目标，都是在白费功夫。

敏捷时代的战略

在肉眼可见的快速变化中，一个明确的愿景、使命或战略是不是太静态了？所有战略在执行之前都过时了吗？敏捷是不是取代了所有计划？

事实上，赫尔穆斯·冯·莫尔特克[1]在 150 年前说过："除了与敌军主力部队的第一次接触之外，没有任何行动计划是确定的"（维基引用，1871）。值得注意的是，即使是冯·莫尔特克也总是有计划的，但他随时准备在必要时改变它。

需要设定方向和计划未来的主要原因是，无论这个方向是不是很快会变，人们都需要有方向的指引。计划和底线也不能少，否则改变会来得太随意。

最后，需要让所有利益相关者看到前进的方向、计划和底线。如果没有之前设定的方向，又如何沟通对方向的调整工作呢？

类比

想象一下，几艘拖船试图通过拖缆共同将一艘大船拖过一个狭窄的港口。为了提高效率，所有拖船都必须往同一个方向拉。

无论什么时候大船要改变方向，所有拖船都必须同时执行这个动作。对于方向和要采取的变动，都需要拖船之间充分沟通。

在组织中，就是通过愿景、使命和战略来描述和传递大方向的。鉴于同样的原因，数据这样跨职能部门的关键要素需要遵循同样的方法。

---

[1] 陆军元帅赫尔穆斯·卡尔·伯恩哈德·格拉夫·冯·莫尔特克（1800 年 10 月 26 日~1891 年 4 月 24 日）在战争期间革新了军队编制，他于 1857 年~1871 年期间担任普鲁士总参谋部参谋长。

文化能把战略当早餐吃？

这是事实。如果没有一个好的早餐战略，文化就会饿死。但什么是好的战略呢？一个好的战略有其目的性：它能驱动行为。

CDO 在制订组织的数据愿景、使命和战略之前需要提出这几个问题：
- **愿景**：从当前方式出发，五年后组织的数据管理方式会是什么样？
- **使命**：打算通过实现哪些目标来达成愿景？
- **战略**：业务优先级是什么？采取哪些步骤才能完成？

在愿景、使命和战略制订之后，应当准备迎接第四步：根据战略制订计划。

计划应当包含支持战略的活动，以及战术方面的活动或支持运营的活动。完整的计划有助于确定活动的优先级。

将想法整理为战略、愿景或使命时，不要害怕遇到困难。只要能实现不同方面所要达成的目标，就很棒了！

一般来说，无论从这些类比中学到多少经验，都可以将其应用于数据管理之中。

类比

假设有几位登山者。
- *愿景* 是选择想要攀登的山峰以及想要登顶的日期。
- *使命* 是在一年中的某段时间，在一定的时间内，每天完成一定的量。每天晚上可以检查使命是否在按计划执行。
- *战略* 包括想法落地的各个方面，如团队成员的数量或设备。
- *计划* 描述了每日执行的工作。只要先决条件发生改变，它就可能会发生变化。

所有这些与组织的整体方向有什么关系？看看图 4-2。

数据愿景需要以公司愿景为基础。与此同时，CDO 的想法也可能影响整个愿景，例如，将"成为数据驱动型组织"作为企业愿景的一部分。

很明显，数据愿景是组织整体愿景的一个重要组成部分。来自加特纳（Gartner）的詹姆斯·威尔逊在加特纳会议上强调说："数据愿景可不是数据管理团队交付的那一小部分工作，而是需要公司转变思维，并重新思考业务模式。"

数据使命是具体描述使用哪些资源来实现数据愿景，这是数据办公室要完成的工作。

数据战略同样也受到数据使命和公司战略的影响。同样，数据战略也可能影响公司战略，例如，在设定组织的长期优先级时就会发生这种情况。

图 4-2. 企业方向和数据方向

愿景

愿景应当实现什么？

数据愿景的主要目的是确保所有利益相关者在组织的数据目标上意见一致，尤其是最高管理层和 CDO。愿景应该从三个方面来回答基本的方向性问题。

a）在业务模式中数据的角色是什么？
- 是否期望让数据支持**现有的**业务模式？
- 是否期望通过数字化转型让数据改善这些业务模式？
- 是否期望利用数据来创建**新的**业务模式？
- 是否期望数据**本身**成为一个业务模式？

b）组织希望通过数据实现什么？
- 是否希望所有用户、合作伙伴和利益相关者都**信任组织的数据**，将它们作为业务决策的可靠基础？
- 是否关注**数据作为资产**的价值成为组织文化的一部分？
- 完成**数据治理**是否为主要愿景，假设这有助于实现所有其他数据相关目标？

c）从现在起几年后，组织的数据处理方式如何？
- 是打算让数据办公室在后台支持组织的业务，还是希望积极开展协作共建业务模式？

- 是要建立一个强大的数据管理组织,还是着重增强业务职能部门的数据能力?
- 是打算为数据的各种用途创建坚实基础,还是希望专注于打造一流的数据分析能力?

愿景应当关注什么?

不需要把前面讨论的点都纳入愿景中。精简观点会使每个观点更容易被记住,能保持一定的聚焦。思考需要告诉组织的哪些内容有助于形成愿景。他们需要听所有观点吗?一些观点是否清晰?或者需要向组织讲述新观点的重要性吗?

将已被充分理解的观点放一放,或把它们整合为一个观点,是非常正确的选择,便于人们聚焦新观点。这样做并不会使其他方面变得无关紧要。

在某些情况下,可能希望关注数据管理的特定领域,这些领域展现了巨大的机会或差距。数据愿景是将组织对数据的期望集中在这些方面。

如果组织比较保守,数据愿景应强调在数据问题上使其成为一个思想开放的组织。或者,正如伊莎贝尔·巴罗佐-戈麦斯在 2018 年担任 Sparebank 的数据治理主管时总结的那样,"为愿景增添一点好奇心。"

如果组织过去将数据管理限定在几个领域上,如主数据管理或报表,那么强调数据管理各个方面同等重要是很有价值的。例如,在如今丰富多样的分析报告和被忽视的单调乏味的数据质量工作之间,需要达到一种预想的平衡。要表明这种平衡,愿景要包括支柱领域或关注领域的目标数量。

为什么不尝试使用图表来展示组织的当前状态,以及将以多快的速度实现数据愿景?

图 4-3 中的示例基于**修复、优化和创新**这三个支柱,可以将组织关注的领域添加到三个支柱的下方。

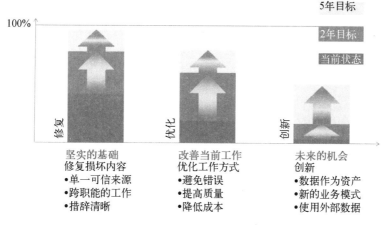

图 4-3. 愿景示例:修复、优化和创新

如果想强调三个领域的相关性,可以使用三维坐标系来展示,如图 4-4 所示。

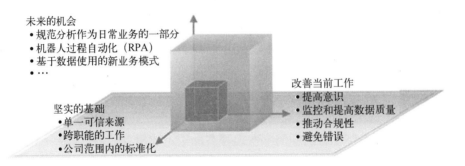

图 4-4. 三维空间中的愿景

或者可以将愿景聚焦于组织在数据方面的目标状态,例如:

到某年,我们希望成为一个这样的组织……

……数据受集中管理和并被标准化

……数据被业务职能部门所理解,而不仅仅是被 IT 所理解

……数据正在成为所有业务职能部门之间的通用语言

……在财务方面,数据被视为一种资产,至少在内部是如此。

记住,需要与所有利益相关者进行大量沟通才能形成精炼的愿景,这样的愿景能与每个人的日常工作相关,才是有意义的。

使命

显而易见,良好的愿景必不可少。然而,直接从中推导出战略可能过于抽象,更不用说得到具体的行动计划了。一个明确的使命在这方面可以提供帮助。使命描述了组织想要并能够追求的具体目标。

有效的使命描述具有以下特点:

- 使命应是可测量的,这样可以定期检查执行进展。良好的使命描述有助于明确随着时间推移带来的差距或延迟。
- 使命应当是一套包含了所有具体目标的完整列表。每个目标都能支持数据愿景,从而支持组织的愿景。
- 此外,良好的目标要具体且简洁,以便在详细说明实施计划之前获得最高管理层的认可。

当然,不存在放之四海而皆准的数据使命。数据使命的良好起点包含以下**七个方面**。建议根据组织的差距和机会将此列表转换为您专用的数据使命。在图 4-5 中还可以找到关于每个方面的一些注释。

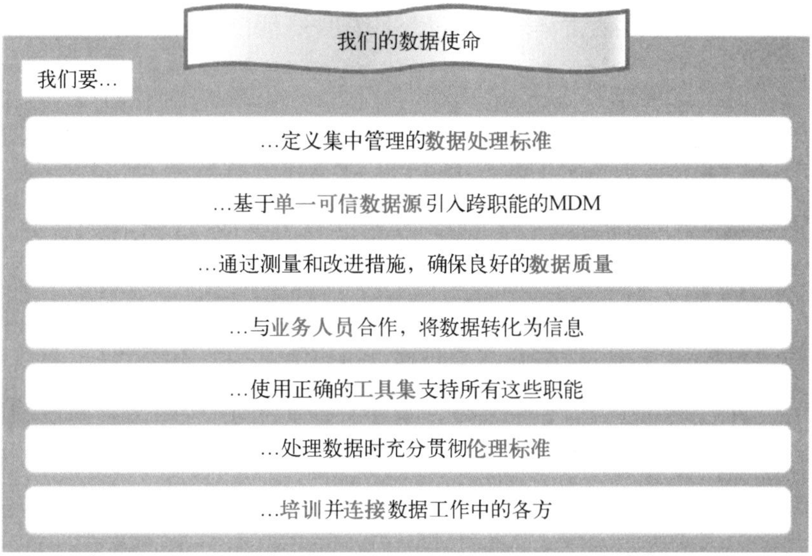

```
┌─────────────────────────────────────────────────┐
│              我们的数据使命                      │
│ 我们要…                                          │
│   …定义集中管理的数据处理标准                    │
│   …基于单一可信数据源引入跨职能的MDM             │
│   …通过测量和改进措施，确保良好的数据质量        │
│   …与业务人员合作，将数据转化为信息              │
│   …使用正确的工具集支持所有这些职能              │
│   …处理数据时充分贯彻伦理标准                    │
│   …培训并连接数据工作中的各方                    │
└─────────────────────────────────────────────────┘
```

图 4-5. 数据使命示例

1．定义集中管理的数据处理标准

此目标希望数据办公室引入数据流程、一致的数据术语表、数据策略和规则。不是集中执行所有工作，但需要制订整个组织范围内的标准。

与所有利益相关者一起开发这些标准，会让数据办公室发挥"数据黏合剂"和翻译官的作用，从而连接包括业务和 IT 在内的各个职能部门。

2．基于单一可信数据源引入跨职能的 MDM

虽然可能不需要集中维护主数据和参考数据（MDM），但肯定应避免不同领域各自行动。通过集中式治理、单一主数据存储库和良好定义的主数据使用标准就可以实现这一目标，如使用 Web 服务。

由此形成的实施计划将需要很长时间。这很可能是组织中最神秘的领域。如硬编码的参考数据或本地无管理维护的主数据。

3．通过测量和改进措施，确保良好的数据质量

同样，不应由数据办公室的任何人负责修复数据质量问题，而应由数据所有者负责。但他们必须知道如何做，要基于通用标准，以便在整个组织范围内比较数据质量。

这个目标有助于建立组织通用的方法来测量数据质量、查找问题的根本原因，以及明确问题根源的责任方。在业务职能部门开展工作的过程中，数据办公室的角色就是推动者和严格的监控者。

无须发明新的轮子；六西格玛即可帮助你和业务职能部门。

4. 与业务人员合作，将数据转化为信息

数据办公室团队将与来自所有业务职能部门的人员合作，使用报表、人工智能等现代数据分析方法将数据转换为信息。

与之前的观点一样，数据办公室不需要像是集中在象牙塔中那样来开展所有数据分析和数据科学工作。相反，要在责任的集中与分散之间寻求平衡。

此目标能促使业务人员和IT部门基于最好的机制开展合作。在协调数据分析专家的工作时，需要在业务联接、协作和协同之间找到适当的平衡。

5. 使用正确的工具集支持所有这些职能

数据办公室不应该成为IT影子部门，任何业务部门也不应该这样做。但是，数据办公室非常适合与IT合作，为组织的业务职能部门服务。建议从数据办公室和信息技术团队之间的分工开始，可以由一位立场中立的人员主持工作。

需要倾听业务人员的心声以了解他们的优先事项。例如，我猜他们讨厌冗长的官僚程序。由于要从长远考虑，故需要在可持续性和敏捷方法之间找到平衡。

6. 处理数据时充分贯彻伦理标准

对于什么是可能的、什么是被允许和什么是有益的，数据办公室需要统筹考虑。要做到这一点，通常有两种力量指引我们如何遵循伦理标准处理数据，即法律和人们的幸福感，特别是组织员工和用户的幸福感。既不能乱钻法律的空子，也不能只追求友好体验而不遵守法律程序，两者缺一不可。

实现这个目标是一项大工程，需要持续不断的努力。

7. 培训并连接数据工作中的各方

并不是所有的财务问题都需要财务部门的人来解决，就像幸福感不只是人力资源部的责任一样。同样，数据也是一项整个组织范围内的任务，而不仅仅是一个中央数据办公室的责任。

该目标将要求建立跨整个组织的数据网络，以打破职能和地域的限制，将人们连接起来，通过给予适当的培训和交流机会，打造具备数据素养的队伍。

战略

为什么需要数据战略？

除业务案例、资源储备、依赖条件之外，良好的战略是团队做出关键决策并区分优先级的关键因素。战略有助于避免在每次决策中都进行基础性讨论。

当面临不同但都有效的多种选择时，拥有这种方向的支持尤为重要。它还确保了不同决策之间的一致性。

一个典型的例子是，通过完美的解决方案吸引用户，还是通过有竞争力的价格吸引用户。这两种选择都是有效的，但将它们混为一谈会降低品牌识别度。

与组织战略相比，数据战略的定位如何？

数据战略本身并不是组织战略，组织战略必须处于领导地位。

正如国际知名作家和战略顾问伯纳德·马尔曾经所说，"任何企业都不应该从数据本身开始，而应该从战略开始"（2019）。

上面的例子很好地显示了数据战略与企业战略的关系：

- 一方面，数据管理需要支持品牌识别度，例如，说明"我们希望成为所有高质量供应商中成本最低的竞争者。"
- 另一方面，作为低成本的供应商并不意味着采用低成本的数据方法。组织可以决定在数据工作上进行大量投入，来研究如何在保持利润的同时成为拥有最低价格的供应商。

这也是为什么没有完美的数据战略的原因。数据战略在很大程度上取决于组织的总体战略方向。

如何制订数据战略？理想情况下，数据战略的制订要与组织战略保持紧密一致。CDO应该参与公司战略的制订，他了解掌握数据可能发生的情况，这对制订组织战略会有影响。

以 CDO 身份加入时组织已有公司战略怎么办？接受并适应它。描述数据管理如何支持该战略。随时准备为组织战略的进一步发展做出贡献。

如何改善和维护数据战略？

定期开展战略匹配度检查。问自己这些问题：是否按规划有序推进中？如果不是，是因为战略把我们引向了错误的方向，还是我们没有正确地认识它？

任何时候发现数据战略不再或不能充分支撑公司战略，都要启动一个流程来调整它。不要拖到对公司战略的下一次检查。

同时，时刻准备着提供从数据角度对整体战略的反馈。但不要忘记，数据并不是企业战略的驱动因素。

个人成功的衡量标准

我们一直在讨论数据办公室的愿景、使命和战略，以及它与公司内相关群体的关系。

那么，如何衡量 CDO 一段时间的工作是否成功呢？

CDO 可能不会对外说一些事情，但会与团队分享并定期回顾。

一个典型的内部成功标准是数据办公室和 CDO 在组织内的地位。虽然作为成功的先决条件，但这一标准通常不会出现在公开提出的愿景、使命和战略中。

特别是在数据办公室建立早期，没有现成可以依赖的资源。CDO 必须赢得所有人的尊重，法律、风险或安全等领域的同伴已经获得了从前人那里延续下来的尊重。

这方面的进展很难衡量。为了避免自欺欺人，还是要认真思考。

数据办公室被认为是关键的支持职能团队之一，需要经过讨论或授权让人们改变认识。为什么不参考其他职能部门类似岗位的评价标准？

某种程度上可衡量的指标可能是"我们受邀支持别人的频率如何？"这个指标表明了从"强加于人"到"成为值得信赖的顾问"的转变。

这方面非常重要，你可能希望将其添加到团队成员的个人目标中。

另一个衡量方式是：倾听员工心声，了解他们在处理数据时说"我们"的意思，是指整个组织，还是他们各自的小团体，比如他们的团队或他们的部门？

记得一位财务高级副总裁说："**我们**需要跨部门工作"。遗憾的是，这句话中的"我们"这个词代表财务部。应收账款团队希望与风控部门同事密切合作，而与销售部门的沟通则不被视为优先事项。

在成熟的组织中，"我们"主要用来描述整个组织。这在数据管理中非常重要，因为没有所谓的"财务数据"或"市场营销数据"。应当说"我们"组织的数据从财务或市场角度来看。

同样，"他们"这个词也不应该用来描述其他团队或最高管理层，而是指组织以外的各方，主要是指竞争对手。

第 5 章 主数据管理

"想要我的元数据吗?
只有我死了你才能从
我这里拿走……"

图 5-1. 数据是谁的?

静态数据真的过时了吗？

数据管理是关于数据分析、机器学习、基于可视化的洞察力等，没错吧？为什么本书在讨论数据战略主题之后，还没有介绍过数据治理，就接着讨论主数据？

是的，在敏捷时代，主数据有时听起来像是过时了。

事实远非如此。

2019 年 12 月，被称作"数据语者"（Data Whisperer）的斯科特·泰勒（Scott Taylor）在领英（LinkedIn）的一篇帖子中这样写道："主数据在大趋势中永不过时！"

我完全同意这一观点。虽然对主数据的更改可能要变得越来越敏捷，但对主数据的主动管理需求不会很快消失。

交易数据反映了日常发生的交易及事件，甚至经常作为业务过程的副产品创建。相反，主数据需要有意识地进行维护，以支持业务活动。

即使数据分析专注于交易数据（包括大数据），但深入观察这些分析会发现，如果没有主数据的支持，就无法对交易数据进行分类和解释，从而提供深入的业务理解。此外，基于低质量主数据创建的交易数据会不可避免地存在与主数据同样的质量问题。

这可能会产生巨大的成本。记得有一家公司的销售主管曾经给我看他桌子上的一堆信件，所有信件都是写给用户的，并注明"退回寄件人——无法投递"。该公司已经为这些用户提供了服务，但却无法收取服务费。这个事情说明公司的用户地址数据太糟糕了，并导致了非常严重的财务后果！

当然，主数据并不局限于用户数据，而是遍布在组织的所有业务领域。我不知道有哪个业务领域不需要或不拥有主数据。数字化不仅不会削弱主数据的作用，甚至会扩大"劣质"主数据对组织各个业务的影响。

2019 年，德勤向首席采购官（Chief Procurement Officer，CPO）调查他们在掌握数字复杂性方面面临的最大挑战。其中最常被提及的话题是"很差的主数据质量、数据标准化，以及数据治理"[1]（Delesalle & Van Wesemael, 2019），60%的受访首席采购官都提到这一点。欢迎来到一个首席数据官不可或缺的世界！

主数据涵盖哪些内容？

主数据，参考数据，元数据

主数据、参考数据和元数据这三个概念间的区别并不是那么清晰。

然而，我建议不要花太多精力去寻找一个完美的定义。如果组织确实要区分某一数

---

[1] 40%的 CPO 提到"无法跨系统进行业务分析和洞察"。33%以上的 CPO 除了这一条之外没有提到其他问题。

据是主数据、参考数据还是元数据，必须要有充分的理由。否则，这种区分就是玩文字游戏。

例如，国家的邮政编码格式可以看作是主数据，但有时也可以看作是元数据。汇率可以视为参考数据——但它是经常变化的，所以也可以将其视为交易数据。

除非有充分的具体理由，否则没必要一定要对数据做分类。

这里提出三个可能的数据分类驱动因素：

- 需要区分不同过程。
- 需要变更所有权。
- 变更所带来的影响有所差异。

在这些情景下，组织可以针对主数据、参考数据、元数据的不同类型来定义相应的数据治理方式。综合考虑这三方面，推荐两个标准。

（i）**不同的处理过程**

组织可能最终会希望区分对**数据结构的更改**和对**数据内容的更改**。

在对数据结构进行更改时，通常要强制对应用程序、接口或数据库进行重新设计；而对数据内容进行更改时，比较理想的是通过参数配置来适应不同的应用程序。两者在根本上是不同的。与对数据内容的更改相比，对数据结构的更改通常需要完全不同、更为复杂的处理过程。

（ii）**不同的数据责任**

不难发现，不同领域的数据相关责任也有所不同。像关于用户、位置和产品等的具体数据，是由业务人员定义的，这是他们日常工作的一部分，一两个错误数据对组织的整体影响有限。还有一类数据，是定义了以上数据的结构或业务规则，一旦发生变化可能会影响大量的数据记录。通常以批处理模式处理批量数据变更也类似这种情况。对后一类数据，变更的责任应该属于数据所有者，必要时他们须组织详细的变更影响分析。

因此，建议对组织数据进行以下分类：

（i）**主数据**

- 由业务职能部门的人员维护。
- 单个数据的更改对业务过程的影响很小，甚至没有影响。
- 如果某一条记录出错，其影响通常仅限于涉及该记录的事务。
- 数据维护过程中的系统性缺陷可能会产生重大的负面影响。

（ii）**参考数据**

- 由维护主数据的 IT 应用系统访问使用。
- 对参考数据的更改可能会影响主数据。例如，如果组织中某职位头衔被更改或删除，所有该职位的员工都会受到影响。

- 由数据创建者维护。
- 通常由一组代码组成,主数据中各实体的属性要从这些代码中选择。

(iii) 元数据
- 指定何为参考数据、主数据及相关文档。
- 由数据所有者管理。

(iv) 交易数据

在业务过程中产生的数据。

按照这样的标准来区分数据,组织可以更容易地定义不同的数据变更过程,一类仅需要在数据维护工具中进行更改,另一类则需要对企业整体应用框架进行评估或更改。

同样,数据分类的定义应由业务目标驱动。如果组织打算以不同的方式对待两种不同类型的参考数据,那么随时可以对它们进一步细分。相反,如果组织对主数据和参考数据采用完全相同的管理过程,那可以使用同一个术语来描述这两个概念。

鉴于长远考虑,要保持数据分类的灵活性,从而在未来能够区分那些今天看起来很类似但随着业务发展会产生变化、因而需要区别对待的数据。

请注意,在本书中,使用"主数据"作为通用术语,涵盖了上面提到的主数据、参考数据和元数据。因此,每当提到主数据管理(MDM)时,是对所有三种数据的管理。在实际工作中无须遵循这个习惯,阅读本书时意识到这点即可。

主数据示例

- 参与方:用户、供应商、外部合作伙伴、员工、监管当局等。
- 服务相关事项:产品、零部件、供应物资、原材料等。
- 设备:叉车、机器、车辆、打印机等。
- 地理位置:工厂、仓库、办公室、销售区域、地址等。

参考数据示例

参考数据的特点是具有多面性。下面的示例表明,协调参考数据及相应的统一业务规则是组织一项很核心的任务,理想情况下应由数据办公室承担。

(i) 汇率

每个业务遍及全球的组织都需要准确的交易和估价汇率。

计算汇率有很多不同的方法,例如,必须决定汇率的头寸是多头还是空头;对每一笔交易计算价格时要准确规定使用的基准币种。此外,还必须决定汇率变动的频率——根据不同的业务目标,可以是实时变动,甚至月度变动。

如果某个方面没有考虑周全，可能就会陷入窘境。同一购买行为会有两个不同的价格，最糟糕的情况是影响用户或供应商关系，甚至对财务数据带来负面影响。

受持续不断的贸易行为影响，市场汇率随时在发生变化。然而，对商品贸易而言，如果时刻考虑变化，就不可能有一个稳定的计价基础，商品的出口价格会持续变化，从而对贸易行为产生不利影响。

如果组织在交易中使用了那些不稳定的货币，则需要对其汇率变化快速做出反应。但是无论组织的汇率处理过程多么精准，也不可能在几秒钟内卖掉持有的外币，所以组织会持续承担货币贬值的风险。

业务伙伴间在交易过程中通常可以自由商定所使用的汇率，但必须非常清晰，不能有丝毫含糊。在税收、关税和财务报告等领域，组织所使用的汇率还必须遵循外部监管规则，包括变化频率和舍入规则等。

在以上两种情况下，保存汇率变动的历史数据极为重要，否则将无法追溯计算过去交易的适用汇率。

所有这些方面都说明，任何组织都要重视集中处理其汇率数据。例如，如果让销售部门和财务部门各自独立处理汇率，将面临严重的协调问题；如果把汇率的选择留给商务智能分析人员，不同的分析人员会得到不同的分析结果。

建议：

- 仔细定义并选择此领域数据业务所有者，所有者需要与其他利益相关者达成共识。
- 让数据办公室成为强制监管人，避免出现单独行动的情况。
- 与数据业务所有者和利益相关者一起制订并记录这些数据的准确业务规则。
- 确保订阅[2]一致认可的汇率数据来源，并将这些值存储在参考数据存储库中。记住，最重要的是始终要记录每个来源准确、完整的历史汇率。
- 考虑存储组织特有的数据属性，例如，是否接受特定的货币支付、在何种汇率波动水平时要向风险管理部门发送警报等。

（ii）地址数据

地址信息非常复杂。地址本身、商业伙伴的地址都随时可能发生变化。即使是在地址数据标准受到严格监管的国家，地址数据逻辑规则也有些模糊，例如：

- 地址中的一部分内容通常可以缩写，从而导致同一地址在不同场景下存在不同的拼写形式（例如，"rd"和"road"）。
- 地址的某些部分是可选的，也就是说，只要能帮助人们理解地点即可，而不必确定确切的位置。

---

[2] 爱丁堡世界市场公司(WMR)发布的"小时收盘汇率"是一个典型的外部参考汇率，您可以订阅该汇率并将其作为在线价格计算的基础。

- 许多国家存在多种确定地址的方法,这通常是因为引入了一种新方法,但人们仍在使用旧方法。
- 一些国家有复杂的地址和邮政编码系统,但几乎没有人使用。
- 不同的字母表也会使地址数据变得更加复杂。

所有这些因素都会使地址数据产生歧义,因此简单的字符串不足以确定两个地址是否指定了相同的位置。针对地址管理这个主题就可以专门写一本书。这里提供如下建议。

- 标准化:统一主要数据标准和明确的映射规则(例如,在涉及多个字母的情况下,要有一个清晰的音译标准)。
- 考虑使用地理坐标:它们明确指定了物理位置,因此与拼写和格式无关。但是要注意,摩天大楼里可能会有数百个组织,它们拥有相同的 x 和 y 坐标。建筑物的形状通常与一对地理坐标的矩形形状不一致。在这种情况下,可以考虑使用地理围栏算法解析并使用第三维坐标进行垂直区分。
- 考虑外部地址数据清洗服务:没有一个组织会有适合地球上所有国家的完美地址数据,但一些专业数据提供商与各国的本地地址提供商合作,在全球范围内提供简洁一致的地址数据。
- 出于合规性和法律原因,要保留每个交易方的历史地址,并保留用户提供的任何原始地址。
- 使用特定国家的地址数据逻辑,包括相关的元数据。你可以自己实现它,也可以使用 API 或外部数据提供程序完成。无论如何,要考虑日常变化的可能性。

(iii) 语言数据

一种语言不就是一种语言吗?当然没那么简单,实际情况要复杂得多。典型的挑战包括:

- 不同的字母表(拉丁语、西里尔语、希伯来语、朝鲜语、汉语等都有多个子集)。
- 同一语言在同一国家的不同拼写标准(挪威语)。
- 音译有时会产生歧义(日本的汉字)。
- 同一语言的多个国家版本(英语)。
- 每个国家的多种语言(印度、瑞士、加拿大)。

建议:

- 在处理各种语言时,使用 Unicode 编码。
- 定义内部主要使用的语言和字母。在处理语言数据时始终坚持首先映射到默认语言。这样只需管理(n-1)个关系,而不是每两对语言之间的 n(n-1)/2 个关系。
- 将国家和语言结合起来,大多数语言服务提供商都这样做,并始终为每个国家定义默认语言。
- 在处理语言数据时,要定义那些在组织内无须翻译的特定表达方式,如品牌的一部分。考虑到在大多数情况下，可能需要对这些内容进行音译。此外，在组织范围内翻译语言时，还需要能够处理外部组织定义的特定表达方式。

（iv）组织的层级数据

组织是否经常进行架构调整？它是否收购整合了其他组织？它是否通过自己的子公司进入了新市场？它是否与其他组织建立了合资企业？除非只是为当地提供烟囱清洁服务，否则至少会回答一次"是"。

但是谁应该对这些数据负责呢？组织架构的数据存储在哪里，如何存储？

传统上，财务部门以外的人往往认为组织架构是直观清晰的。但问题在于细节。在不少系统中，经常会看到将组织的层级数据硬编码，这带来了很大的问题。

建议：

- 在不同业务目标下，组织可能会存在多种层级数据。组织的内部架构往往不同于外部的法律架构。如果有必要，组织需要维护两个或多个不同的层级数据。
- 层级数据要由数据办公室进行统一管理，以确保可持续、跨职能和全面的层级信息管理。
- 确定最合适的数据业务所有者。根据不同的情况，数据所有者可能是财务、法律、并购部门，甚至是专门的业务重组部门。
- 不要用硬编码的方式处理层级数据，应允许通过配置实现灵活更改。
- 与业务所有者合作，当组织层级发生变化时，绘制其变化过程中的（重要的）层级映射，以便进行适当的年度比较。这样的映射必须对所有数据使用者可用，以确保在进行报告和分析时有一致的数据基础。
- 一旦确定了报告日期，就应该能够基于存储的历史层级数据将业务数据和事件轻松分配到相应的层级中，特别是对于面向法律的层级体系。

元数据示例

元数据的类型也是多种多样，毕竟元数据描述了其他数据。以下是一些例子。

（i）格式描述

主数据和交易数据的大多数元素都需要格式描述，以便进行数据验证，并在必要时解释数据。典型的例子是账号的长度和数据格式。

外部数据的格式描述也属于元数据，如增值税号的格式和长度。

（ii）文档信息

文档的分类和标记：存储的原始文档有大量的元数据元素，如文件格式、页数或最后修改日期。大多数文档甚至将其部分元数据存储为文件本身的一部分。

图像文档的元数据标签要少得多，比如来源、作者或大小——对这类文档而言，一些额外的信息来自 OCR 和文本分析。这就是在管理图像时要对其进行扫描或文本转换的原因，因为这才能使用户更容易查找和使用这类数据。

OCR 和文本分析将整个图像文档翻译成系统信息，这是将原始图像文档转变成数据的一种操作方式。在这种情况下，大多数信息可以视为交易数据，而不是元数据。要记住，对不同数据要遵循不同原则：哪些数据遵从元数据策略，哪些数据遵从交易数据策略？

（iii）大数据的分类

与图像文档的元数据类似，非结构化大数据文件也需要元数据，如日期、来源或使用的字符集等。在后续处理过程中，需要使用这些元数据来准确解释数据所包含的内容。

从这个意义上说，即使对最原始版本的大数据存储库来说，里面的数据也不是完全"非结构化"的。然后，通过层层深入的分析，它将变得越来越结构化，直到从中获得了足够的元数据，能够满足分析算法的要求，例如，用于模式识别或关联发现的算法。

此外，元数据采集有助于确保大数据存储的内容满足机器学习算法训练需求。

有效的元数据管理有助于以结构化的方式完成所有这些工作。

管理主数据

跨职能的主数据管理

主数据大多是跨业务职能的。换句话说，多个团队或部门依赖于一组特定的主数据。然而，当前许多组织仍然有不同的主数据存储，由不同的团队自主维护。

数据模型

要进行良好的主数据管理，必须建立一个完整的数据模型。

元数据与数据模型密切相关。元数据各项属性的基数和格式要在数据模型中维护，元数据管理必须从数据模型中获取这些信息。

主数据和参考数据的结构和逻辑也要在数据模型中定义。

作为一般规则，所有业务逻辑和结构都应该首先进入数据模型，然后根据数据模型定义主数据，随后在数据模型中进行维护。

主数据的历史视图

主数据、参考数据和元数据都需要在历史维度进行管理，其属性值会随时间发生变化。

如果提前维护了相关主数据，过去某个特定日期的各类业务数据应该能够重现，甚至可以查看未来某个日期的数据。这个功能有很多业务场景，例如，可能出于法律原因、调试目的或不同使用场景而需要查询各时期的数据。

这就是为什么 Web 服务应该始终提供一个参数,在该参数中提供日期数据——这样可以返回确定日期前的结果。这可以帮助企业测试过去和未来的数据,通过重现案例情景来评估索赔合理性,并验证错误消息。

有了合适的历史数据记录,我们还可以确定一些业务规则来验证数据的合理性,发现存在的问题。例如:

- 当工厂处于"在建"状态时,在该工厂中不能生产产品。如果找到这样的组合,可以将其标记给数据使用者。
- 不能向一个不再有效或尚未生效的邮政编码邮寄信件。当处理这样的邮政编码数据时,历史视图将能够添加这样的历史信息:"不再有效"或"仅在……时有效",提供这样的信息会比仅提供"无效"更有意义。
- 即使是目前有偿付能力的用户,如果该用户的信用评级在过去两年的大部分时间里都不太好,就需要对这些用户进行密切监控,或将他们排除在信用付款名单之外。

在处理历史数据时,我们通常还会面临如下挑战:

- 数据变化后的同比分析。如果在报告期重新定义了用户的细分规则,就很难确定每个细分用户群的忠诚度同比变化。
- NoSQL 数据库通常无须重新设计就能处理数据模型的更改,而 SQL 数据库很容易遇到这种问题。它们不能识别额外的表、丢失的表,并且对主键结构的更改很敏感。
- 即使数据库能够处理数据结构的变化,客户端应用程序也可能无法做到这一点,除非它一开始就有意识地开发成在不同模式下工作。可惜的是,在很多应用系统中处理数据结构变化的功能通常采用硬编码的方式。更常见的情况是,修改应用系统支持了新逻辑,但因此失去了对以前逻辑的支持能力。

这些案例说明,无论是一个大的版本发布,还是敏捷项目的版本变更,将软件和数据库的**向后兼容性**添加到变更需求列表中是非常重要的。

MDM 和主数据软件

主数据设计风格

设计和实现主数据的方法不止一种。根据自己部门或跨职能部门的不同业务需求,可以为整个或部分主数据环境选择不同的主数据设计样式。同样,无论是为满足临时目标，还是作为长期目标的一部分，都可以选择使用混合解决方案。

典型的主数据设计模式有：[3]

（i）集中式

从数据质量的角度来看，完全集中式的解决方案提供了最安全的方法。在管理主数据时，我们要遵循"单一可信来源"这一原则，集中式管理方法很容易实现这一点，它们大部分已经是数据库设计的一部分。

值得注意的是，不是主数据维护这一工作要求集中，而是数据内容本身要是集中的。来自世界各地的数据管理专员可以直接在企业级主数据库中维护数据，无论它是运行在本地还是在云上。

（ii）虚拟集中式

得益于过去 20 年的技术进步，当前数据存储库的逻辑结构与其物理设计逐渐脱钩。大多数数据库解决方案都允许分布式数据库部署，其中数据记录可以分布在多个远程位置，或者数据库可以自动复制同一数据库的不同实例之间的所有记录。

基于云的数据库解决方案甚至不知道其他部分是如何工作的。

由此带来的结果是，组织在全球各地区开展业务不再是在各地建立单独、本地维护的数据库的借口。只有在连接受限的区域才可以采用本地数据存储库，但理想情况下这些存储库应该是单个逻辑数据库的只读副本或本地缓存。

但一定要注意，单个物理或虚拟数据库中的主键并不能防止数据重复。拼写错误和不同的拼写方式可能导致多个记录指向同一个对象，而数据库中的字符串比较功能并不能发现这个问题（参见第 10 章的"保持数据清洁"小节）。

（iii）分布式可读

有时候，企业过去留下来的旧应用程序无法从现代 MDM 解决方案中提取数据，例如，大型机无法调用主数据 Web 服务。或者，在旧系统中的使用风险太高。

在这些情况下，可以尝试将这些旧应用程序使用的主数据切换到集中式解决方案，除非当前的主数据维护是单片机遗留系统不可分离的一部分。然后，可以设置一种复制机制，定期从集中式的主数据库中更新本地存储库以供本地使用。

大多数专业的 MDM 解决方案都能够支持上述所有功能。但是企业在实施过程中通常会发现，这样做最大的问题往往来自老应用系统基础结构的约束。**MDM 软件的一个重要选择标准是能够与老的解决方案共存并与之交互。**

（iv）分布式可读写

如果由于技术限制无法将主数据集中到一个单一类型的数据库，企业可能会被迫将

---

[3] 这些风格和名字并不是标准化的。正如在文学作品中有不同的名称和风格描述，MDM 解决方案也带有受作者写作风格影响的结构和描述方式。

主数据保存到多个存储库中。在这种情况下,需要确保这些存储库之间能够定期同步,以尽可能接近"单一可信来源"的效果。但是,在工作过程中应该意识到,如果缺乏实时同步机制,不同主数据存储库可能随时会遇到数据不同步的状况。

这种方法需要建立一个主数据中央注册表、明确不同主数据库的相互依赖关系以及它们的更新和使用频率,以便可以系统地自动匹配主数据同步过程。

(v) 独立结构

这是企业发展过程中长期遗留下来的最常见的设计风格。如果一个企业没有很好地进行数据治理,又有了几十年的发展历史,在实施项目过程中通常会将主数据视为该项目的一个附属功能,这样随着项目数量的增长,就积累下来大量相互独立的主数据库来处理主数据。这种风格的优点是能够快速实现局部或功能性解决方案,但缺点非常多,因此企业有很强的动力要转向其他主数据管理方式。

但是,在某些情况下,一些特定的主数据仅在有限场景中需要,这时在不同位置独立维护主数据是可行的。在这种情况下,业务上可能不需要将此类主数据集成到集中的主数据环境。但是,企业不应该一直这样处理,在替换或更新原先各类独立的系统时,要抓住时机将这些主数据整合到集中的主数据库中。

如果企业被迫使用独立的主数据库来管理主数据,那在此期间必须通过严格的数据治理流程来弥补技术上的不足,以避免数据质量问题。

这种治理工作往往是劳动密集型的,有大量的手工数据质量工作,需要额外的资源投入。管理者需要认真评估这些投入成本,在评估基础上确定解决方案,推动企业采用更可持续的主数据解决方案。

首先理解需求

虽然许多软件包都被标记为"MDM",但我们要清晰认识到,这个缩写代表的是管理主数据的方法,而不是 IT 解决方案。

咨询公司加特纳(Gartner)指出:"MDM 是一项复杂且成本高昂的工作。作为一项以技术为基础的商业产品,软件本身无法应对多样化的业务挑战"(Parker & Walker, 2019)。

这就是为什么强烈建议将选择主数据管理软件作为企业实施主数据管理工作旅程中的最后一步。尽早了解现成解决方案的功能是很好的,但是不应该根据软件有哪些功能来决定自己的业务需求。

如果企业不知道主数据软件应该做什么,并且没有适当的治理机制来让人们使用该软件,那将不仅会面临未能选择最佳解决方案的风险,更糟糕的是这个解决方案在企业中无法得到应用,即使投产后也可能会被不当应用。

确定你的需求

根据在不同组织中的工作经验,我估计组织中 80% 的主数据解决方案需求可以通过数据管理框架的分析和开发预先确定。

有趣的是，这些需求包括许多可以采取不同选择的决策事项，而不必在正确或错误之间纠结，因为任何一个选择都可以。

另一个应该且必须预先澄清的方面是需要访问主数据的用户数量、组织中应用系统的数量，以及用户和各应用系统访问主数据的方式。这就是为什么需要尽早定义数据维护流程。此外，还必须确定应用系统视图中是否存在对数据的约束，不仅仅包括组织中遗留系统的问题。

在实施主数据解决方案时，企业只需要开发余下20%的业务需求，而且这20%中的大多数都是"锦上添花"的功能，不做其实也没有根本上的影响。

之所以出现这种情况，是因为市场上大多数主数据解决方案的提供商会定期整合来自用户的需求反馈。除非您的组织与其他组织完全不同，否则可能不会提出任何其他组织以前没有遇到过的要求。因此，可能会出现一些不同的MDM解决方案，但这些解决方案都大同小异，并没有真正的"噱头"。

为适应这种情况，对于主数据解决方案提供商提供的主要产品，在实施主数据管理项目初期就应该熟悉，不过没有必要在这时候就开始构建候选产品列表。

实际上，熟悉这些解决方案的功能和特性最大的价值是可以帮助我们设定项目目标，包括支持主数据管理的治理、流程和解决方案。

采用瀑布式还是敏捷开发？

组织会选择哪种方法开发主数据管理系统——是瀑布式还是敏捷式？能否完全基于敏捷方法进行系统需求收集？

不言而喻，在默认情况下，如果工作目标是对已有的解决方案进行持续改进，那应该以敏捷的方式进行。

显然，如果是全新的需求，选择解决方案的过程至少需要部分遵循瀑布方法，因为必须在某一点上做出方向性决定。我们当然不希望过于频繁地在MDM工具之间切换。

同时，数据治理框架和主数据管理流程的开发应该以敏捷的方式进行。对于真正从事敏捷工作的团队来说，主数据解决方案的需求文档可能是一个受欢迎的副产品。

组织甚至可以使用敏捷方法开发其主数据治理和工作流程。[4]在这种情况下，组织在其他治理和工作流程中产生的用户故事可以同样视为主数据解决方案的用户故事，组织在敏捷开发中的积压工作内容也可以成为确定主数据解决方案的需求中的一部分。

---

[4] 我们可能希望确保主数据业务所有者是数据办公室的成员，以避免职能部门不同带来的理解偏差。

自建还是外购？

几十年来，组织被迫自己来制订主数据解决方案。这主要是因为过去市场上可用的解决方案还不够成熟，而且它们是碎片化的，没有多域主数据解决方案，不同解决方案间不能很好地相互集成，更不用说与数据管理的其他方面进行集成，如数据建模工具。

然而，当前情况有了明显改善。受益于主数据解决方案相对独立于特定行业这一事实，主数据解决方案供应商不需要花费太多的精力就能为不同的行业开发专门的解决方案。

但与组织自己根据特定的业务需求自主建设主数据解决方案相比，这些日益复杂的主数据解决方案有一个共同的关键缺陷：如果缺少某个业务功能，就无法快速增加该功能，而只能寄希望于解决方案提供商认为这个需求是有用且比较急迫的，从而在其方案中增加这一功能。

对解决方案提供商的依赖是一个巨大挑战，特别是在使用基于云计算的解决方案时，可配置性通常局限于非核心功能方面。

如果组织目前已经有一个或多个在用的主数据解决方案，可取的方法是暂时保留它们，并根据实际情况通过治理和流程来进行优化。组织在这个过程中可能会学到很多东西，这有助于以后选择一个优秀的专业解决方案。

要决定是自建还是外购，首先应该客观地评估组织的主数据管理在多大程度上是为了成为一种核心竞争优势，还是"只是"一种帮助组织专注于业务目标的后台专业活动。

外购也不是不可以。它的优点是，组织可以选择一个合适的主数据解决方案，通过开发部分治理流程，使组织需求与该解决方案较好地匹配。

选择解决方案的过程也变得更加简单：组织首先确定符合核心需求的供应商列表，然后选择最物有所值的那个！

第 6 章
数据治理

"你的方法听上去是数据驱动的,并且也合理,但还是按我的方法来。"

图 6-1. 缺乏治理的数据就如不负责任的建议

确定一套数据原则

大多数情况下,数据驱动型组织的发展方向和该组织之前的发展方向是不同的。

接下来,要有通盘考虑的能力,数据办公室团队需要在非常具体的情况中判断业务案例的建议是否与组织的数据战略一致,是否需要改变什么,或者是否缺少什么。

数据专家团队可能会在每个业务案例中判断什么是对的,什么是错的。文档完备的技术数据架构肯定也会对IT开展工作有帮助。

但是,组织要建立通用的数据观,形成企业范围内的数据文化,就需要制订一套通用的原则,确保组织中每个人,从最专业的数据库专家到对数据技术不那么熟悉的营销主管,都能理解数据。

2018年在伦敦的一次数据会议上,哥伦比亚广播公司(CBS)的杰里米·科恩(Jeremy Cohen)做了以下类比:"地图上的指南针!我们没有所有的答案。"

在组织的数据治理工作中,一套数据原则就像工作中的指南针。组织应将这些数据原则视为数据"宪法",它可以为现行标准和政策尚未涵盖的新情况提供方向。

但不要简单地把这些原则写在身上,并强加给别人,即使你认为自己知道如何做!倒不如将业务和IT各个部门的关键数据参与者召集在一起来制订这些原则。要吸引组织数据网络中合适的人加入进来。

为确保讨论的方向正确,CDO可以自己或与整个数据办公室团队一起创建初始草案,草案中可以吸收一些对组织至关重要的观点。典型的观点包括:

- 所有数据都应有一个所有者。
- 首先关注最关键的数据。
- 聚焦于根本原因,而不是表象。

同样重要的是,让关键人物和重要利益相关者通过研讨会等方式尽快参与进来,这样他们就能共同制订和认可这些原则。

虽然作为数据管理者不应该接受对数据策略的根本性改变,但对"不会造成伤害"的变化应持开放态度,例如对措辞的更改。"您认为您的说法更容易被理解吗?好吧,我们就这样写!"有时人们会提出一些全新、伟大的想法。如果采纳了这些想法,结果不仅会更好,而且还会赢得这些人的支持!

当然,CDO应该正式拥有这些原则文件,并能够对其进行微调,使各种贡献者的输入与组织的数据战略目标保持一致。最后,请在交付文档中提及所有贡献者的名字。这一举动将使其成为"大家的"文档。

注意不要制造一个冗长难读的"怪物"。所以,应该取一些有吸引力标题,可以在标题中添加相关背景信息,以便那些想要更好理解的人能够有效阅读。

尤其当发布一个重要计划的效果检查，或向组织成员解释战略方向的时候，想办法给文档找一个吸引人的标题。如"数据宗旨"或"数据十诫"。

图 6-2 中给出了一个典型的数据原则列表。

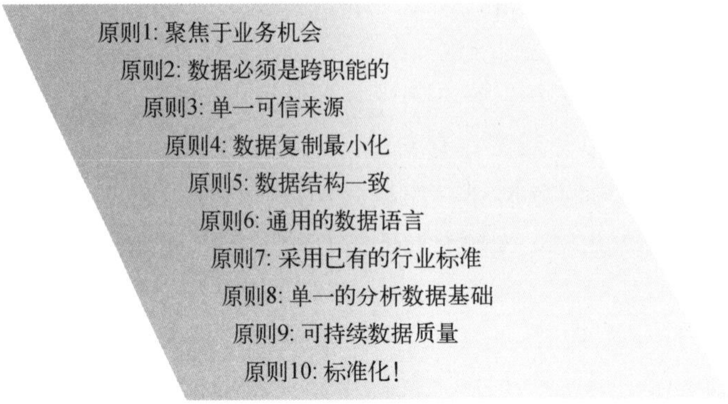

```
原则1: 聚焦于业务机会
原则2: 数据必须是跨职能的
原则3: 单一可信来源
原则4: 数据复制最小化
原则5: 数据结构一致
原则6: 通用的数据语言
原则7: 采用已有的行业标准
原则8: 单一的分析数据基础
原则9: 可持续数据质量
原则10: 标准化!
```

图 6-2. 数据原则示例

制订数据制度

数据制度有什么好处？

在无法或不想管理每个可能的个案时，数据制度对于指导员工非常重要。它们是管理整个数据供应链中数据处理的规范。

此外，数据原则和制度应使跨职能团队能够以流程、角色和责任的形式，衍生出涵盖已知案例的具体规则。

根据经验，有充分的理由认为组织中的人员不会为了组织的最佳利益而处理数据，典型的动机包括懒惰、无知、自满、自私或轻率，亟需数据制度。数据制度旨在通过告诉每个人使用什么数据做什么、不做什么以及为什么这样做，使人们的行为符合组织的目标和价值观。

数据制度需要个性化到什么程度？

与数据原则不同，数据制度需要考虑整个组织的情况。首先必须考虑组织整体战略的背景，并且必须与组织的其他政策相匹配。例如，如果组织的所有其他制度都依赖于跨职能部门的审批流程，那么将数据制度建立在个人决策基础上是没有意义的。

其次，数据制度的内容需要与组织的特点进行匹配，有自己的特色。不要轻易复用其他组织的数据制度，它们往往不能满足组织的特定需求，或者选择的制度风格与组织其他制度的风格不匹配，导致执行起来困难重重。

此外，其他组织的数据制度可能基于不同国家的法律情况；可能太过具体，也可能非常笼统，这取决于适用的地理区域。

当然，虽然组织需要自己制订个性化的数据制度，但并不妨碍在制订数据制度过程中借鉴其他已经制订好的数据制度内容，检查制订过程中是否忽视了某些重要内容。

如何确定数据制度的相关责任？

作为数据制度管理的一部分，需要明确数据相关方的责任，因为在实际工作中我们发现数据所有权并不总是那么直观、清晰。

有时候，数据制度的某方面责任已经由组织中另一个团队负责了。最常见的例子可能是数据保护制度。所有权不那么明确的其他典型制度是那些法律对处理数据的强制要求，如 GDPR、SOX 合规性（美国 2002 年颁布的萨班斯-奥克斯利法案）或 HIPAA[1]等。

如果传统上另一个部门认为对所有制度负责，包括数据制度，那么作为 CDO 授权的一部分，可行的办法是要求澄清各个制度的所有权。要做到这一点，最好自己创建一个打算制订的所有制度列表，以及认为应该为这些制度提供输入的另一个列表。

CDO 的主要目标绝对不应该是在最大程度上承担数据治理责任。相反，你应该设定的目标是有能力帮助组织建立强大的数据管理基础。

这就是为什么通常在合理的情况下，数据办公室不需要去争取获得每项数据制度的最终责任。一般情况下，数据办公室只要成为一个公认的利益相关者就足够了。如果使用者对最初的数据所有权不满意，要有渠道让他们表达出来。

因此，完全可以接受由另一个部门负责所有制度，如法律或合规部，而数据办公室负责确定数据制度的内容。

如何确定数据制度的设置方式？

在组织和结构上，数据制度应该遵循组织制度管理方式。数据制度并不独立存在于组织的整体制度目录之外。

此外，保持与其他制度一致的管理方式，能够使数据制度复用组织现有的基础功能结构，包括制度的法律审查、发布和执行等。

有时候组织可能已经有了集中的制度管理机制。在这种情况下，数据办公室需要成为制度管理中被认可的一方，制订部分制度，并成为其他制度的正式参与者或审批者。

如果在组织中还没有合适的制度管理体系，或者组织还没有一个系统的方法来处理相关制度，建议数据办公室开始承担这个职责，甚至可以帮助其他团队建立管理制度的规划蓝图。

---

[1] 美国《健康保险携带和责任法案》（Health Insurance Portability and Accountability Act，HIPAA）。

如何制订整套数据制度？

与制订数据原则一样，让所有利益相关者参与数据制度的制订至关重要。这些利益相关者包括制度使用者（所有部门）和主题所有者（如风险管理或数据隐私管理）。最重要的是要倾听制度使用者的担忧，在撰写制度时还需要避免与各主题所有者有利益冲突。

当然，在制订制度时，采用这种利益相关者驱动的方法不应妨碍整个准备工作的进行。理想情况下，数据办公室应该准备比最终目标更多的制度内容。如果在开始讨论时就能够在一定程度上设定相关议程，参与团队不需要从一张白纸开始，他们通常会很高兴。

数据制度是什么样子的？

基于以下三个原因，这里不会提供现成的数据制度文档：

a）在网上和各种文库中有很多这样的文档，应该可以搜索到很多模板。

b）如果这里提供一个文档，可能会引起误解，认为这就是我建议的数据制度写法。事实上，对数据制度而言，没有单一有效甚至最好的文档结构。

c）数据制度应该在格式和结构上与组织的其他制度保持一致。在组织 A 中成功使用的数据制度在组织 B 中可能根本不起作用。

建议制订数据制度时一定要从需要达到的目的开始讨论。要清晰知道：数据制度需要达成的目标结果是什么？一项制度应该促成或防止哪种情况的发生？该制度打算执行哪些内部或外部的规定？

要记住一点，组织可以决定一个特定的数据制度执行方式，即它是要严格遵循、有条件遵循的，还是建议遵循的。如果是建议遵循的，则需要在制度范围内有合理程度的自由度，因为它有助于提高组织成员遵循该制度的意愿。

如果在制订数据制度时有很大的自由度，那么可以考虑使用数据原则的文档结构，如本章前面讨论的：每个原则都可以附带一项或多项数据制度，使该原则更加具体化。

所有数据制度都需要在企业整体范围内得到核准，可以由管理层进行核准，也可以由得到管理层充分授权、可以做出此类决定的主体进行核准，后者在本章稍后将有所介绍。

制订完成后，制度需要在组织范围内充分共享，并对相关人员进行培训。在这两个方面，都可以复用组织已有的实施其他制度的管理机制。

最后，组织要鼓励员工持续反馈制度实施中的问题，对于人们是否接受这个制度要有清晰的认识。

数据管理的目标状态

业界有多种方法去定义良好数据治理的条件列表。在 GoFair（2019）可以找到一份公开清单。

另一个是"USA"标准，如图 6-3 所示。

图 6-3. 数据准则（示例）

虽然这些方法基本类似，但每个组织在确定自己的良好数据准则时可能希望有自己的特定模式，以便强调那些对组织非常重要的内容。

数据治理范围

在组织内，处理数据过程中有很多工作，其中哪些方面应该属于有效数据治理范围？简单的回答是"所有方面"。以下是一些典型的问题。

数据是否会因为过于机密而无法治理？

数据可能过于机密而无法共享。在这种情况下，数据办公室要关注如何管理敏感数据，特别是谁负责，以及谁可以访问此类数据。保密数据本身不需要提供给数据办公室。

研究数据不需要进行治理吗？

研究自由通常被假定为创造力的先决条件。的确，研究人员应该具有足够的自由来支持新方法和新见解的研究。然而，一旦研究活动的结果被发布，就必须能让别人准确理解其研究过程。这就是为什么相关数据的治理和文档化对科学模型和算法也很重要。

对于不同类型的数据，是否需要不同的治理方式？

以不同的方式治理参考数据、交易数据和大数据确实是个好主意。这些类型的数据在复杂性、结构、用途和目标上有所不同，也会有不同级别的数据隐私和数据保护要求。此外，相比于组织内可以进行更改的数据，只读数据不需要那样多的管理规则。元数据也需要有一套自己的治理规则，它对互操作性有重大影响。

对我们还不知道的数据如何治理？

我们至今还没有意识到，数据制度本身也是组织治理数据的一个重要方面。制订数据制度时应考虑可扩展性，能让每个人在处理以前没有处理过的新数据时，从已有数据制度中得到处理这些数据的规则。

例如，一项新法律在未来两年内要变更，怎么应对这个变化呢？数据制度可以规定，任何新法律在生效前应被遵守至少两个月。

如果组织还没有针对新数据问题的制度呢？尽可能持续地利用现有数据治理主体和流程解决新问题。要采用这种方法，也得通过制度强制执行！

数据管理第 9 定律

数据管理需要集中治理。

默认情况下数据治理应该强制执行。

决策和协作

数据治理中最好的工作方法，是将所有职责转换为定义良好的治理模型，并在各组织层级上跨职能进行协同工作。

如图 6-4 所示的高级别治理模型可以作为一个好的起点。

图 6-4. 审查和决策层级

治理工作可以从四个不同的级别展开，随后应该详细定义每个级别的含义，并根据组织的结构和需要对其进行调整。

最高管理层

任何组织都不应将最高管理层排除在其数据治理结构之外。

曾见过很多这样的例子，尤其是在大公司里，最高管理层被认为应当专注于战略方面的工作，而不是处理"普通的"数据问题，错失了数据治理的好机会！

无论最高管理层是否有意识地决定数据治理相关工作主题，他们的决定都与组织的数据紧密联系在一起。他们会直接或间接、有意识或无意识地决定组织的数据。

2019 年在阿姆斯特丹的一场数据会议上，普华永道（PwC）数据分析合伙人、奈诺德商业大学教授雅克·德·施瓦特博士（Jacques de Swart）坦率地说："重大决策都是在最高管理层会议上做出的。"需要将最主要的数据主题呈现在这个会上。

在这一点上，我们需要明确，不应指望最高管理层讨论常规的数据工作，然而在有效数据治理模型中，最高管理层需要扮演两个关键角色：

（i）战略

数据战略不能独立于组织的总体战略而存在。虽然数据战略的制订是由 CDO 负责的，但它必须通过最高管理层的认可。这同样适用于数据愿景和使命。

如果数据战略没有得到最高管理层明确和充分的支持，并将数据战略纳入组织整体战略进行考虑，CDO 将缺乏执行数据战略的权威。无论 CDO 做什么，都应该能够将其与愿景、使命和战略联系起来："根据最高管理层的批准，我们正在通过做 A 来实现 X。"

在批准数据战略的同时，最高管理层应及时了解战略执行进展。换句话说，CDO 要定期向最高管理层进行简短的汇报，这应该是整体数据治理机制的一部分。这使最高管理层的成员了解数据治理问题，并帮助 CDO 向最高管理层提出工作想法或报告战略执行中的问题。

（ii）提升问题解决级别

根据前面所述的从属原则，每个层级应在提升问题解决级别之前解决尽可能多的争议。此外，双方之间的分歧应以双边方式解决，而不是把所有利益相关者都牵涉进来。同样的情况也适用于最高管理层，CDO 可以调解最高管理层两名成员间的不一致意见。

不过，组织还是需要正式的流程来解决那些无法在当前层面或用双边方式解决的主题。提升问题解决级别也要考虑问题的重要程度。经验表明，即使没有在下面各级别间达成一致，小问题也不会列入最高管理层议程。这意味着，在任何层面上都应该有多种选择来解决矛盾问题。

数据决策执行主体

在最高管理层之下,组织通常需要指定一个权威主体来决定跨业务领域的数据问题。当然,对规模较小的组织而言,也可以由最高管理层来做这种决定。

要使这样一个主体具有足够的权威,它需要能够代表本组织的所有业务领域。这并不意味着跨业务领域数据问题的管理都要交给这个机构。相反,经过最高管理层的预先调整和授权,某位精通数据的高管也可以代表多个业务领域做出决策。

通常可行的做法是让每位最高管理层成员选择一名直接下属,由其代表该最高管理层成员所管理的全部业务职责范围提出数据决策。这至少可以是开展工作的出发点,然后在过程中进行微调。例如,如果一位最高管理层成员所管理的两个业务领域的职能过于独立,仅指定一名下属无法同时代表这两个领域,则需要指定多个下属承担相应职责。

这里特意使用"决策主体"这个词,是因为不想深入讨论主体本身,除非确有必要讨论这么细节的问题。在一般情况下,希望参与数据相关讨论的团队事先就数据问题达成一致提议,并让主体的核心成员列好共识部分,并梳理还存在的分歧。

对于数据方面需向上级反映的问题,应遵循相应的流程,确保仅指定的权威决策主体有权向最高管理层报告重大数据分歧。

这个主体我称之为**数据执行委员会**。如果组织有自己的命名习惯,也可以自行决定这个主体的名称。

数据协作小组

为了让数据执行委员会能够有效做出决策,需要组建一个小组来准备委员会要讨论的议题、请求或需要向上级反映的问题。

这个小组应该包括跨职能部门的团队领导或部门领导。我称这个小组为**数据管理委员会**,或简称为**数据委员会**。它应该由 CDO 担任主席。该委员会应定期开会讨论数据治理课题设计、数据审查、相关提议或决定,以及决定是否要提升问题解决级别:

- 数据管理委员会审查发现的数据质量问题。
- 决定由数据办公室处理或由跨职能项目团队处理的新数据主题。
- 要求数据办公室更新他们的计划、活动和工作进展。CDO 会要求自己团队的领导向数据管理委员会汇报。
- 审查、确定项目优先级,并决定组织实施的项目优先级或预算编制过程。
- 最后,向数据执行委员会提出的任何请求都要经过数据管理委员会审核。

数据管理委员会的委员须由数据执行委员会的委员委任。数据拥护者通常是一个明智的选择。

由于承担的职责不同，数据执行委员会和数据管理委员会在人员构成上要有区别。数据执行委员会聚焦于决策，有限的成员数量将有助于实现其目标。而数据管理委员会则相反，需要有更大规模的委员数量，以确保真正的跨职能部门讨论，覆盖所有利益相关者的诉求。

数据社区

理想情况下，组织中各组成部门都要有数据专家。每个部门都应该"用数据说话"。第 9 章详细讨论了各领域可能存在的不同数据角色。

这些数据专家除了作为各自团队的一部分，还应该组成一个虚拟社区，作为数据管理委员会的主题专家。组织中的成员不需要特意被任命为数据社区的成员。只要其工作中涉及维护、保护、共享、更改或解释数据资产的任务，就应该被视为数据社区的一分子。

但是，这个社区需要调动成员积极性，确保可以互相合作、互相学习。社区应该允许这些数据专家提出新的想法，并支持开展跨业务领域的数据项目。负责管理社区的人应当是数据办公室的成员，同时也是与数据管理委员会沟通的桥梁。

数据审查与决策流程

在详细介绍所有数据处理流程（这部分将在第 8 章讨论）之前，我们需要先讨论所有数据处理流程的基础，即"数据审查与决策流程"。

这个流程描述了数据主题如何在主题专家和最高管理层之间的评审和决策中进行的沟通过程。它还涵盖了所有其他数据相关流程的处理。

数据治理实施速度

数据治理不可能一蹴而就。这倒不是因为问题多么复杂，而是因为这是一个需要让组织中每个人都参与进来的巨大挑战。

即使组织很清楚地定义了数据治理工作的方向和目标，仍然建议要将这个工作旅程分成几个小步骤，在每一个小步骤中都有可见的成效，借此让人们持续看到数据是如何被治理的。

在每个小步骤中，组织可以从中不断学习。在这个过程中还可以试错，我们可能发现原先期望能做得很好的事情结果没那么理想，从中会发现备选方案，改变原来的想法。

这是一个持续演进的过程。正如在 2019 年的一次数据会议上，Signify 公司企业信息管理全球副总裁拉基·艾哈迈德（Laki Ahmed）所说，"让你的数据治理框架持续演进。"

一旦组织定义了数据治理的四个层级，并通过强制评审和决策流程实现了其中的关键部分，组织就建立起了一个有效的数据治理基础结构，方便水到渠成地处理所有其他的数据主题。

第 7 章
数据语言

"会议要超时了,我建议针对'仪表板'的含义展开讨论,对于关键需求问题延期到另一个时间…"

图 7-1. "我们需要一种语言?" – "定义'语言'……"

语言特征

我们不是都说英语吗？

希望人们互相了解，只是让大家待在一个房间里说说话是不够的。在这个情境下，来自希腊和来自印度尼西亚的人互相交流，就会明显看到问题。

这种情况同样适应于不同的行业、组织和部门。就像印度尼西亚人可以使用字典查找单词，学习希腊语一样，我们需要学习语言、业务术语表，以及如何运用这种语言的准确定义。

这部分内容包括表达式定义（数据术语表）、数据规则、数据标准和企业数据模型。本章描述了定义组织中数据语言的总体框架。

语言的动态性

语言需要反映事实，所以它不是静态的。新事物出现时需要命名，新活动也需要有对应的新动词。因此，人们往往会重复使用来自其他领域的词汇和描述，或者借鉴其他语言的词汇。有时甚至基于古老语言、缩写词或人为造词。[1]

下面是基于英语的三个典型例子：

示例 1

几个世纪以来，"锁链（chain）"和"锯子（saw）"一直存在，因此当"链锯（chain saw）"被发明时，就不需要一个新词了。

示例 2

在农业领域，早在工业革命前，"拖拉机（tractor）"（拉丁语动词 *trahere*——拉）就广泛被使用，所以当第一批发动机驱动的设备在田地上作业时，这个词就直接拿来用了。

示例 3

如果把两个罗马数字相乘，就能体会古罗马人的数学不是很好。

但他们不得不计算并写上数字。他们用来描述这项活动的动词是"computare"。

从人类手中接管此项工作的第一台机器出现时，就很自然地被称其为"computer"。

类似拉丁语或希伯来语等古代语言，要想在现代使用，就需要系统性地增加词汇量，以不断弥补空白。如果没有更好的语言匹配方法，有时需要几个世纪才能将新创建的词

---

[1] 这种方法命名的新词通常是语言的正常发展过程。

汇记录下来、标准化并完全采用。

那么，语言的历史与数据有什么关系呢？

在我们的个人生活中，往往习惯于在新情况下复用现有术语，或者根据现有词汇创建新表达方式。这种习惯也常常存在于日常工作中，可能会导致各个业务领域对语言的理解有分歧。

上述现象也存在于数据世界。当前，数据世界还相对年轻，几乎没有发展数据语言，导致很多情况下缺乏合适的表达方式。显然需要做些事情来解决诸如含糊不清、命名错误和缺乏清晰定义等问题。这既适用于业务语言，也尤其适用于数据语言。

数据术语表

什么是术语表？

术语表是术语及其定义或解释的集合。现代术语表带有交叉引用、同义词、历史、层次结构、关系信息和所有权信息。

从技术视角来看，好的术语表工具具有 Web 前端、搜索功能和包括推荐功能在内的变更工作流程。

缺少术语表的风险

组织的十大用户是谁？这是个简单的问题吗？下面这些问题都能回答出来吗？

- 用户是什么？是一家"公司"（如微软）？是一个账户（相同费率卡片涉及的所有方面）吗？是与销售人员接洽的物流采购人员吗？
- 用户和账户是一回事吗？
- 使用了多少种不同的账户定义？
- 是否将从属于一个用户的所有组织都归属于这个用户？如何知道他们是从属关系？
- 是否将沃尔沃汽车和沃尔沃卡车视为同一家公司的不同部分？
- "从属"是什么意思？100%全资？大部分控股？合资？
- 选择哪个装运期？
- 是否依赖于外部供应商（如：邓白氏）提供的数据呢？我们清楚数据的业务定义吗？

您是否同意，一个看似直截了当的问题，比如针对谁是最大客户的问题，都不一定有明确的答案？

但这是否意味着我们只能放弃，因为没有机会做对？还是有太多的选择？好吧，这是一门如何正确提问的学问！

问问自己想如何处理"前十大客户"这样的问题。该问题可能有助于在某个特定意义上定义"客户"和"大"的含义。

示例 4

"一个客户"可以是：

- 整个货运体系：如果在某种情况下搞砸了，面临风险的所有运输量。警告：在某些情况下，即使一个组织内不同区域分支机构之间，也不会在物流领域共享信息。
- 同一首席执行官（CEO）名下的所有实体：如果想建立个人、高层关系，考虑这方面很重要。但对于占股50%的组织如何处理？是不是也应当看看持有大多数股份的实体？如投资基金、养老基金等。
- 同一购买决策下的所有业务：如何确定应在哪个层级上做出决策呢？也许组织的首席执行官并不关心较小的采购决策，完全让子公司或部门去决定。

每个行业都有其特定的语言。同一行业内的不同组织已经形成了自己特定的用语。不同部门使用不同的术语。员工根据个人背景赋予业务表述不一样的含义。相信人们可以根据自己的经验给术语表添加新内容。

上述情况会导致以下两个结果：

- 不同的人对同一对象的叫法不同。
- 对不同对象使用同一种表述。

对于前一种结果，可能总是需要问了才明白，往往会令人烦躁。但是后一种结果影响会更大，因为人们可能讨论了很长时间，却没有意识到在谈论不同的对象。

最近与一家大型货运公司的首席财务官（CFO）交谈时发现，他认为不需要建立集中管理的术语表。我问他，在他的公司里，财务和销售部门对"收入"是否有相同的定义？他回答说，这是绝对不允许的，只有财务部门是唯一可以定义"收入"的部门。

我祝贺他明确了这一术语在业务上的所有权归属。接着问他"收入"的财务定义是否有记录，并分享给了组织的其他成员。他认为记录是有的，但不知道分享情况如何。

我解释说，销售部门需要针对每月销售额的货币等价物有一个表述。我怀疑销售部门也使用"收入"这个词，只是财务部门不知道而已。然而，二者可能会有不同的定义：为了计算销售代表的奖金，会将特定月份完成的所有销售交易对应的交易额相加。

CFO 说："不，那是错的！只有服务提供了才能视为'收入'！"我说："这就是重点！一旦不同部门把术语使用在不同场景，就有充分理由建立一个中立团队来协调。"

CFO 可能确实是"收入"一词的所有者，但在这个职位上，他的部门需要寻求与所有其他部门的沟通，以确保所有变化都得到正确定义和明确命名。

在数据管理有序进行的组织中，所有这些不同的定义都应作为组织术语表的一部分进行讨论、定义和记录。

术语表也是发布正式流程和政策的先决条件。

此外，随着不同场景下各种表达方式的使用，现有的用词已经不能很好地表示它们，新的"数据语言"应运而生。

因此，由于使用的词语和表述可能有多种不同的含义，导致业务文档很容易被误解。随着数据相关内容的增加，情况变得更糟。

容易引起误解的典型情况有哪些？

如果某人使用了对方不理解的表述，就已经是个问题了。如前所述，如果双方使用同一表述表达的是不同的意思，那就更糟了。我曾经历过这样的会议，人们互相交谈了几个小时，才意识到说的不是同一件事，包括我自己在内。有时人们甚至在会议结束很久后才发现这一点，带来的影响很大。

为方便理解，请看看下面几个人力资源领域的例子。

示例 5

作为"重组"的一部分，HR 标记"受影响"的员工。"受影响"是什么意思？一些员工将其解释为"对这些人会有变化发生"。而另一些员工会将其解读为"那些员工被解雇了"。

示例 6

"员工人数"所指的范围需要精确定义。是否包含兼职人员？包括实习生吗？还有长期患病或休产假的"非活跃"员工呢？

想象一下三个被收购的公司，继续使用各自已有的人力资源系统，在最上层使用一个联合报表工具。你不得不将来自这三个公司的异构数据一起提取出来。

从技术上讲，从不同的数据库表构建关联很容易。但是相同标签是否代表同样的列定义呢？事实上只要数据类型兼容，即使定义不同，也不会收到警告消息。

"员工"是一个典型的实体，定义方式可以有多种。想想上述第二个例子：也许一个组织只雇佣全职员工，而另一个组织雇佣各种类型的人员。一个组织只统计全职员工，而另外两个组织包括兼职员工。包括外包商的人员吗？长期患病的人员怎么算呢？

术语表是管理数据的有效支撑工具。映射工作可能仍然是必要的，但现在您知道如何去做了。

最重要的是，许多与数据相关的术语都需要解释和定义。以"数据模型"为例，它不是流行模型的数字表述。这种数据模型可以描述两个业务对象之间的"关系"——这可不是朋友或兄弟关系。

术语表需要什么内容？

术语表不是用来确定"正确的"定义，而是要帮助组织就明确的语言达成共识。任何组织都可以自行定义其用词，为避免在与用户、供应商和其他外部相关方的对话中产生歧义，很多情形下术语表有必要超出其组织范围。术语表中需要包含哪些内容？

- 定义。
- 同义词。
- 相关术语及差异。
- 逻辑数据模型和业务流程的参考信息。
- 血缘关系。
- 变更请求的工作流程。

如何引入术语表？

是否必须让人们相信术语表是有意义的？不一定。将多个独立的术语表合并为一个术语表则是更常见的挑战。每位部门负责人、项目经理和业务架构师都面临着术语含糊不清和理解有误的问题。

常见的结论是在各自角色的职责范围内创建术语表。可以在营销部门的内部网站上找到"市场营销术语表"，可以在大多数项目文档的附录中找到术语表，并且大多数专业文档都带有专用术语表，如政策文件或专家报告。

那么，如何将所有这些合并到一个术语表中？如何确保将来没有人创建另一个单独的术语表呢？从授权开始：需要一个跨职能部门、跨管理层的决策，明确术语表的所有权应归属于数据办公室。是的，这个话题对最高管理层来说非常重要。

数据规则和标准

规则和标准的目的

为什么对于数据规则和标准要基于"语言"来讨论？

虽然"创造一种表述方式"和"定义一种表述方式"之间的界限很模糊，但这都是从一种通用语言开始的。在大多数情况下，通过隐含地建立规则可以消除组织中数据语言的歧义。

如果可以详细描述数据实体和与数据相关的表述方式，并且将数据实体之间的关系扩展到算法和依赖项，那么就处于数据规则和标准的定义流程中了。

在数据领域的规则和标准之间没有学术上合理的划分。我倾向于使用"规则"来表示技术性说明,包括元数据,使用"标准"来表示规定,主要以描述性文本形式呈现。在实际工作中可以自由发挥。

如果不遵守规则和标准,则需要考虑可接受的偏差(数据妥协)、暂时容忍的偏差和违规行为。详细阐述这些也是管理数据规则和标准的一部分。

示例 7

一条具有代表性的数据规则会说明:地址数据库中的邮政编码格式需要遵循万国邮政联盟[2]发布的格式要求,并指定详细程度(如"每个国家可以有多个邮政编码格式")以及基础元数据的编码方式(如正则表达式[3])。

对应的数据标准要说明元数据根据万国邮政联盟发布的变更进行更新的频率。

理想情况下,数据标准甚至会引用软件开发人员用来验证邮政编码的库和对象。可能会说明必须强制引用该库,不允许直接使用元数据。

如果数据原则要求使用 API 和 Web 服务,而不是使用原始数据来开发软件解决方案,那么可以直接从中派生此数据标准。

数据标准

标准描述事物应该怎样或不应该怎样,作为组织共同遵从的数据处理目标的一部分。它需要以一种客观、合规的方式编制。换言之,在是否遵守数据标准的问题上不能存在分歧。

补充说明,上述例子中第一段描述了标准本身的固有属性,这两段内容已经构成了一个典型的数据标准。

数据规则

数据规则描述了数据最低级别的元数据详细信息。同时,数据规则不限于单个实体或属性。例如,它可能要求一个实体的三个属性中的两个具有非零值。那么,这些数据规则从何而来?

在很大程度上,数据规则是基于业务规则的。它们是对组织中业务如何运转的另一种表达方式,是能在软件中直接实现的方式。

相反,软件开发人员对业务如何执行不确定,会导致数据规则错误或不完整。数据办公室需要利用这个机会与业务所有者明确数据规则,促使其思考底层的业务规则。

---

[2] 邮政编码格式和其他特定国家/地区的地址格式信息由万国邮政联盟(Universal Postal Union,UPU)统一提供。详情请见(万国邮联,2019)。

[3] 有关正则表达式的完整描述和示例,请参见 www.regular-expressions.info (Goyvaerts, 2019)。

简而言之，可以将数据规则作为企业数据模型的主要输入。当数据规则转换为数据模型时，非常重要的一部分工作是将组织的业务视图与其技术视图进行匹配。

制订数据规则和标准

若数据规则和标准包含了创建所有必要的数据流程和 IT 解决方案所需的所有信息，则它们是完整的。请不要认为要在定义流程之前完成所有的数据规则和标准，相反，这应该是一个迭代过程：
- 定义流程时会发现数据标准中的不足。
- 改进不足之处会得到更好的流程。

我们应该可以在不同的学科领域、不同的成熟度水平上并行开展工作。请在数据规则和标准完善之前就开始使用它们。在许多情况下，只有通过实际应用这些数据规则和标准才能从中发现和确定不完善或不准确的地方。

记录数据规则和标准

当然，数据办公室的成果都需要记录在案。但是，在何处以及如何记录数据规则和标准呢？

与规章制度不同，数据规则和标准不能轻易合并到现有的非数据相关存储库中。能理想地涵盖所有数据规则和标准的业务存储库是不存在的。这种情况下，数据办公室可以自主开发所需的存储库。

数据规则和标准与术语表密切相关，都是流程进行中所必需的内容，应通过相同的用户界面获得，如数据办公室的内部网站。

其他一切都取决于记录和发布数据相关信息的软件解决方案。良好的集成解决方案可以将术语表、数据标准和规则一同维护。还需要注意的是，不仅要记录标准和规则，还要记录其血缘关系和实施状态。

最后，我个人建议任何定义都必须有实际例子。

数据模型

数据模型的价值

供应商通常告诉我们，数据模型的价值被高估了，大数据甚至关注没有模型的非结构化数据。但这是真的吗？

如果说数据是一种语言，那么数据模型可以看作它的语法。学过拉丁语的人可能都遇到过这样的情况：认识句子中的每个单词，但却还是不理解这个句子的意思。我想这个例子可以帮助理解语法的重要性！

数据也是如此。如果不知道各数据片段是如何相互关联的，以及它们的结构和意义是什么，那这些数据就无法转化为信息。没有结构和逻辑的数据没有任何价值，因此需要为组织的数据提供一个强大的定义良好的"语法"。

单一数据模型的价值

并行使用多个数据模型的负面影响不仅仅体现在学术理论方面。如今，大多数组织都注意到了这一点。由于历史原因，常常导致不同团队显式或隐式地使用不同的数据模型。

毫无例外，各种不一致都会在不同职能边界上呈现出来。大多数职能部门都清楚各自部分的数据模型，它们也依据自己的假设定义了其他职能的内容。

由于缺少单一数据模型，数据使用者都会遇到不一致的问题：
- 在分析中，即使不同的团队使用相同的数据集，使用不同的数据模型也会导致不一致的结果。
- 如果使用来自不同数据源的参数数据，而这些数据源基于不同的数据模型，则无法以最佳方式开展日常操作。
- 标准报表显示的信息不一致，导致 KPI 不可靠。
- 如果不能将业务模式建立在一个标准数据模型的基础上，则业务模式的变更会非常复杂。
- 随着数据越来越多地迁移上云并由第三方 SaaS 提供商负责，数据将必须符合外部数据模型。
- 如果采用单一可信来源，则基于不同数据模型实施的一些项目可能会失败。典型的情况是主键冲突或重复。首次"重复"造成数据库表终止服务，发生这种情况可能需要几个月的时间，但肯定会在某个周末发生……

这就是为什么每个组织都应该采用单一数据模型，这个模型通常被称为企业数据模型（Corporate Data Model，CDM）。

客户数据案例

外部供应商为您提供客户管理服务。听起来很容易，对吧？"客户是客户的客户。"行业不同，客户具有各种特有的属性。对这个假设目前没有什么疑问吧？

接下来从两个不同角度来验证这一假设。

（i）客户层次结构
- 是否将某个特定组织和该组织所属集团视为同一个客户？

- 一家公司拥有另一家公司的股份，是否视作同一家公司？如果只占很小的股份是否就不是了？是否存在一个判断的阀值边界？
- 如果两个不同的组织归属同一集团，它们是否应该关联起来？
- 数据模型能否处理客户层级结构的变化，如用户之间的并购和收购？

为了理清这些关系，需要做两件事。

首先，需要了解客户层级分类背后的目的：希望如何管理客户记录？例如，想避免对同一组织的定价不一致（"我在子公司 X 的同事告诉我，他们比我所在的子公司 Y 获得了更大的折扣"），不得不考虑组织间的法律和商业关系。

其次，必须确定针对每项业务需求而要进行分类的所有客户属性。在您或您的云服务供应商的"客户"数据模型中，可能缺少的一个重要属性，即"采购关联方 X 成员"。

（ii）客户状态

大多数销售解决方案会区分疑似客户、潜在客户、活跃客户、不活跃客户和已完成服务的客户。

- 如果是这样，难道任何流失客户都不属于疑似客户？
- 流失用户能否再次成为潜在客户？
- 与上次的业务往来多久后，会考虑将流失客户视为潜在客户？
- 假设客户间关系密切，不同的客户是否具有不同的关联关系（见上文 i 内容）？

现在假设在不同部门之间共享客户数据。如果不采用单一企业数据模型（CDM），专注于销售活动的部门可能会过滤掉所有已完成服务的客户。对于已完成服务的客户，另一个部门可能需要他们的信息用于处理报关事宜，这种情况下即使上一次交易已完成，用户数据还需要保留一段很长的时间。

不恰当过滤数据是否会导致明显错误？不会，所有流程都将顺利进行。这样就行了吗？不，这是非常危险的，因为它隐藏了数据问题：客户数据可能丢失，但系统无法确定问题出在哪里。

分析和数据建模

当数据建模人员开发组织的企业数据模型时，需要考虑所有的基本要素及其所有的属性和关系。另一方面，数据分析需要灵活创建新的数据实体、属性和关系，以揭示有价值的发现。

那么界限在哪里呢？

作为指导性原则，从组织业务模型中派生出来的任何数据逻辑都应当是集中管理的企业数据模型的一部分。

另外，数据分析人员不应该在他们的可视化工具中重构企业数据模型，尽管越来越多的工具提供了这种功能。否则，组织的数据将面临在不同数据模型中独立维护和建模的风险。

出于同样的原因，不应将外部数据直接导入数据可视化工具中，除非它确实只用于一项单独的任务。相反，外部数据需要成为组织单一可信来源的一部分，以便所有用户直接从那里以约定的格式和结构获取数据。

要想在这方面做好，应该创造条件让数据分析人员将数据建模工作交给一个集中管理的团队来完成。否则，为了更容易控制或者更快完成任务，数据分析人员会试图在自己的工具中对数据进行建模。

首先需要明确定义属于企业数据模型的内容：针对具体分析任务的过滤操作要具备灵活性，例如，通过一组属性过滤交易数据以确定其相关性。

每当数据分析人员表示他们需要接触企业数据模型才能继续工作时，解决数据源问题通常是正确的选择。例如，从业务角度看，任何"unknown（未知）"或"N/A"值都可能必须从某个数字列中删除。处理后的结果成为逻辑上单一可信来源的一部分。

为什么要这样做？首先，不同的团队独立进行相同的过滤操作意味着额外的工作；其次，各组的过滤方式可能稍有不同就会导致难以估量的结果。

在流程方面，任何对核心数据模型的扩展请求都属于"数据逻辑变更"过程组（参见第 8 章）。这些请求很好地说明了为什么流程需要非常敏捷，数据分析师没有时间等待冗长的审批流程。

同时，数据模型的扩展通常不能有任何向后兼容性问题，保持其对现有解决方案和数据库的预期影响有限。

结论

每个组织都应该有一个单一的企业数据模型。它需要与术语表以及业务流程相结合，并且对组织中的每个人都具有约束力。

虽然我们需要灵活处理半结构化和非结构化数据，或灵活应对未来的选择，但我们现有的业务模型必须由定义明确的企业数据模型来描述。

当业务与数据需要连接时，这样的企业数据模型是避免冲突必不可少的工具。它还有助于避免数据丢失和理解分歧，这些问题往往容易被忽视。

"单一可信来源"的概念也适用于实体之间的形式与联系。

说到这里，你可能想应用本书中描述的数据管理方法。没有哪一个步骤是容易执行的，因此拥有一个框架有很大帮助。

1）与所有利益相关者**讨论挑战**。解释存在的问题并得到他们对后续做法的支持。

2）至少为前两个阶段**建立一个项目**：制定目标并确定差距。为项目提供资金和人员，本阶段需要来自业务职能部门和 IT 部门的资源支持。

3）**开发**理想的企业**数据模型**，可以准确描述当前业务状况，并具有足够的灵活性以应对未来的变化。这是一项与业务职能部门密切合作的活动。

4）针对上述理想的企业数据模型，**获得**跨业务职能部门的**认可**。

5）**盘点**当前的数据模型，包括隐式和显式模型。有时需要对现有应用程序进行逆向。

6）**记录**所有**偏差**。

7）**评估**当前和未来偏离标准企业数据模型的负面**影响**。请利益相关者量化这种影响。数据办公室应该仅提供支持工作。

8）根据影响和优先级，**制订演进路线图**。这可能是一个长期演进路线，但它应该涵盖全面实施企业数据模型的完整过程。

9）使用步骤7）的结果作为业务案例，**让路线图获得批准**。在采取任何后续步骤时，应该能够参考该路线图。

10）在一个总体蓝图规划下，以单个项目**开展实施**。虽然数据办公室不需要具体开展每个实施项目（可能是某个项目的子项目），但 CDO 需要掌握总体计划。

最大的挑战是让业务人员相信，组织需要朝着构建单一的企业数据模型努力。最重要的是帮助他们看到经济价值，即"数据回报率"。

考虑到组织的总体规模，尤其是数据办公室团队规模，如果认为这个计划太大了，可以从小处着手循序渐进！最好选择从一个小场景开始，"用户"通常是很好的场景。任何试点场景的显著成功都会增加业务人员对总体目标的支持。

选择软件解决方案

需要一个工具来管理数据语言吗？

好的工具可以让数据管理工作更轻松，但这不是先决条件。术语表太重要了，所以不要拖延，别等到有了工具再启动。

工具可以自动化，但所有活动都可以手动完成。从电子表格开始，它的实际作用是帮助使用者更好地理解业务需求，而不再凭感觉盲目猜测。

工具的最大优点是所有信息都可以立即在线获取。人们的习惯倾向于下载文件离线使用。但无论是术语表、标准和规则，还是数据模型，线下人工管理确实会带来很大风险。

有什么基本要求吗？

数据专家通常十分了解数据语言管理工具所需要的功能。然而，他们往往忽视了两个关键要求。

（i）用户体验

用户目标群体是业务人员，而不是 IT 或数据库管理员。

（ii）协作能力

数据语言工具不应像是在"象牙塔"中设计的一样。工具需要随着人们的反馈不断改进。

总而言之，如果工具具备所有必要的技术特性，并且用户体验像如下示例那样，那么它就是好工具。

示例 8

我打开浏览器并单击"术语表"的标签，输入一个词语或一段描述。如果能找到需要的内容，那太好了！如果没有，我可以进一步描述我需要的。

我可以通过写一段话来处理业务上遇到的事情，而不是只能勾选现成的选项。例如，可以写"两名员工彼此交谈了一个小时，因为他们没有意识到双方用的同一个表述指的却是不同的事情"或"我不清楚在情况 X 下的收入计算是否应包括国内税收"，我知道有能力处理的人能看到我写的内容。

系统会创建一个事件，我将在服务水平协议约定的时间内得到回复。事件管理功能会启动一个流程，所有利益相关者一起解决该问题。

系统会及时通知我事件进展，并确保该事件不会被遗忘。

关于组织数据语言（如术语表、规则、标准或企业数据模型）变动的结果会被广泛传达，我可以在线查阅讨论的历史记录。

上述示例可以看作你与利益相关者一起开发的案例，这种案例有助于确保解决**他们的业务问题**，而不是理论上的数据问题。日后，通过这些案例可以检查数据语言的设置是否按预期发挥作用。

第 8 章 数据流程

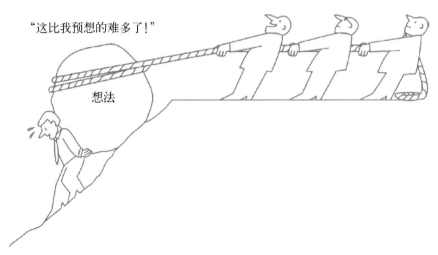

图 8-1. 流程很重要

为什么要制订流程？

无论愿意与否，都需要制订处理数据的流程，否则将无法保证所有任务都得到妥善处理或所有必要的活动都得到正确执行。因为不能让"下一步"处于未定义或模棱两可的状态，故流程描述起来很复杂。然而，这绝对是一项很快就会有回报的工作。

考虑到流程的数量及其复杂度，不能指望数据办公室以外的人都牢记所有数据流程。不过，他们应该知道该向谁去咨询或者去哪里得到支持。有关数据组织的概念，请参见第 11 章。

制订数据流程最好从制订一套数据制度入手（这是尽早制订数据制度的另一个原因）。每个流程都需要服务于一个目的，即充实一项制度，重点是提供具体、必要的交付结果。

流程开发方面

所有权

流程与所有权有关：每个步骤都需要负责人。对于一个独立于个人的组织来说，所有权应该属于职能部门而不是个人。但是，始终需要能够确定职责背后的责任人。

现有数据流程

不要重新发明新花样：如果运行良好的流程已经存在，请将其整合起来，这样会增加流程的接受度。

协作

不要闭门造车式地开发流程。从目标开始，并就这些目标达成一致，这样人们就很难反对实现这些目标的流程。

常规注意事项

技术债务处理

由于紧迫的业务时间约束，实际工作中需要接受变通的方法。然而，这种接受必须是暂时的。需要记录由此产生的"技术债务"，以确保最终解决它们（参见"项目数据审查流程"一节中的特许权处理）。

冲突管理

缺乏权力、资金、专家资源、时间等可能会导致冲突的需求。这些需求要从整个组织的角度来解决（"对利益相关者来讲什么最有利？"）。

第 6 章介绍的"数据审查与决策流程"包括数据执行委员会和数据管理委员会，将提供必要的跨职能机制。

即使组织模型建立很完善，同样会面临挑战，需要积极应对。这就是为什么主流程应该包括一个通用的问题升级流程（请参见第 2 章中的"决策和问题升级流程"）。挑战包括但不限于实体间的一致性、法律合规、信息安全限制以及预算和资源约束等。

易用性

重点应放在"避免官僚主义"。遵循这个过程必须是可取的和有吸引力的，否则人们会直接忽略它或选择非正式的方式处理数据。

例如，应该为用户提供一个"帮助他们不要忘记任何事项"的模板，而不是看起来像是增加额外工作的模板。并且不要在第一次就强制性地要求提供所有详细信息，无论如何都需要与问题提出人进一步沟通。

流程触发器

每个数据流程都需要一个或多个定义明确的"流程触发器"，用于：
- 明确在哪些情况下会激活数据流程。
- 确保在必要时从其他流程中激活数据流程。
- 告知人们如何触发流程，以及谁有权处理。

流程触发器必须附加先决条件的描述和需要提供的信息，从而易于判断其有效性和完整性。这个描述需要从用户的角度出发：需要让每个人都能轻松找到正确的类别来应用正确的流程。

以下是典型的流程触发器列表。

申请批准项目或资金支持

无论是初始需求还是可交付成果，项目需要符合数据需求才能获得批准。如果组织中有架构评审委员会（ARB），应将其纳入流程审批环节。

问题报告

如果有人报告问题，则需要触发正确的流程。这种机制不仅针对业务用户或 IT 专家，还包括数据办公室通过数据质量评估发现的问题。

变更请求

典型的变更请求场景包括数据结构、术语、应用程序、数据处理流程、数据源或数据流等。

技术债务到期

每个批准的技术债务都要有一个明确的截止日期。在没有解决技术债务问题的情况下，到达截止日期必须触发数据流程，以便对债务采取行动。建议配置一个预警触发器，做到期通知，以便采取纠正措施。

澄清需求

现有的规章制度可能模棱两可，用户要求澄清时必须有一个正式的流程。因为通常不需要对主题本身进行更改，这个过程可能非常简单。

问题升级

问题升级通常给人不好的感觉。但如果应用得当，问题升级只是通过将决策提升到更高的级别来帮助解决冲突而已。

重要的是要认识到，在大多数情况下，分歧与个人偏见或缺乏理解无关。相反，不同的人根据各自的角色有不同的优先级。在更高层次上解决冲突意味着采取更广泛的视角：组织的所有者会如何决定？

为了使向上级反映问题不受情绪的影响，一个描述清晰的问题升级流程非常有帮助。

数据审查节点

必须通过数据审查节点的活动标准。

（i）数据结构或逻辑的潜在变化

例如：不同部门之间的数据字段映射；"客户"属性结构的变化。

（ii）引入数据处理（流程、角色）变更

例如：主数据管理作为引入新 MDM 解决方案的一部分。

（iii）数据生命周期的潜在变化（来源、迁移、修改、使用）

例如：将主数据复制到云端（Oracle、Salesforce）。

（iv）违反数据标准或数据原则的疑似案例

例如：重复维护的参考数据，数据来源不可靠等。

通过这套标准，只要求提供特定类别或所需基本信息，从而使流程更加精简。

具体流程组

数据请求流程

数据请求流程描述了人们如何获取或访问数据。这涵盖了各种类型的需求，从支持业务操作到数据科学，包括单一请求或组合请求、一次性请求或持续的数据访问等。建立数据请求流程并非多此一举，原因在于业务职能部门不能协同使用数据是造成数据歧义的第一大根源。

来自各个职能领域的数据请求需要以非常透明的方式进行协调和整合，并且响应时间要缩短。大家都不希望项目因为等待数据而遭遇延迟。

如有必要，应该优先处理某些请求。因此，应根据投资收益和效果来定义流程标准。

为了让数据办公室能够协调此项活动，需要与所有业务部门建立正式的工作机制，以确定其具体数据需求，包括：
- 需要提供支撑的类型（访问、格式等；一次性还是持续性；全量还是增量等）。
- 时间表和紧迫性。
- 数据内容。
- 依赖关系。
- 质量要求。

评估这些需求后将产生一系列与数据相关的活动、职责和里程碑。

如果有证据表明数据源采用的是最佳方法，那么可以采用。但要透明，确保风险可控。

所有数据请求者都应该首先与数据办公室沟通，分享他们的业务目标，以及他们预期的业务流程。相应地，数据办公室也应分享已有的目标、指导方针，并在目标和指导方针的指引下进行治理，通过差距分析来开展工作。

某些可交付成果（解决方案、数据）可能已经符合要求。它们需要以数据请求者可自行检索的方式呈现出来，让数据请求者能够关注到真正的差距。

不要过度交付！ 有时数据请求者不需要高质量的数据。在这种情况下，数据提供者不应该坚持提供更高质量的数据。

同时，数据办公室还具有咨询部门的角色。数据请求者可能会低估接受低质量数据带来的长期影响或副作用。任何此类请求都需要与数据专家进行沟通，以便在执行之前进行权衡。

正确的安排将使 CDO 能够对每个数据或数据相关服务的请求做出正确的响应：
- 数据是否已经可用？从哪些地方获得？
- 数据提供团队能否在给定的时间范围内提供数据？那就开始执行吧！
- 由于技术原因，数据活动无法并行工作？按优先级排序。
- 数据提供需要更多资金或资源？准备申请资金支持。

还可以进一步区分：
- 短期、与项目相关、精度要求不高的数据（如支持性规划活动）。
- 长期、与项目无关的数据收集（打造长期组织活动）。

需要提高数据质量：
- 数据建模和数据映射需要在所有职能活动中保持一致。
- 需要确定所有数据源（单一可信来源）。
- 短期差距需要在长期规划中体现并覆盖。

项目数据审查流程

大多数项目都需要使用数据，并确保以正确的方式进行。这就是为什么需要在整个项目中定义数据控制点。从项目准备开始，最好是在数据办公室的支持下发现不合规的地方，协助立项申请者重新提交他们的项目立项。

每当项目对数据产生影响时，各方面数据都需要在批准前通过项目数据审查流程进行审查。这需要成为一个强制性过程，是所有项目获得批准或资助的先决条件。

该过程描述了强制审查的标准以及审查步骤、评估领域和负责方。输出是一份数据审查文件和一份摘要，该摘要成为任何项目批准或资金申请的强制性要求文档。摘要列出了所有潜在的偏差、可能的选项和最终结论。

典型的评审包括企业数据模型的合规性、单一可信来源以及正确的定义和术语。流程将确保那些旨在更改当前企业数据模型或术语的项目提交正确的变更请求（参见本章后面的"数据逻辑变更流程"）。向高管汇报的 PPT 演示文稿并不能保证架构符合性，业务领域专家还需要从数据的角度来判断可行性。

基于效率目的，所有这些都可以成为全面架构评审的一部分，一次性涵盖架构的所有方面。任何组织都可以基于这个理由设立一个由 IT 架构团队和数据办公室成员组成的架构评审委员会（ARB）。如果 ARB 不同意项目方案，则该项目需要提交给数据管理委员会，包括各种备选方案和利弊证据。

项目数据审查流程最频繁的处理可能就是数据妥协过程：并非所有解决方案都能一次性地真正实现数据合规。如果有充分的理由暂时偏离，则会获得有条件的批准，以及有时间限制的数据特许权。

需要一个专门的流程来获取特许权，以及管理现有特许权，包括在特许权即将到期或已经到期的情况下进行跟进处理。在到期之前，解决方案必须符合要求，或者（仅在有充分理由的情况下）需要延长特许权，并且解决方案仍在待监控的特许权列表中。

这个过程不限于瀑布类型项目，但敏捷项目需要一种稍微不同的方法，原因在于无法对每个 Sprint 进行全面审查。这里的建议是，所有可预见的架构问题都应该在早期进行讨论，只有在计划期间的新发现才会触发另一次审查。

项目何时与数据审查相关？

并非所有项目都需要进行数据审查。一般在以下情况下需要进行审查：
- 涉及处理数据（检索、创建、修改、删除）的流程。
- 部署或更改处理数据（检索、创建、修改、删除）的软件。
- 业务逻辑的变化导致数据逻辑的变化。

例子：
- 将数据源添加到数据仓库或将数据仓库中的数据用于操作。
- 引入新软件，用以维护本地数据（或基于云时的云端数据）。

- 应用程序需要设施代码列表时。
- 应用程序向另一个应用程序发送主数据或交易数据时。
- 映射数据在不同法律或地理区域之间进行数据交换时。
- 在数据采集期间或数据传输之后需要验证数据时。
- 来自不同实体（如收购其他组织）的数据合并时。
- 复制数据以供其他应用程序或用户群组使用时。
- 数据隐私（可能）受到影响时。
- 数据质量成为关键因素时。

数据管理团队不是主要联系点的情况

以下情况可能听起来像是数据问题，但实际应由其他部门主导。
- 物理数据连接：与 IT 基础架构团队确认。
- 信息安全：信息安全团队最具发言权。
- 数据中心运营。
- 数据传输协议。
- 需要额外的硬盘空间以应付数据量的增加。
- 数据加密算法的实现。

典型的项目数据审查

某个团队提出了新的解决方案，其中主数据的某些字段将在电子表格中维护并通过电子邮件分发，或者引入不同职能之间不一致的术语。
- 这将在项目数据审查过程中公开，并与项目团队讨论替代方案。
- 项目最终选定的解决方案要经过数据管理委员会审查，并在数据审查文件中申明审查结论。

还需要提交一份摘要，这是项目批复或获得预算的必备文件。

支持流程

数据团队需要这些流程来为职能部门提供支持，尤其是在项目前期，这个时期存在不确定性，须确保方向正确。

在项目批准流程中发现不合规则为时已晚。项目开始确定其范围时，数据专家就需要参与进来帮助合规检查，包括来自数据管理团队的数据架构师和业务专家。这些专家会定期审查数据管理领域的一些前沿理念，以便创建不同的备选方案和可能的分阶段方法。

数据内容变更流程

数据内容的变更通常影响有限，因此可以采取精简流程。风险来自那些数据不合规的地方，例如，如果参考数据已在应用程序中进行硬编码，那么参考数据存储库中的更改不会引起应用程序的更新。

大部分数据变更已经基于操作流程通过执行业务功能来定义。这些流程需要关联在一起，一些流程可能会根据其他流程的优化进行改进。这是一项长期活动，为此进行适当的**流程盘点**是重要的第一步。

对主数据的变更应该是配置工作。大多数组织尚未达到这种水平。这就是为什么此类变化通常需要对各种业务职能进行完整影响评估。此类评估需要纳入所有现有数据变更流程。

数据质量管理流程

需要监测数据的质量，并解决与质量目标的偏差。根据质量问题的影响，需要做出不同的响应。

（i）接受

行动：什么都不做，因为影响太小（这就是为什么量化相关问题的影响很重要）。

（ii）缓解

行动：应用变通方法（如手动处理），或实施自动化预处理软件，或改变映射逻辑（可能接受其他影响）。

（iii）解决

行动：变更系统（甚至可能是两年后准备退役的系统）、流程或业务规则，或这些变更中的任意组合。

数据逻辑变更流程

更改数据结构、数据规则、数据流程或数据术语表需要不同的流程。

为了避免数据活动缺乏协作，所有与数据相关的变更请求都需要遵循此变更流程。最关键的是根据业务逻辑变化来改变数据模型。

这个过程应明确描述预期的更改，并评估对所有其他职能部门的影响。为了规避不必要的影响，项目有必要调整范围补充额外活动。

跨职能审批流程和特许权处理（如前所述）需要成为此流程的一部分。

数据术语表流程

可以想象，仅有术语表和负责人是不够的，而是需要制订一个流程，并指定专人负责解答问题、接受建议或澄清解释。此外，还需要指定相关方，以及决策或响应的步骤。

数据访问请求流程

数据平台需要权衡用户访问的灵活性和功能实现的难易程度。

流程的目标是将参与流程的用户数量减少到必要的最低限度，同时让少数具有必要资格和业务需求的用户在使用这些平台时具有足够的灵活性。标准包括：
- 用户是否具备相关技能？
- 业务上是否有正当理由？

管理业务流程中的数据

不是只有通过专门的数据流程来处理的业务才属于数据话题。任何现有业务流程都可能涉及数据元素。

基于以下两个原因，数据治理部门应该管理业务流程中相关的数据业务：
- 始终希望确保根据数据原则、标准和规则来处理数据，即使在不涉及数据专家的部门日常工作中也是如此。
- 不同的业务流程可能有相同的数据需求。它们应该使用相同的数据子流程来确保一致性。还有应用程序开发应该在各种业务应用程序中使用相同的 API 或 Web 服务，从而避免 IT 方面的重复工作。

但是如何从业务流程到数据呢？

如果组织拥有流程管理部门，那么状况会比较好。组织的业务流程记录得越清晰，就越容易确定与数据相关的子流程。

如果不是这样，可以使用数据级别来强制对业务流程进行适当的归档记录。从应用程序工作流系统中重新设计流程，通常是一个可行的选择。如果数据办公室在此工作中能支持业务团队，则数据子流程可能会受到欢迎。

通过分析业务流程每个步骤的数据流可以确定数据子流程：
- 在哪里输入数据？
- 在哪里查询数据？
- 在哪里验证数据（通常包括查找要验证的数据）？
- 在哪里修改、合并、删除数据等？

将所有的发现和结果记录在业务流程文档中，同时作为数据办公室文档的一部分，这项工作十分重要。还需要补充所有 Web 服务或 API 的交叉引用情况。

图 8-2 所示为数据子流程的示例（简化）。

这种方法的另一个好处是将技术性的数据处理从业务流程中分离。业务流程所有者不需要关心数据子流程的内部工作，只要提出需要什么就足够了，具体如何做可以留给数据专家。

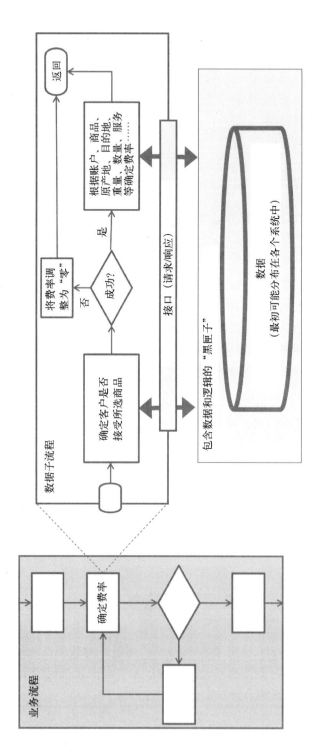

图 8-2. 数据子流程的示例（简化）

第 9 章
角色和职责

"对我有点耐心好吗?我们真的打算做些改变!"

图 9-1. 你总是知道谁在做什么吗?

角色和职责介绍

为什么在考虑角色和职责之前先要处理流程？

答案很简单：每个角色、每个职责都需要服务于一个目的。在任何流程中都不出现的角色是没有必要的。

理想情况下，首先要从流程中提炼职责。一旦所有职责明确，就可以塑造与这些职责关联的角色。要考虑哪些职责应该属于不同的角色，哪些职责应该属于同一个角色。职责分离和四眼原则会有指导意义。

第 8 章中讨论的与数据相关的流程列表是很好的确定职责切入点。

根据所确定的任务，可以区分负责内容的职能团队、负责维护的职能团队和集中式的数据角色。

在 IT 方面，我们可以确定技术架构师和应用架构师。其他 IT 人员也可能在处理数据方面发挥重要作用，如数据库设计人员和软件开发人员。然而，我个人的建议是将内部 IT 组织留给 CIO，并将与 IT 的协作建立在可交付成果基础之上。

数据所有者和数据拥护者

数据管理首先需要有业务输入。建议要求业务人员以下面两种方式参与和影响数据管理：代表组织的一部分（如销售部门）或数据的一个领域（如用户或产品）。

因为数据域通常是跨职能的，区分这两种角色很重要。

到目前为止，业界还没有为这两个角色建立通用术语。我决定引用数据所有者（Data Owner）和数据拥护者（Data Champion）这两个常用术语，如图 9-2 所示。这两个术语可以根据组织的习惯和文化替换为其他称谓。

数据所有者	数据拥护者
负责整个数据域，协调所有业务职能。	在数据讨论中代表某一业务职能。
例如："客户"数据所有者	例如："市场"数据拥护者

图 9-2. 数据所有者和数据拥护者

数据所有者

数据所有者是业务团队的成员，他们从内容的角度负责组织数据域的特定子域，通常负责企业数据模型的一个子集。数据所有者的职责绝不能重叠。企业数据模型的每一部分都必须明确分配给一个数据所有者。请不要同时存在"市场用户"数据所有者和"财务用户"数据所有者。"用户"数据所有者必须与所有利益相关者保持一致。

数据拥护者

数据拥护者可视作组织特定部分的数据倡导者。我们可以区分职能数据拥护者（如财务数据拥护者）、组织数据拥护者（如子公司的数据拥护者）和区域数据拥护者（如东南亚数据拥护者）。由此可见，职责确实可能重叠，但视角不同。

这些数据拥护者最开始不需要从跨职能的角度出发。你可以要求每个业务领域的负责人任命其信任的数据拥护者，因为数据拥护者将代表该业务领域参与整个组织的所有数据讨论。

数据拥护者的常见职责如下。
- 成为来自总部和所有实体的跨职能数据主题网络中的单一联络点。
- 成为代表实体或职能部门内人员与数据相关问题查询或建议的单一联系人。分享和解释来自总部的数据信息。确保组织的数据原则在其自身实体中得到解释和理解（如果数据拥护者的职责范围重叠，则应该以预先确定区域结构和职能结构那个为主）。
- 本地数据网络：建立本地数据管理专员相互联系的网络。让本地数据管理专员了解自身的工作如何影响其他职能部门中数据管理专员的工作。
- 确保将本地专业知识纳入全球范围讨论，如有关本地地址处理习惯、外部数据最佳来源或影响数据处理的本地法规的知识。
- 确保本地项目明确考虑数据的各个方面，并从数据角度予以支持。与集中管理的数据办公室合作并采用一致的方法。
- 了解本地控制措施全貌以确保日常数据质量。
- 观察本地活动并注意与数据相关的问题。根据数据发现和提出本地倡议和根本原因分析，最好使用六西格玛方法。
- 整合本地对数据的需求：对工具（如分析可视化工具）、数据源、国家特有数据结构（如所需的交易许可证）、本地数据源验证（如在法定变更的情况下）等的要求。
- 通过网络确定最佳实践（以及效果不佳的方法），以准备自己的或受支持的本地项目。
- 促进不同职能部门人员各抒己见，讨论如何在本地处理数据。

数据创建者和使用者

数据创建者和数据使用者是两个重要的利益相关者群体，但他们代表的角色完全不同。要抵制把他们放在一起的诱惑。

这些角色描述了业务部门人员在其职能职责之外承担的一系列职责，他们通常不是全职工作。

数据创建者每天在其职能业务角色中维护数据。他们对数据的内容和质量负责，但不对其结构负责。

数据管理专员是组织中数据创建者的一部分。他们在处理数据方面经验丰富，并且通常与数据办公室和数据所有者保持长期对话。数据管理专员在其职能范围内积极关注数据质量问题和进一步提高数据质量的机会。他们参与数据度量的开发（参见第 10 章），并且可以从数据角度为流程和应用程序的开发提供基于经验的输入。

数据使用者是来自所有业务领域和业内的人，他们的共同点是工作主要依赖于数据。他们依赖良好的数据质量，但却往往处在说不上话的职位上。

数据使用者深知处理不良数据意味着什么，这就是为什么他们的声音对管理数据质量很重要。首要的数据使用者群体是分析和数据科学社区，但是在运营流程、财务、用户服务、绩效和监管报告等方面有更多的使用者。

显而易见，数据创建者和数据使用者不一定是相互排斥的群体。丰富数据的角色通常属于这两个组别。担任此类职位的人往往最容易被说服关注数据质量。

这同样适用于数据供应链末端的人员，尤其是财务和分析人员。无论数据供应链上的任何地方出了什么问题，都不可避免地会影响到他们。

这些人首先要明白，仅仅为了某个目的而修复数据不是一种可持续的方法，这一点至关重要。应鼓励这些人员报告所有观察到的数据问题，以便组织可以找到问题的根本原因并修复它们。

但你还必须证明数据办公室愿意和有能力管理数据供应链中的数据质量。数据使用者只有在看到成功后才会将这项工作交给数据办公室。

积极管理的数据使用者社区是传达信息的合适方式，也是一个很好的反馈渠道。

其他业务角色

业务所有者角色

业务应用程序所有者和业务流程所有者也是必不可少的角色。如果执行得当，他们可以从跨职能的角度处理问题。但请不要将这些角色与数据所有者的角色混为一谈。这些角色同样重要，但它们是独立的角色。

成熟的组织能协调所有这些角色之间的跨职能对话，通常由首席转型官（业务模型是动态的）或全球业务服务主管（业务模型被认为是成熟的）领导。数据办公室应该参与这个对话。不过，CDO 不需要处于领导地位。

在没有这种系统对话的组织中，你可以自己先活跃起来，以某种方式安排与数据相关的角色，使组织具有跨职能主题的类似设置。

换句话说，有人需要迈出第一步——为什么不是你？

缺乏所有权

如果找不到所有者，请采取"高管所有权"原则：通知负责的高管，他或她是最终所有者。高管没有时间，因此会讨厌这个想法。好处是所有权可以下放。高管会很乐意使用这个选择。

对于某款软件，有时甚至找不到哪个职能部门作为它原生的业务所有者。已经存在多年的遗留解决方案通常就是这种情况。IT 部门可能一直在维护这些软件，但没有谁说对它们拥有业务所有权，也没有人知道谁在使用该应用程序。但很可能突然需要解决此类应用程序中的数据不合规问题。

一个可能的、公认的大胆方法是：为数据办公室申请业务所有权，公开宣布软件退役，并找出谁最恐慌。这个人员可以成为所有者，以防不可控地停止使用软件。如果没有人站出来，请在广泛沟通每一步的同时，执行软件退役计划。注意，一定要准备一个随时回退计划！

集中化的角色

根据辅助性原则（参见第 2 章），某些角色需要集中化以确保行为一致，并避免双重并行工作。数据治理团队应检查任何与数据相关的流程中每项活动是否需要集中管理。

根据组织结构的不同，构成中心组织的角色会有所不同。

尽管你从业务和 IT 部门找出这么多的核心角色，但还是应该考虑到这些职能部门通常是有偏见的：大多数职能领域倾向于把所有难做的事情集中处理，同时乐于接受放权的决策角色。因此，在开始交流之前，在数据办公室里先准备一个组织架构规划。有人提出更改时，可以询问对方有什么充分理由。

本章提供一组核心职责列表，这些职责可以分解到可能的团队。它并不是详尽无遗或规定性的。它有助于确定进一步开展工作的细节。

请记住，数据办公室中是否有足够的团队或成员取决于组织规模、数据办公室的预算以及员工的数据素养。第 2 章中介绍过有效数据管理的第十个方面。

以下结构是可扩展的，多种职责可以合并为单个角色，一个团队也可以涵盖一个或多个领域。

数据治理

以下是数据治理职能的典型职责列表：
- 定义、维护和记录**数据维护**流程。

- 定义、维护和记录用以更改**数据**结构（换句话说，数据治理管理企业数据模型，而数据架构负责其内容）的流程。
- 管理**外部数据**源和标准（包括与外部数据供应商的协议）。
- 开展**培训**并进行交流。
- 记录和发布数据**制度和标准**。
- 描述**数据规则和逻辑**（使用来自数据架构的输入）。
- 管理唯一、跨职能的**业务术语表**。

数据质量

与透彻理解数据与人的行为相比，其他数据学科基本上不需要那么多业务知识。下面列举数据质量职能的部分职责：

- 定义和分类可靠的指标（**数据质量指标**，参见第 10 章）与报告。
- 管理和估计**数据质量**；使用指标和启发式方法。
- 验证现有和提议的关键绩效指标。
- 与**业务职能部门和 IT 部门**合作，实现主数据和交易数据的单一视图。
- 建立和发布数据质量**仪表板**。
- 确定关键问题并进行**根本原因分析**（六西格玛，参见第 11 章）。

数据解决方案和项目

数据管理不应仅限于数据的规则制订者、监督人员和服务台的角色。人们必须走出数据的象牙塔。换而言之，需要将有关数据的专业知识和经验转化为日常流程和应用。

在数据解决方案和项目方面，CDO 可能需要承担以下职责：

- 成为所有主要数据系统的业务所有者，这些系统具有跨职能的相关性，主要有数据库、数据维护工具和 Web 服务。
- 管理解决方案和实施**路线图**（基于业务优先级、技术能力和自身的成本/收益分析，参见第 16 章）。
- 跨职能协调针对数据解决方案的**变更请求**，并从业务角度领导实施项目。
- 执行或组织**可用性分析**。
- 协调由数据拥护者、数据管理专员、分析团队和主题专家组成的全域**网络**。
- 主动支持和指导数据相关的**迁移和转换**项目。部署数据办公室拥有的数据应用程序，并从数据处理的角度支持其他应用程序的部署，如在与国家相关的主数据配置领域。
- 管理与数据相关的违规（"数据债务"）。
- 组织**跨职能**协作。

主数据管理

虽然主数据的维护通常在各自的业务职能中进行，但 CDO 需要协调所有这些活动。以下是一些典型的核心主数据职责：

- 确保正确维护**主数据**、**参考数据**和**元数据**。
- 协调重大主数据变动的**影响分析**。
- 监控主数据的恰当**使用**。
- 记录主数据体系。
- 成为主数据管理工具的业务所有者或产品所有者。

数据架构

数据无法在单个业务职能内构建，也不应该由技术部门的 IT 架构师完成。原因在于，与建筑物一样，需要一个总体架构反映组织的情况。总体架构的输入必须来自各种业务职能，但所有这些都需要转换为一个单一的企业数据模型。

在数据标准领域，数据架构和数据治理之间没有客观的区分。一些组织在组织标准和职能标准上有所区分：组织标准与数据治理相关，而职能标准与数据架构相关。

虽然没有对错之分，但个人建议由数据治理承担标准的全部责任，而由数据架构提供职能专业知识。这种设置避免了边界案例中责任的不确定性，同时仍然利用了数据架构专业知识。

在此设置之后，核心数据架构团队的典型任务包括：

- 根据业务流程和功能维护业务**数据模型**。
- 对数据模型进行**差距分析**。
- 支持数据治理以塑造和执行**职能数据标准**。
- 与其他架构学科保持一致。
- **评估**业务变化对数据结构的**影响**。

数据隐私和合规性

这些主题的出现早于数据办公室概念，大多数组织已经拥有数据隐私和合规所有者。老实说，你不必在这里争夺所有权。从组织的角度看，关键目标是拥有**适当**的所有权。在没有问题需要解决的情况下，不要尝试解决所有权问题。

相反，需要确保数据办公室被认可为数据隐私和合规的利益相关者。在许多组织中，法律部门对合规的含义有着完美的理解，但可能无法将其转化为日常工作的实用指南。

数据办公室可以提供的支持包括提供具体示例和检查清单。

请注意，如果没有其他部门承担所有权，或者最高管理层想让数据办公室负责，那么请接受！数据办公室承担数据隐私责任并不糟糕。但在这种情况下，应该由你向其他部门寻求建议，如在法律事务方面。

以下是一组围绕数据隐私的数据办公室职责：
- 与法律部门和信息安全部门合作处理**数据隐私和合规性**问题。
- 支持业务职能部门正确应用数据隐私法规。
- 确保数据隐私策略和流程的目标导向尽可能明确且易于理解。

数据科学

在大多数组织中，将所有数据科学活动集中起来可能没有意义，你可能会失去数据科学家与他们所服务的业务职能之间的联系。

然而，作为数据办公室的一部分，建立一个小而强的核心数据科学团队是很有价值的。理想情况下，可将数据科学的"卓越中心"塑造为组织数据科学家社区的科学中心，职能部门的数据科学家通常没有机会做到这一点。

这种卓越中心的典型职责是：
- 在所有业务职能部门评价和**分享知识**。
- 在数据科学领域代表组织**对外交流**，这并不意味着阻止其他数据科学家的外部联系！
- 开展跨职能**数据科学**活动，包括相关性、因果关系、概率、预测等。
- 在目标**分析**领域与 IT 合作。
- 利用区块链或物联网等新兴数据概念，并在可能的情况下让职能团队参与。

数据分析和商业智能

同样，许多数据分析和商业智能（BI）应该在业务职能部门完成，尤其是 BI 自助服务等概念使略懂分析的业务专家也可以更轻松地将数据转化为信息。

卓越中心在这里也有价值，它可以发挥协调功能，通过准确使用数据、工具和算法帮助完成业务职能。重要的是要与这些业务职能部门交朋友，避免被视为竞争对手。

以下是数据分析和 BI 卓越中心的职责列表：
- 从技术角度支持职能部门的**分析和 BI 团队**。
- 在数据分析和 BI 领域**对外**代表组织。
- 在目标**分析和数据可视化**领域与数据科学团队和 IT 合作。
- 运行跨职能的具有业务**预测分析**项目。
- 支持业务**报表**。
- 关注**大数据**概念：关于内外部海量数据处理和利用有什么新概念？

第 10 章 数据质量

"是的,先生,你绝对可以相信这些数字"

图 10-1. 数据质量?祝你好运,希望……

为什么数据质量很重要？

"数据质量"听起来很重要。几乎没有人会质疑数据质量的重要性。这就是为什么它有可能成为又一个空洞的口号。如果强调"高数据质量"，就显得非常专业。

是的，数据质量确实很重要。数据质量是如此重要，以至于我使用了一个专门的首字母缩略词 DQ。对我来说，DQ 就是数据质量，但对 CDO 来说，DQ 应该是待办事项清单中的高优先级工作。遗憾的是，有些人认为只要没有特殊情况发生，数据质量应该都是良好的。

良好的数据质量不是常态。根本不是这样。

换句话说，除非组织积极主动地致力于数据质量工作，否则可以想象到该组织的数据质量会很差。

示例 1

一家业务遍及全球的公司认识到需要清理某些国家组织的地址数据。

这家公司决定在其总部指派一个庞大的团队进行清理工作。

团队工作失败了。

最终，数据在语法上是正确的，但不能用于创建用户的 360° 视图，甚至不适合将用户分配到销售区域。

导致这一问题的因素是多方面的：

- 多年来对用户数据的采集不完整导致无法从数据中导出某些属性。
- 此外，考虑到某些国家的特定需要，允许滥用某些数据字段存储信息，导致全部内容在整个公司环境中毫无用处[1]。
- 最后，清理用户数据需要大量每个国家的地址使用习惯和公司结构的当地知识，清理工作还需要每个国家的公司结构。总部的这个团队往往没有这些方面的知识。

危险的数据质量观点

在没有专门关注数据质量的组织中，存在形式各异的质量管理模式，接下来一一探讨。可以对照这些模式检查自己组织的情况，定制适合自身的数据质量策略。

假设你的数据质量良好

为什么组织通常专注于分析，而不是涵盖整个数据供应链？

很多时候，这是因为它们的决策者理所当然地认为自己的数据处于良好状态，类似这种

---

[1] 联合利华全球数据主管大卫·米伦在 2019 年的一次数据会议上表示，在他的组织中，针对特定国家的数据中有 80% 是通用的。

想法:"管理良好的组织拥有良好的数据"。

这与普遍、潜意识的假设一致,即所有数据都很好,因为到目前为止没有人抱怨过。

有时,组织的领导者甚至都没有考虑过数据质量。我很理解他们!想一想:上一次有意识地关注你的耳朵是什么时候?已经有一段时间了?嗯,这很正常!人们只有在耳朵痛或开始听不清时才会想到自己的耳朵。

这与围绕数据质量观察到的现象相同。数据质量不是高管们日常思考的一部分。

这意味着面临的不是智力问题,而是意识问题。

建议先解决这个问题,然后再提出技术或组织措施来提高数据质量。如果没有管理层的支持,就很难开展数据质量相关工作,更不用说为此类工作获得资金支持。

假设你的数据质量足够好

你可能时不时听到下面这种说法:

它可能并不完美,但到目前为止已经足够好。让我们遵循 80/20 规则就足够了,不要夸大其词!

但是如何判断 20% 的努力是否真的达成了 80% 的质量水平?即便达到了,但 80% 真的足够吗?

假设无法衡量数据质量

宿命论者会说:

你只能根据其他数据衡量数据质量,但那些数据可能也是错误的,所以永远不知道数据质量如何!

是的,衡量数据质量不是一项简单的工作,需要复杂的规划和对依赖关系的确定才能做出判断。但是至少在一定程度上可以测量数据。合理性检查适用于大多数情况。只要意识到这些局限性,任何测量都比根本不测量要好。

假设"数据办公室"负责数据质量

谁应该修复不好的数据?数据办公室的数据专家?

数据质量不足通常不是数据本身的问题,而是业务问题。在这种情况下,数据专家可以帮助描述问题和影响。他们甚至可能支持修复数据,但他们不应该仅依靠自己修复数据,主要有三个原因:

- 修复数据所需的知识应与业务所有者相关。
- 业务人员应该强制拥有所有权——他们的数据是其业务的核心部分。
- 如果不解决根本原因,数据质量将很快再次恶化。

好在业务职能部门可以通过多种方式处理数据质量，如六西格玛方法。它们不仅可以解决表面症状，还可以应用经过验证的六西格玛方法发现问题的根本原因。

建议 CDO 与所有业务职能部门分享六西格玛方法。如果六西格玛已经是组织工作方法的一部分，那么请支持这些团队将这种方法用于数据工作。

如需了解在数据管理中如何使用六西格玛方法，请参见第 11 章。

假设每个人都想要好的数据质量

坦白讲，组织中的某些人是从糟糕的数据质量中受益的。如果没有积极的数据质量管理和适当的激励，他们看不到有什么理由要为实现更好的数据质量出力。

举个例子，想想那些绩效不佳的人员，他们不希望自己的表现通过数据呈现出来。除此之外，员工从不良数据中受益的情况也很常见。

示例 2

想象一下，一名员工通过基于元数据验证某些数据字段格式的系统进行客户信息输入。

由于快速输入数据可以获得奖励，该员工面临每小时输入的用户记录数量与输入数据的准确性之间的矛盾：你无法在单个记录上花费太多时间的同时实现每小时的输入目标。

有时数据缺失或不一致需要花费大量时间来查找，如查看用户的网站来确定增值税号。

作为一种快速解决方案，此人决定在这种情况下输入语法上有效的虚拟数据。结果是：达到绩效目标，但用户数据错误！

这种做法对此人有好处，对组织却不利。

仅在遇到麻烦时才解决数据质量问题

只要数据质量不会造成明显损失，就很容易被忽略。本书已将这种方法确定为八种典型的行为模式之一，详见第 1 章。

被动处理数据质量的组织无法避免这种影响，只能延迟这种影响。如果在早期阶段不加以注意，一些信息可能会永远丢失。在这种情况下，以后根本没有机会重新获得良好的数据质量。

如果一个没有主动管理数据质量的组织想要根据数据做出决策，可能会面临以下问题：

- 数据不完整或根本不可用，因为没有为决策做准备的计划。
- 数据不明确。人们可以根据他们的个人或部门目标以不同的方式解释数据（见图 10-2）。
- 收集和修复所有数据需要很长时间，结果导致决策延迟。

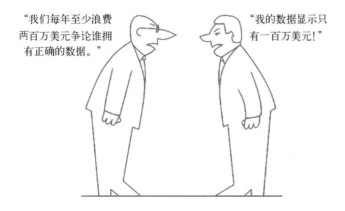

图 10-2. 你有可靠、一致的数据吗?

仅出于分析目的处理数据质量

在一次大型会议期间,一位专家强调了数据质量的重要性。他要求:"确保数据湖中的数据得到良好维护。"一个干净的数据湖是好的,但是从此时开始处理数据质量为时已晚!

不幸的是,必须获得可靠的分析结果常常是考虑数据质量的唯一驱动因素。这好比将数据管理等同于数据分析,是组织认知上的一项不足。如果这些组织有一个数据质量团队,那么这个数据质量团队只是数据分析团队的一部分。

这种由分析驱动的数据质量通常无法解决根本原因,而是会尝试修复数据湖中的数据,甚至在更晚的工作中修复数据。这种做法使数据质量相关工作变得被动:只有发现数据质量不够好了,才会尝试修复它。这种方法还有更多缺点:

- 它会造成数据质量的错觉:只要分析人员不抱怨,似乎就没有问题。
- 通常无法根据数据湖中的数据判断其质量是否良好,尤其是在语法正确的情况下。
- 不仅数据湖中的数据质量问题可能被忽视,后续分析的不正确性也可能被忽视。
- 如果认为"那些分析人员会在使用之前修复数据",人们可能不会注意避免日常工作中的数据质量问题。
- 在任何组织中,数据不仅仅在其旅程结束时使用。在最终进入数据湖之前,它已经经历了好几个阶段。许多数据也用于运营目的,如开具发票或指导生产过程。此类活动也需要高质量的数据。从运营数据库中获取数据的非分析型用户不会受益于数据湖中的任何数据修复。
- 只处理分析用数据质量会导致用于运营(未清理)的数据与用于分析(已清理)的数据之间存在不一致的问题。
- 如果数据修复较晚,则之前可能已经造成损失或导致错误消息。

> 示例 3
>
> 用户在网站上输入的数据可用于在线预订过程中做出进一步的决定。这意味着数据在传输到后端之前就已经被使用了。
>
> 如果数据稍后修复（如通过地址验证过程修复），则对预订过程没有帮助。

首次问题出现时处理数据质量

即使数据质量不是数据分析人员的分内之事，人们也经常在问题出现时才修复数据。但事情可能早已发生了。此类组织通常面临以下问题。

- 一旦数据的某些方面丢失，就可能无法再恢复。例如，无法从在线购买的详细信息中得出用户的满意度。
- 如果在此过程中修复数据，最终可能会出现修复"之前"和"之后"不一致的问题。使用未修复数据的进程将与使用已修复数据的进程不匹配。
- 导致不良数据的流程没有得到彻底解决。修复不良数据成为一项反复出现的任务。

保证数据质量需要包括防止数据丢失和及时恢复。如果发现数据导入或输入不完整，系统要做出响应并请求在较短时间内解决。

被迫接受糟糕的数据质量

很多时候，特别是数据科学家需要为项目找到某种类型的数据时，他们可能会在网络上搜索，并最终在某处找到一个 CSV 文件，或者是网站上的一个表格。

这种方法没有问题，即使可能在其他地方获得质量更好的数据。然而，数据科学家至少要完全了解此类数据的质量级别。

我不鼓励做与情景无关的文件内容质量评估。

与之相反，数据科学家应关注数据来源：可靠性如何？时效性如何？有无偏见？

这甚至已经成为一门学科，通常称为探索性人工智能（Exploratory Artificial Intelligence，EAI）。

发现偏差是评估数据质量的重要任务之一。偏差评估不是确定数据是否遭受恶意篡改。公共机构的共享数据文件被系统性操纵是例外。但偏见还是时常存在，因为有人在你看到文件之前，就已经过滤掉了他认为的"异常值"，而你不知道过滤的标准。

这是一个需要主动管理数据质量的例子：每位数据科学家都可以通过搜索多个来源来降低风险。但这些都是不需要机器学习算法的额外工作。这就是为什么必须要对数据科学家付出的额外努力做出鼓励和奖励。

没有沟通数据质量的级别

有时数据并不完美,这不代表数据毫无用处。但糟糕的数据质量肯定会限制结果发挥重要作用,在许多情况下,这些结果比根本没有结果更有价值。

但是,为了结果更有意义,需要与分析结果一起提供数据质量级别。使用基于最坏情况的阈值通常是一种很好的方法。一个典型、有效的描述可能是:

根据我们的模型,KPI 的期望值为 80%。但我们有理由假设数据质量不好(在此处添加原因),由此产生的置信区间高达 15%,因此我们可以假设真实值在 65%~95%,概率为 0.95。

如何处理数据质量?

数据质量必须是高层讨论的内容

数据质量会影响所有其他事物的质量,并影响提供给最高管理层的所有信息。

这就是最高管理层应该对组织数据质量感兴趣的原因。通过公正、中立的数据办公室提供一定数量的综合指标,可以让高层了解更多信息。

数据质量需要正确的动机

在管理数据质量时,需要软硬兼施。如果只是惩罚不良数据的提供者,也无法实现良好的数据质量。

从本质上讲,人们需要有充分的理由才可能提供高质量的数据,尤其是在他们自己不使用所提供的数据时。

基于惩罚的制度会让人试图隐藏质量不好的数据,缺乏灵活性的奖金制度可能奖励错误的行为。可以在这两种情况之间寻求一种平衡的方式。鼓励提高数据质量的两种方式是透明管理和提供支持。

(i)**透明管理**

让大家看到出色的工作表现,可以更轻松地实现可持续的数据质量管理。最终,定期交流数据质量指标可以形成一种竞争意识,促使人们争取"最佳数据质量"。这是组织希望看到的状况。

(ii)**提供支持**

提高数据质量的另一个重要方法是提供建议。"你的数据质量太糟糕了",这种说法不利于培养正确的数据质量观念。"有一些想法可以帮助你实现未来的数据质量目标",这种说法有助于让质量意识不强的人更好地接受。

让合适的人唱主角

不要为自己争取高数据质量。请记住，数据办公室的日常工作并不需要质量好的数据。

相反，CDO 应明确需要高数据质量或至少从中受益的是哪些业务职能部门。让它们来要求更好的数据！你可能需要先解释不良数据的影响（许多业务职能部门可能没有意识到这点），然后作为它们的支持者提供帮助。

关注相关数据

数据可能正确但没有用处。因此，检查数据的相关性也是正确管理数据质量工作的一部分。数据的相关性通常更多地取决于使用目的而不是数据本身。

有时，你可能会尝试进行回归分析以找出某些属性和结果之间存在的因果关系，但常识已经告诉你，其中一些属性并不存在因果关系。如果仍然这样做，模型可能会提示你因果关系，因为它决定了相关性。

如果立即从分析中排除此类数据属性，则可以降低误报风险。从这个意义上讲，探索性数据分析（EDA；参见第 20 章）是提升分析用数据质量的一个关键方面。

保持数据清洁

虽然适当的数据管理专注于保持数据清洁，但数据清理专家也是必需的。陈旧的数据总是会"蹦"出来，需要清理。甚至清洁数据也会随着时间的推移而变化。通常需要定期清理。

尤其是当看到数据来自外部或特定地理区域时，还需要特定的数据知识来进行有效的清理工作。这是一个很好的理由，不要将数据清理局限在一个集中化的团队中，无论这些专家多么聪明。

示例 4

与重复做斗争所需要的不仅仅是字符串比较。避免重复和删除重复数据已经超出了数据库操作的范畴。避免重复还需要大量业务知识。

与其问"两条记录是完全相同还是足够接近就可以认为是相同的？"，不如问"记录所指的是同一件事吗？"

如果答案为"是"，那么无论它们看起来多么不同，它们都是重复的。

举个具体的例子，比较英国的这五个位置记录：

- W1K 7TN。

- 86-90 Park Ln, Mayfair, London。
- Hotel JW Marriott, Grosvenor House, London。
- 51°30'36.1"N 0°09'15.8" W。
- ///ahead.foster.waddle[2]。

这五个记录中的每一个都明确地标识了英国伦敦的一个位置。事实上，它们都指向同一个地方。这意味着它们是重复的。你需要一些背景信息找出它们并将它们合并到一个记录中。

你可能希望保留四个记录的详细信息，以便最终的记录包含更多信息。这有什么好处？你可以更轻松地检查新记录与此类丰富记录的一致性，并且可以支持智能数据输入，用户在输入任何不同属性的前几个字符后就可以提示该记录。

但是请注意，需要合并数据模型以指示哪些标识符本身是唯一的，哪些标识符仅在与其他标识符组合时才是唯一的：虽然在前面的示例中，英国邮政编码是这个地方独有的，但摩天大楼的每一层都有同样的地理坐标（因此有必要添加垂直 Z 坐标以获得唯一性），并且伦敦有两座不同的建筑都称为"Grosvenor House"。

如何利用人类知识和计算机知识进行适当的数据清理呢？

（i）使用数据和算法

值得庆幸的是，大量的知识已经被融入算法中。专业的地址管理解决方案已经建议前面示例中的所有记录都指向同一个地方。这就是为什么第一步应该使用可用的计算机知识（大部分外部 API 都有数据和算法自动维护保障）。

（ii）发挥专家作用

还需要人工验证作为第二步，在任何情况下都要对算法的结果保持警惕。例如，可以请来自特定国家的同事帮助验证和清理来自该国家的用户数据。这些同事可能比集中的高技能专家更了解这个国家的地址结构或法律信息。

（iii）尽早验证

如果从被收购的组织导入外部数据或将数据合并到数据存储库中，则清理步骤应在该过程的早期进行。事后请当地专家整理可能为时已晚，在早期的技术验证步骤中可能已经永久丢失了所谓的重复项。经验法则是"转换前先清理"。

所以，不是传统的[提取]→[转换]→[加载]→[验证]。

这个过程应改造为[提取]→**[验证]**→**[清理]**→[转换]→[加载]→[验证]。

---

[2] What3Words 通过从普通词典中提取的三个词识别地球上的所有位置，参见 https://w3w.co /ahead.foster.waddle。

每个人都应该负责

越来越多的数据科学家要求高质量的数据。但是，定期整理数据湖就足够了吗？

不是的。如前所述，需要管理整个数据供应链中的数据。提升数据质量的最佳位置是在进入时。这可以防止不良数据进入系统。

如果组织将数据质量作为每个数据角色和处理流程的一部分，将实现更加可持续的数据质量管理。此外，因为保持数据清洁比事后清理更容易，所以数据质量管理的整体工作量也会下降。

数据质量需要衡量

如何发现数据质量良好？随着时间的推移如何确定质量的改进？

通过引入指标和启发式方法，并将它们在整个组织中实现永久制度化应用。接下来需要定义什么是"足够好"，以及哪个级别的数据质量对应哪种业务影响。这有助于你衡量"针对某个业务"的数据质量，以确定是否需要采取行动。

本章后面将详细介绍。

数据质量需要采取行动

仅仅发现数据质量不好是不够的，必须为此做些什么。

虽然大多数人都同意这个观点，但是人们往往会直接去寻求处理问题的解决方案。

示例 5

试想一下，一个组织在其销售线索数据库中存在重复问题。

一旦发现问题，就可以快速建立重复数据删除流程，可能基于外部数据修复公司名称的拼写错误。

回看问题时，人们可能希望了解**为什么**在销售线索中发现了如此多的重复项。

我曾经遇到过这样的情况。我要求团队进行分析以确定根本原因。我们很快意识到该组织的销售团队制订了一个计划：激励销售人员输入销售线索。

现在想象一个销售人员找到一个潜在用户并将其输入系统，系统弹出一条消息，说明"销售线索已经注册"。

销售人员会怎么做？是的，他可能会考虑稍微改变拼写，如将组织 ABC 变成组织 A.B.C。

结果如何？这会导致基于错误信息的奖金支付、数据库中拼写略有不同的重复项、误导性的 KPI 计算（如销售线索的转化率），甚至因为系统会生成两个销售计划，潜在用户会被接触两次。

这里要解决的问题不是从数据库中删除重复项,因为删除重复项只是治标不治本,而是要改变行为方式,比如修改激励方案。

换句话说,需要解决**根本问题**。

管理业务指标

有意义的业务质量指标需要积极管理数据质量。为什么?

众所周知,关键绩效指标(KPI)对指导业务很重要。但人们往往会忘记 KPI 是基于数据的。糟糕的数据质量会导致无用甚至误导性的绩效指标。这意味着管理业务之前要管理数据,才能知道如何引导业务。

管理数据的一个关键方面是数据质量指标(DQI)的定义。这些数据质量指标能告诉我们数据质量有多好。更重要的是我们还需要衡量数据处理过程的质量,而不仅仅是结果数据的质量。

如何有效地使用数据质量指标?这里分享一些想法。

衡量团队的绩效

可通过定制数据质量指标来衡量具体角色或团队的绩效。

正如许多组织对其 KPI 所做的那样,你可以按照组织层次结构定义数据质量指标的层次结构。一个层次结构级别上的几个数据质量指标合并为下一个更高级别的数据质量指标,这些数据质量指标与其他数据质量指标一起再次形成一个更高级别的组合数据质量指标。

这种方法具有三个优势:

- 每个组织层级从团队领导开始,都有一定数量的数据质量指标需要查看。例如,销售、财务或用户服务部门,直到最高管理层,首席财务官负责"财务数据质量"的数据质量指标。
- 分层结构允许更深入地挖掘合并的数据质量指标所表示的问题。
- 数据质量的职责非常明确。

测量数据的一致性

一致性检查不应该等到有了问题才做。它们应该作为一项计划内的活动系统化地定期开展。而且你应该在应用程序环境发生任何重大变化的时候立即进行检查。新算法的容错性可能不如以前,因此以前未检测到的数据不一致问题可能会拖累改进的算法。

考虑启发式方法

可以从一个国家的有效邮政编码列表中删除一项,因为某个村庄可能已经不存在。但是,如果要在一个国家的一半邮政编码中进行删除，就应该报警了。

换句话说，多次重复进行的有效活动可能是有效的，也可能是无效的。算法根本没有足够的信息做出判断。这就是启发式方法发挥作用的地方。启发式不是让算法完全自行确定和处理不良数据的案例，而是搜索到可疑案例并报告给工作人员。

启发式算法通常宁愿误报，也要避免漏报，所以这种方法最重要的要将工作人员查看的案例数量减少到可管理的数量才可行，然后，工作人员将决定报告的案例是否属实、是否误报，或者需要进一步评估才能找出问题。

此外，这些结果将用于在人工智能的支持下微调算法。

确定不受欢迎的行为

激励措施的设计或数据质量指标本身，很容易发生对不受欢迎行为的意外鼓励。

这就是为什么你应该密切关注所有数据质量指标的设计和使用：它们是鼓励还是奖赏不受欢迎的行为？它们仍然反映业务目标吗？测量逻辑是否仍然有效？是否需要添加新的数据质量指标？

作为常规措施，你可能会与预见到和已定义的跨职能利益相关者一起定期审查数据质量指标。数据办公室不应孤立地定义数据质量指标。

分解你的质量度量

无论你在哪里，都可以将你的质量度量分解为不同的小组。

这可以让你找到表现最佳的组并发现它们之间的不同之处——只要小组的规模大到足以得出与统计相关的结论。

有时不知道哪个级别的质量是"好"或"足够好"，但你可以发现趋势：数据质量指标是否会随着时间的推移而改善？操作活动对某些数据质量指标有何影响？以下是我的数据质量指标列表。

a）经典数据输入错误——通过用户界面输入或批量上传。

b）数据传播和使用问题。

c）数据完整性问题。

d）结构化数据问题（由于正确数据存储在错误的数据模型下而导致的错误。例如，主键违规可能会导致拒绝记录，而实际上数据库表中键的定义是错误的）。

e）数据重复。

f）数据的完整性（即使所有记录都是正确的，不完整性也可能提供错误的比例）。

g）数据老化问题（曾经正确但不再正确、不能反映不断变化的现实的记录）。

h）更改的持续时间（数据更改不应花费太长时间，否则数据会过时或完整性有风险）。

i）问题或错误得到修复的百分比。
j）更新的及时性。
k）趋势——数据质量指标如何随时间发展？
l）合理性检查——句法上有效但"可疑"的情况。

分解质量测量对于获得最高管理层对数据质量指标的关注也至关重要。我们都知道，几乎没有任何高管会花时间查看充满 KPI 的电子表格。高管们希望通过例外进行管理，发现问题并修复它们。

因此，与大多数其他指标一样，建议创建数据质量指标层次结构。该层次结构需要与组织层次结构匹配，以便使每个数据质量指标由一个人拥有，作为具体角色的所有者：

- 任何级别的任何角色所有者负责多个相关的数据质量指标。
- 这些数据质量指标通常合并为一个汇总数据质量指标，代表该角色所有者的数据质量级别。数据质量指标的选择和权重由角色所有者提出，并由角色所有者的直属经理批准。
- 只要数据质量指标是绿色的（即至少达到预先商定的阈值），其他人就不会要求角色所有者进行更深入的挖掘。
- 但是，该人员要管理下一粒度级别所有的数据质量指标，以便在其中一个数据质量指标影响自己的数据质量指标之前采取预防措施。
- 在基于经理个人绩效发放奖金的组织中，此类数据质量指标可以成为奖金计算方法的一部分。

涵盖数据质量管理

组织的质量管理是否经过认证？例如，通过 ISO 29000 等？可能已经认证了吧！

但是，数据质量管理是否已明确成为该质量管理体系和认证的一部分？组织的内部质量审计是否涵盖数据质量？

大多数组织还没有迈出这关键的一步。但是你应该利用这个独特的机会，来寻求与组织的质量管理团队进行对话。

他们可能会惊讶于在意料外的方向找到盟友，因此可能会很乐意联手。他们应该了解服务质量、产品质量和合规性质量如何与基础数据的质量关联。

如果共同致力于增强组织范围的涵盖数据的质量管理，那么你们应该利用这个机会建立真正的跨职能合作。

如果设法将数据质量评估添加到现有的质量与合规性审计中，你将在多种意义上得到好处：

- 使用质量管理组织的已有权限。

- 可以重复使用已建立的组织和方法。
- 业务质量和数据质量统筹考虑——两者之间有密切的因果关系。
- 不需要让忙碌的数据专家将时间花在数据质量审计上。
- 非正式的——避免成为坏人。当你制订数据质量规则时，其他人会帮助你执行它们——执行规则是很容易得罪人的。

第 11 章
打造数据办公室团队

图 11-1. 什么是数据科学家?

有效创建数据团队

为了确保有效，数据办公室的设置必须慎重思考。

数据办公室的各个团队需要涵盖所有数据相关的职责，这些职责需要让其他部门理解数据办公室的工作。数据办公室与其他部门之间需要建立有效的协作关系。

没有唯一最佳的组织架构，请不要期待这里给出通用的组织架构图。关于数据办公室应该承担的职责，下面会列出一些建议。

数据架构和术语表

"数据语言"团队

如前所述，数据术语表、数据规则、数据标准和数据模型四个管理领域是紧密关联的，相互之间有大量的互动。

这也是为什么通常将这四个职能放在一个部门下，即使在大型组织中也是这样。这个部门覆盖数据管理的逻辑层面。

根据组织规模不同，这个部门可以分为多个团队。常见的结构是由负责术语表管理、数据标准和数据架构的团队组成。

术语表管理

谁应该负责管理组织的术语表？建议在数据办公室中选择最不"呆板"的成员。此人应与所有业务部门保持沟通，因此需要具备出色的人际关系和沟通技能。此外，他应该是一个对语言有着良好感觉的专业人士。

术语表使用多种语言会更好。其主要目的不是用多种语言创建一个术语表，而是用多种表达方式理解同一事物。其实，数据也是一种语言。

如何建立数据架构？

企业数据模型（CDM）应由一个专门的数据架构团队负责。

一些组织在其 IT 部门中有一个架构团队，并认为架构的所有方面都应该由 IT 完成。但有充分的理由表明，这不是专家们的普遍看法。

让我们看一看领先的架构模型 TOGAF[1]。它将架构分为四类：

- 业务架构。

---

[1] TOGAF 标准是 Open Group 提供的企业架构方法和框架。详见 TOGAF（2019）。

- 数据架构。
- 应用架构。
- 技术架构。

如其名称，业务架构是一项业务职责。应用架构和技术架构是典型的 IT 职责。**数据架构是业务和 IT 之间的桥梁**，也是数据办公室在组织中的定位。

可能会有一些关于数据架构和解决方案架构边界的讨论，尤其是在数据库和接口领域。如有疑问，组织应遵循以下标准：与逻辑相关的工作属于数据办公室，技术方面的工作则属于 IT 部门。

根据组织数据环境的复杂性，将数据架构分为**逻辑部分**（业务数据架构）和**技术部分**（技术数据架构）是有意义的。

逻辑数据架构团队向 CDO 汇报，负责数据架构的业务方面。它定义了诸如：

- 数据结构（尤其是企业数据模型）。
- 数据科学家在数据模型方面有哪些自由度。
- 应向谁提供哪些数据，预处理程度如何。
- 哪些参数应作为特定 API 的一部分提供。

技术数据架构定义 API 的类型、技术数据模型以及数据库中生成的表结构。图 11-2 简要概述了架构学科及其在组织中的位置。注意，在 DevOps 的情况下，IT 运维相关的问题通常由应用架构处理。

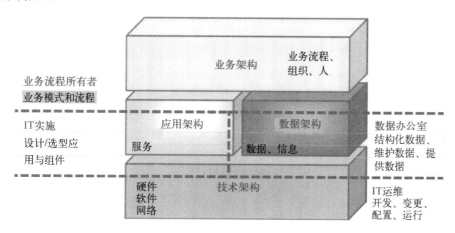

图 11-2. TOGAF 模型

不同的架构团队可能位于组织的不同部门，但所有架构团队都应该基于单一的企业架构视图协同工作。通过这种方式创建一个统一的虚拟团队，团队成员向组织的不同部门汇报，从而减少偏见和孤岛思维。

所有架构团队的代表组成一个**架构评审委员会**，这种联合工作模式需要得到该委员会的支持。委员会必须做出联合决策或将架构描述提交到总体决策过程中。

如何让数据架构更具吸引力？

数据架构师是组织中具有挑战性的角色。

数据架构师主要告诉业务职能部门和项目团队不做什么，往往不受欢迎。因此，数据架构师往往是被动加入的。

可惜好的数据架构就像好的安保一样，好处不明显。而数据架构不好或者缺失则会产生明显的负面影响。

类比

为什么数据架构师在项目团队中往往不如其他架构师受欢迎？

项目团队通常会这样看待架构：

技术架构师铺路，解决方案架构师造车，业务架构师教他们开车，数据架构师告诉他们红灯和限速……

数据架构师通常精通他们的专业，但正如许多其他专家一样，他们往往不擅长自我营销。我记得在一次数据架构会议上，几十位经验丰富的数据架构师抱怨说，解决方案架构师被邀请参加项目，但数据架构师没有。快速调查显示，项目团队中解决方案架构师与数据架构师的平均比率超过 20。

毫无疑问，必须帮助数据架构师提升他们的价值。仅仅强制他们加入是不够的。不要等到人们需要时才去做。人们不会认为他们需要数据架构师。也就是说，他们不会将任何成功归因于数据架构。

事实上，除了数据治理之外，数据架构是最需要在组织内部进行宣传和解释的领域，以获得必要、也是应得的认可。CDO 能做什么呢？

- 从过去或其他组织中借鉴实践的例子。
- 描述场景：如果数据架构师不参与，将会发生什么？
- 进行类比，引申前面的类比，出行时遵守红灯和限速规定，对人身安全确确实实有帮助。
- 加大对数据架构师工作的支持。毕竟这些工作帮助项目找到可行的数据方案，并有助于避免发生可能延误项目的错误。
- 使用 CDO 的权威。如果你说数据架构师至关重要，那一定就是这样。
- 帮助数据架构师自我提升，有时外部培训会创造奇迹。

数据分析

组织如何部署才能更好地利用数据，这方面的内容足够专门写一本书。最好的方式在很大程度上取决于具体情况，如组织的历史、组织的架构和可用人才数量。

然而，考虑一些问题会有助于塑造数据组织。首先从这个问题开始，即组织中仅建立单一分析团队真的是最佳选择吗？

跨孤岛的数据分析

如何以一个团队的形式开展数据分析？

如果把数据分析交给 IT，最终的结果以比喻的手法来形容，就好比是会得到一辆没有司机的一流赛车。所有的技术都用上了，但很少有人能把它应用到实际问题中。

然而，如果将数据分析交给业务，可能会看到在各个职能部门中形成各种信息孤岛，尤其是在大型组织中。我从未见过跨职能的数据分析方法在组织中能自发地形成。

相反，一个个数据分析孤岛被独立地开发出来，熟悉其业务领域的专家也会出现。这些业务领域需要专家提出正确的问题。

另外，技术解决方案很可能被认为是次要的，因为大多职能分析部门缺乏 IT 应有的能力。

因此，许多业务问题会被多个部门同时处理，因为这些分析孤岛可能不会相互对话。你经常会在大型组织中看到这种情况，这些组织大到需要将中央管理团队按职能或区域分组。

联邦制通常被认为非常必要。众所周知，定期将很多管理人员聚集在同一张桌子旁是没有意义的，因为很快就会看到一小部分人讨论特定于某个业务职能部门或国家/地区组织的话题，而其他人则会感到无聊。然而，数据分析中的联邦制会带来风险。问题有很多，从重复工作到数据解释不一致。

可通过在早期阶段将集中数据分析团队设计为数据办公室的一部分来避免这些问题，从而在所有业务领域建立一个共同的基础。可以想象，这样的设计需要授权，因为它会要求职能孤岛放弃部分自主权。

这就是为什么值得说服组织建立一个管理委员会，描述当前的组织架构、协作模式及其后果，包括其财务影响，然后提出一个治理架构以解决这种情况，使组织"经得起未来考验"。

相关建议主要包含以下几个方面：

- IT 作为具有技术垄断的角色，有义务将业务部门的分析团队视为其用户。
- 跨孤岛建立通用数据标准的必要性，包括其在数据办公室内的职责。
- 统一协调数据知识管理的必要性，包括培训、经验分享、跨孤岛联合专家组和项目。
- 数据分析中组织层面、业务驱动的优先级。
- 将各层级的所有孤岛汇集在一起的协作团队。

数据科学

在大型组织中，会发现两种完全不同的数据科学团队设置。一种是集中式，由一些高度专业化的数据科学家组成，通常集中在总部的一栋楼或一层楼，并向 IT 汇报；另一种是联邦式，数据科学家分布在各个业务部门中。

显然，这两种方式各有利弊。

- **集中式**方法便于数据科学家之间密切协作，并就最新工具或算法进行交流。但他们就像生活在象牙塔里，脱离了自己本应支持的业务。
- **联邦式**方法让数据科学家接触到真实的业务场景，包括让业务人员夜不能寐的问题。但他们彼此分开，导致提出问题、交流想法或分享解决方案的机会有限。

因此，建议采用一种**混合方法**：联邦式的数据科学家向"他们的"业务部门汇报，又置身于一个紧密的数据科学网络中。

虽然大多数日常工作都是在各自的业务职能部门中进行的，但这种模式需要留出专门的时间，以便数据科学家能够在一起进行面对面交流，形式可以从非正式的聊天到跨职能的编程马拉松。

数据科学网络需要足够强大，以加强数据科学宝藏（如数据源、算法和跨职能的逻辑）的可见性和透明度，避免单一数据科学家造成的黑匣子。毕竟，不同的数据科学团队可能由于职能经理们的偏见，并受任务的驱使，而只考虑业务部门的利益。

为了支持联邦网络的集中化，可以考虑引入一个矩阵式组织。整个组织的所有数据科学家都分头汇报给数据科学团队的负责人，这位负责人由 CDO 领导。

此外，除了"本地"团队外，还建议成立一个小而强的集中数据科学团队。这一举措有助于形成核心专业知识，从而建立"卓越中心"。此外，它使数据办公室可以直接管理数据科学，而无须要求业务职能部门给予"帮助"。这样的团队可以不受限于本地团队任务的优先级，去完成跨职能的数据科学任务。

数据报表管理

经理们喜欢看报表，特别是彩色图表和大字体的报表（这是理所当然的）。但到底需要到什么程度呢？如何评价报表的商业价值？

如果对报表进行集中管理，这个领域将变得更加高效。

在这里，"受管理"并不意味着完全集中执行。报表和数据标准的中央存储库有助于避免重复、不正确或不一致的逻辑。与其他核心数据管理职能（如数据建模或主数据管理）的密切协作有助于提高报表的质量。

集中式报表管理的另一个目标是降低成本。如果 IT 根据业务用户的需求提供报表，或者各部门的报表团队创建报表，那么这些报表感觉像是"免费"的，而事实并非如此。

集中式报表团队重点关注什么？请见以下建议。

（i）报表的成本管理

报表的典型成本组成包括创建成本、维护成本和复杂度成本（随报告总数呈指数级增长）。

即使不可能交叉收费，这些广泛可见的成本也将激励报表使用者停用或共享报表。

（ii）报表的运营

并非所有业务职能部门都希望建立自己的报表团队。有些公司规模太小，或者过于专注于核心业务目标，因此无法做到这一点。

这为"自愿"集中报表提供了机会。让各部门选择是自己做还是请集中式团队。只要有两个部门开始要求集中管理报表，带领效应就开始发挥作用了。

发展到中期，集中式报表团队将能够提供标准化报表，对于报表请求者来说，标准化报表应该比定制报表便宜，而定制通常由职能或区域报表团队实现。

（iii）发展和管理自助服务

组织受益于一个允许自助服务报表的环境，这类报表为业务分析师提供了他们所需要的灵活性。但是，还需要积极管理自助报表，以避免不同业务部门创建的报表之间不一致。

确保所有相关管理者都可以访问，包括他们的移动设备。请与 IT 合作，让它成为现实。这是一件可被感知的事情，管理者可能会因为这一举动而看重你。

（iv）促进合作和思想交流

在去中心化的数据分析报表中，轮子被多次改造，无论是报表背后的逻辑、数据的特定视图，还是某些可视化工具的使用。在这样的组织中分享想法和经验没有作用，而集中式团队可以促进在组织内形成一个"报表社区"。数据使用者社区是否起到这个作用，或者是否能形成一个专门的报表社区，通常取决于组织规模。如果有太多的小社区，他们将很难达到活跃社区所需的临界状态。

最后提醒大家，中央集权的职能往往会变得官僚。伴随着可用性降低和响应时间变慢，这比其他任何事情都更影响用户的接受度。

因此，监控此类趋势是 CDO 的一项关键任务，无论是通过与集中式报表团队的定期复盘，还是通过定期的用户调查。

文档管理

集中式方法可以增加价值

大多数组织（不仅仅是大型组织）的文档管理都面临着两难境地。

一个部门从纸质化转变为数字化的过程，通常都是通过引入各种功能软件来实现的，文档管理或多或少是其中的一个功能组件。通过软件包，文档管理都能被很好地集成到所支持的业务流程中，但功能和流程同其他业务功能和流程通常是完全分离的。

当文档的关联性超出单个部门时，这种方法成了挑战。这通常是端到端流程跨越职能边界的例子。设想一种情况，用户服务需要访问用户合同，需要将该合同与具体案例（例如，用户索赔）联系起来。

这个例子说明没有简单的解决方案，可以单独集成每个部门的流程和文档，也可以创建一个整个组织范围内的文档管理系统，而不需要与功能软件完全集成的，如果该部门选择 SaaS 设置则更是如此，即其软件由组织外的第三方运行。

这一挑战肯定不能由几个业务部门独立解决。它需要集中式组织（即数据办公室）和作为技术解决方案提供方的 IT 部门共同努力，并与所有业务职能部门密切协作。

数字化文档还存在其他结构性挑战，集中化方法可以最有效地解决这些问题，例如以下几项。

- 阻力：人们喜欢手中有纸的感觉。
- 跨不同业务领域链接文档和数据：所有相关职能部门都可以使用文档，无须对纸张进行多次成像和存储。
- OCR 和自动标记：大多数文档包含所有相关信息，包括结构化信息（如账号）和非结构化信息（如用户投诉信中的关键字）。正确的 OCR 过程有助于自动标记文档。系统的条形码或二维码（例如，将自己的表格发给用户）降低了自动分类的错误率。
- 技术协同效应：一次归档比多实例管理成本更低，即使文档数量相当多。

数据管理中的文档？

让我们将"文档管理"定义为以独立页面形式维护信息的学科，这些页面可以由人工打印和阅读。

文档管理是数据办公室的职责吗？是的，主要有两个原因。

（i）文档是数据

文档不是孤立存在的，它们包含要解释的信息。这甚至适用于不包含字符和数字的抽象艺术图画。

有时，甚至无法在典型文档和结构化数据之间划清界限。例如，文档被存储为一条数据记录外加对模板的引用（例如，以 XML 文件的形式），或者那些从未打印过但直接发送到文档存储库的文档，通常是 PDF 文件或图像。

（ii）文档不是孤立存在的

没有元数据，文档就没有意义。您需要元数据，如标识符、属性或标记，以查找文档、组织文档、归档或删除文档（比如 GDPR），或者将文档关联到其他数据。

如何塑造文档管理团队？

文档的特征多种多样，就像任何其他类型的数据一样。例如，数字收据数量巨大但结构简单。再如，复杂的维护合同数量不多、包含文本和图表、有多个签名、有多个版本。

文档管理有两项主要任务：设计文档管理解决方案和日常管理文档。

(i) 设计文档管理解决方案

文档管理团队要了解不同的需求，能够分析软件解决方案，包括专业文档管理系统和业务解决方案中的文档处理组件。

最后，他们要决定采用一个或多个专业文档管理解决方案，还是采用不同业务系统中集成的文档组件。

所有这些都需要对业务的深刻理解以及良好的应用软件知识。文档管理员需要回答以下问题：

- 是"一刀切"有效，还是针对不同类型的文档采用不同的解决方案有效？是否有任何协同效应（联合数据键；或使用单一工作流的好处）可以证明单一解决方案的合理性？
- 业务应用程序是否可以与中央文档存储库对接，或者中央文档中心是否应该指向各个功能解决方案中的文档？
- 对于分布式文档存储库，如何集中管理元数据？
- 对于分布式文档存储库，如何避免文档重复？如果两个不同的部门（如财务和海关）需要访问同一个物理文档，如何确保该文档只存储一次，但两个部门都可以访问和引用该文档？

(ii) 日常管理文档

很多处理文档的任务都可以自动化。然而，还存在一些限制。虽然现代软件可以帮助提取元数据，但最后还需要人工审核。这是因为提取逻辑不成熟，而且有时文档中包含的元数据质量也很差。

想想文档中的"作者"元数据字段。这个字段代表真实作者的概率有多高？在大多数情况下，它代表多年前创建文档的人，而多年前的文档与现在这份可能已经完全不同了，它们多次被复制和修改。有时候，这个字段甚至只是模板的"作者"，即公司负责模板设计的人员。

可以想象，在这种情况下，从现有元数据自动提取字段是没有意义的。负责文档管理的人员应监控这些情况，还需要为数据质量设置正确的指标和目标。

此外，当涉及文档容量预测和性能要求时，文档管理职能需要与 IT 协作。仅就图像文档的大小而言，文档存储库通常是整个组织中存储最密集的数据库。

■ **注：** 在较小的组织中，整个"文档管理团队"可能仅由一个人组成。文档管理员甚至可能是由一个人担任的几个角色之一。但是，文档管理的职责与组织的规模无关。

数据质量

数据质量有两方面的组织含义。一方面是指建立一个负责整个组织数据质量的集中式团队，另一方面是担负整个组织的数据质量职责。

集中式数据质量团队

集中式数据质量团队需要非常好地理解业务，因为数据质量始终与业务交付直接相关。

你不会希望一群只谈理论的人在这里工作，要么100%完成，要么什么也不做。在大多数情况下，质量的目标需要考虑成本和收益，因此低于100%的目标通常是更好的选择。

幸运的是，无须将昂贵而稀缺的数据科学家转移到你的数据质量团队。具有强大业务背景的数据分析师绝对是数据质量角色的合适人选。

下面列举一些帮助数据质量团队开展工作的技巧：

- 扎实的六西格玛知识（本章稍后讨论）将帮助数据质量团队定位问题的根本原因，并通过"治本"避免只做表面功夫。
- 对业务的充分理解将使团队能够确定并赞同适当的数据质量目标。
- 项目管理技能（瀑布式和敏捷式）有助于执行数据质量改进计划，并从数据角度支持业务计划。
- 有控制意识的人将有助于监控、报告和跟进数据质量问题。

集中式数据质量团队带来的重要风险是其被视为"数据警察"。然而，你可能希望该团队被称为业务的支持者。

因此，数据质量团队的工作重点不应该是确保人们正确对待数据，而是促进数据成为一种宝贵的资源。

理想情况下，遵守所有数据标准的压力应该来源于数据使用者本身，而不是直接来源于总部职能部门，如数据质量主管。

实现这一点的关键是，除了创建一个精通数据的组织之外，还要保证工作的透明度。

第一步是与所有业务职能部门协作设定数据质量目标。在这样的对话中，你的数据质量团队将扮演主持人的角色，因为数据用户将要求数据创建者确保数据质量良好。

第二步，如果广泛地宣传取得的成果，那么团队会尝试改进其数据处理方式，以使自己看起来没那么糟糕。

跨组织的数据质量

每个人都要对数据质量负责，但你很难接触到组织中的每个人，更不用说影响每个人的日常工作了。

这就是数据管理专员发挥作用的地方。除了日常工作之外，他们还应把自己看作数据大使，并将提高数据质量作为一种思维方式。

开展主数据管理

主数据的管理可分为维护设计和协调。

主数据维护

维护数据是数据管理专员的一项职责，其主要技能是充分了解数据的业务背景。

除非组织太小，在业务部门没有胜任的数据管理专员，否则永远不要将这个角色集中安排。

主数据设计

原则上，业务职能部门知道自己需要什么，但不一定能将这些需求转化为主数据概念。业务职能部门可能主要关注其功能需求。

这就是为什么需要一个集中化的团队来为主数据设计一个组织层面、跨职能的目标以及实现它的路径。

整个设计工作包括选择最好的模式，应与数据架构团队密切协作来完成。从头开始重新设计主数据环境的机会少之又少。在大多数情况下，不得不面对历史遗留环境、断开连接的数据存储库，以及在不同系统维护相同数据的技术需求等。

在这些情况下，为主数据找到平稳运行的环境是一个巨大的挑战，也是集中式主数据管理团队面临的最大挑战。但是绝对不能等到完美的环境出现才行动。即使在敏捷组织中，这也可能需要数年的时间，因为在大多数组织中都存在大量的技术依赖关系。

务实的建议是成立一个团队，在当前环境下集中75%的精力运行和优化主数据，剩余25%的精力用于根据业务需求、技术机会和当前操作的结果设计目标环境。

主数据协调

协调是集中式主数据团队的关键职责。出于效率和一致性考虑，要避免由于以下原因导致的不协调情况出现：

- 主数据的每个领域通常由一个职能部门负责，但很多职能部门常常需要所有数据。
- 每个主数据域的维护责任只应由一个职能部门承担，但许多组织并未达到这个管理水平。
- 主数据质量的标准化测量和最低质量水平必须由主数据的所有业务利益相关者共同确定。
- 每个组织都需要一个单一联络点，以便保证主数据的可用性，无论是机器操作还是过程自动化（RPA）。

- 应由中立方负责对各业务职能需求的调整、平衡和优先级确定，以免产生偏见。这同样适用于决策制订。

数据项目办公室

又是一个职能部门么？

与其他数据相关的管理活动一样，数据驱动型组织开展数据活动不应该在职能、组织或地域的孤岛中进行。相反，希望看到在组织范围内的协调、统筹及协作。

在一个管理良好的组织中，要有一个明确的组织承诺，只有一个由组织的所有部门共享的单一数据供应链。任何人都不应该单方面改变这个局面，不允许任何一方构建并行的数据供应链。

几乎找不到一个仅对单个业务职能有影响的数据项目。数据是天然跨职能的，大多数数据项目也都具有跨职能性，甚至不同的数据项目通常还有很强的相互依赖性。

因此，组织对其单一数据供应链的所有变动都需要有管理，以保证一致性，包括统一的企业数据模型。

这种变动是通过项目发生的，因此有理由将数据项目办公室作为数据办公室的一部分。

数据项目办公室的职责

当然，典型的项目管理办公室活动也适用于数据项目办公室。

作为一项基本原则，数据项目办公室负责管理工作，否则这些工作将给各个项目带来负担。规划、协调和沟通是额外的、众所周知的任务。

数据项目办公室还将承担以下工作：

- 确保每个人都遵守数据标准和原则，并检查合规性。
- 不仅监控活动的执行，还要监控预期功能和成果的后续交付。考虑到量化数据相关收益的困难度，在数据项目中这项任务往往被忽略。
- 平衡敏捷性和可持续性，支持从传统项目文化向现代项目文化的过渡。

重点领域

与其他团队相比，数据项目办公室必须重点关注以下两个方面。

（i）敏捷性

在现代项目管理文化中，几乎没有人奢望所有的需求都能在项目开始前收集完整。越来越多的项目允许边开发边确定业务需求及其优先级，并能够即时实施和部署。

尽管敏捷性是现代项目管理的重要组成部分，但在处理数据时需要特别注意：敏捷中重点关注速度会危及互操作性并导致歧义，敏捷数据处理需要制订规范来管理和记录技术变更。

第 20 章介绍了一些关于 DataOps 的想法，都是良好管理敏捷的有效方法。

（ii）协作性

从数据的角度来看，任何工作流都不应该孤立地工作。任何瀑布式项目的不同阶段或敏捷项目的不同迭代之间都存在相互依赖关系。仔细检查，大多数看似孤立的项目都存在数据的相互依赖性。

组织内的数据项目办公室

数据项目办公室负责纯数据项目以及其他项目的数据子项，特别是在没有其他项目管理团队的组织中。

对于已有跨职能项目办公室的组织，数据项目办公室仍然有其存在的合理性。并且，它能发挥更大的支持作用，将承担一般项目办公室无法处理的数据相关项目的管理活动。

在一般项目办公室和数据项目办公室共存的情况下，职责划分的明确定义至关重要。这些工作应该在组织的设立阶段完成，并包括密切合作的承诺。

设立数据项目办公室

第 9 章"数据解决方案和项目"一节中描述的所有职责都将在该团队中找到归宿。

熟悉数据知识只是胜任此类职责的合适人选的次要优势。他们的主要优势是具备突出的项目管理技能（包括瀑布式和敏捷式），以便能够推进项目，并从数据角度支持业务或 IT 项目。

您可能希望在每个项目或 Scrum 团队中都有一位值得信赖的数据代表。他不一定是全职，但可以了解所有细节。他们必须能够遵守这些团队的规则，同时以非对抗的方式强制执行数据需求。

在成立之初，数据项目办公室应让大家接受自己作为支持者的角色。随着人们逐渐认识到这一新主体的价值，再逐步加强合规性的执行。

数据服务职能

最好为组织提供一个数据工作的单一联络方式。你正在为组织服务，为什么不像专业用户服务团队那样，通过前后台进行响应？

通常，不同的角色并不一定意味着不同的人。根据组织的规模，整个数据服务职能团队可能仅由一个人组成。当然，考虑到假期和疾病因素，希望有些备用人员待命。

设立数据服务团队的主要目的是联系人接待咨询，并提供文档供人们查阅。但是还需要后台职能，寻找专家，反馈请求者，并最终连接这两方。

前台职能主要是作为第一个接触点，同时还负责管理所有服务水平协议（SLA）。工作流工具有助于跟踪并避免遗忘请求。在大型组织中，记录工作日志并避免不太相关的请求占用关键资源是非常有意义的。

业务服务台

在组织中有数据相关问题（或提案、投诉等）时，员工们是否都知道该找谁？他们需要知道吗？理想情况下，所有数据相关职责都应有一个单一的联系人。数据办公室应该比请求者更适合对案例进行分类。

这就是为什么为数据主题建立业务服务台是有意义的，类似于 IT 组织几十年来一直使用的服务台。甚至可以考虑与 IT 部门建立一个联合服务台，以方便服务请求者。

谁会在这样的服务台工作？

没有哪个服务热线可以回答所有数据相关的问题，至少在第一次通话时是这样。这就是为什么需要全面的人才，能充分理解与各种内容相关的问题，并确定合适的专家。

如何在组织中定位数据服务台？

即使你说服务台面向"所有数据"，有些人也不会理解它意味着什么，可能需要帮其了解此服务台的工作范围。一个好办法是让业务人员参与服务台的开发（包括流程设计），以及在理想情况下支持工作流解决方案。

在这种情况下，积极沟通、提供培训和案例分析是非常有帮助的。任何数据问题都不应该因为有人不敢问而不做好准备！

为了使数据办公室获得信任，数据服务台应该收集常见的咨询主题，即使它们不在正式的"职责范围"内。实际上，不能因为别人不知道什么属于"数据"而责怪他们。这是一个模糊的领域，不同组织中"数据"包含的职能会有所不同。典型的例子是"数据欺诈"和"数据安全"。

通常在组织中没有人负责新的职责。你可以利用这个机会明确职责，最好是通过数据治理团队，即数据管理委员会或数据执行委员会。

数据组织联系人

数据处理包含许多与数据无关的方面，从文档处理到数据办公室内部网站，包括提供充分的在线信息。

数据办公室日常工作的一个重要方面是跟进数据特许权和数据质量问题。谁对哪项行动负责，该行动何时到期？将所有这些活动集中交给一个专门的团队负责可以提高效率。该团队不需要由数据专家组成。

与数据办公室的其他领域一样，最佳规模取决于组织的规模。一个较大的组织将受益于一个专门负责数据相关活动的项目办公室，包括项目管理资源。在较小的组织中，CDO 的助理可以是该组织的数据工作联系人。介于两者之间的形式也是可以的。

吸引并留住专家

数据专家很难吸引，来了也很难留住。数据科学家同样如此。

造成这种情况的原因有很多。当然，数据科学家很稀缺。我是指真正的数据科学家，而不是只换个叫法的数据分析师或优秀的电子表格高手。数据科学家是具有数学背景、编程技能、创造力、好奇心和自律性的人。

但是，这些为数不多的专家是如何想的呢？让我们来看看影响专家加入或去留的十个方面。这里关注的是数据科学家，因为他们是最具挑战性的员工群体。不过，大多数方面也适用于其他数据专家。

多样性促成有益的成果

在过去的 20 年里，我与来自 30 多个国家的人一起工作，他们来自四大洲。平均而言，我的直接下属中有 50%是女性。有什么好处吗？当然！无论讨论主题是什么，我总能得到不止一种观点。不同背景的人看待事物的方式不同，他们往往会给出令人惊讶的解决方案。在一个多样化小组内进行的讨论通常更有成效。

我是如何做到的？是否设定了男女人数相等的目标？是否尝试在团队中实现不同民族或族裔群体的均衡性？我想这是在为团队挑选员工时我的要求很高。我希望他们拥有优秀的知识储备和智力水平、正确的态度，以及必要的软技能。然而，性别、出身和肤色从来都不是我的选人标准。

那么，为什么我的方法总是会让团队非常多样化？

这是因为现实世界就具有多样性，没有哪个性别或国籍特别优越。除了前面提到的"硬"标准外，我总是寻找与团队特征互补的人。这种方法导致了性别、出身、年龄的广泛多样性，以及其他经常被区别看待的属性多样性。

相反，如果设定了严格的平等目标，往往会被迫选择次优候选人。这既对组织不利，也对最佳候选人不公平。坦白讲，仅仅因为一个人是 50 多岁的白人男性而拒绝他也是一种歧视。这就是为什么我不认为通过实践"反向不平等"来对抗不平等是明智的，即使意图值得称赞。

经验总结：如果明确地允许多样性，而不是强制执行多样性，多样性的力量就会展现出来！这有助于实现多样性和打造出最佳团队。

每个人都想加入谷歌

你的组织足够吸引人吗？我是说，真正有吸引力吗？老实说，不管组织内部的员工动机和文化有多好，大多数组织对外界都没有吸引力。

与所有其他求职者一样，数据科学家会对潜在雇主进行评级。当然，数据科学家的首要任务是数据科学。但与工作条件和工作内容同样重要的又是什么？它是"会让我的简历看起来更好"吗？

对一个组织永远忠诚不是数据科学家首要考虑的。他们中的许多人已经想到了自己"可能的下一个雇主"。

想象一位数据科学家自豪地说"我在为一家中型公司做数据科学研究，这家公司生产沥青铣刨机用的注射泵！"另一位说"我是亚马逊机器学习团队的一员！"比较一下这两种情况。

当既不是谷歌也不是亚马逊时，为了吸引优秀的数据科学家，应该突出这个角色本身的机会，而不是组织有多成功。毕竟，从不同的角度看，成功的含义也不同。

来自周围的诱惑

是"这山望着那山高"吗？

也许不是，但是人们怎么知道什么东西不能去比较呢？留住人才的关键是满足感。快乐的员工较少将他们目前的职位与理性的选择相比较。结论就是：快乐的数据科学家将留下来。

不仅如此！

你可能会在战略会议上说"'伟大'是'好'的敌人"。同样的道理，对数据科学家来说，**"伟大的工作"是"好工作"的敌人**。因此，需要一个可持续观察和执行的留人策略。"今天全世界最好的工作"可能会在明天成为"第二好的工作"。

首先，目标是让数据科学家开心。其次，还要解释为什么他们会感到满意，以及为当前组织工作有什么特别之处。

这些原因可能与组织相关，也可能与所在的行业相关。看一个正面例子，拜耳制药公司的领袖级数据科学家安吉利·莫勒（Angeli Möller）曾说："推动医疗卫生领域的数据科学是如此有价值，因为它对患者有显著的好处"（2019）。

通常建议将数据科学家拉出舒适区，向他们展示组织的运营情况，让他们倾听用户声音，向他们解释正在处理的数据含义是什么。

请不要开会

"团队会议就是整个团队的会议，每个人都必须参加！"你可能听到过这种说法，也许还曾亲口说过。对许多数据科学家来说，会议完全是浪费时间。浪费情况甚至比其他员工群体更糟糕。如果让他们有选择性地参加大型或小型会议，这通常会有所帮助。

在这种情况下，可引入其他方式来联系数据科学家。可能包括在工作场所口头交流进展。是的，这意味着更多的工作，但数据科学家通常会认可这样的沟通方式。

在为数据科学家准备相关信息时，要简明扼要，为管理委员会汇报进展的方法值得借鉴。

基础设施在哪里？

一名优秀的一级方程式赛车手不愿意加入一个没有好赛车的车队。同样，一名优秀的数据科学家会期望所有的基础设施都随时可用。希望从零开始构建数据科学基础设施还是希望直接从事数据科学，我认为第二种数据科学家会更多。

如果真的没有任何东西可以作为数据科学团队的基础，就要试着找到那些愿意成为先驱的人。这样的数据科学家可能成本要高一些（必须有人员管理、技术和数据科学方面的经验），但可以期待他们成为未来的团队领导者。

他们也可能比一般的数据科学家更加忠诚。也许不是对组织，而是对自己一手建立起来的数据科学生态系统。

游乐场与战略

一个漂亮、设备齐全的操场足以吸引小孩子。这种方法对数据科学家也有效吗？对大多数数据科学家来说，情况并非如此。

数据科学家通常希望朝着一个目标努力。如果你愿意，目标可以更伟大。接受培训和学习新事物对他们来说当然很重要。但其中的大多数人开展工作都必须有充分的理由。这就是为什么应该与数据科学家分享组织的业务目标和数据目标。

但不是通过开会……

脱离业务

坐在数据科学的角落里，操作能掌握的数据源，等待业务人员来提出请求？一些数据科学家可能确实喜欢这样的安排，然而，他们大多数希望成为更大格局中的一部分。

此外，数据科学家通常在跨学科团队中产出最大。毕竟，他们能够面对业务同事的真正挑战。因此建议大多数数据科学家应该与其业务伙伴坐在一起，甚至可以成为业务团队的成员。

同时，还要让组织中的所有数据科学家都感觉到自己是数据科学社区的一部分，这是至关重要的。

简单的小任务

在被邀请进入规模大、投资高的项目之前，新成立的数据科学团队需要获得业务人员的认可。这意味着从小事开始。在实际工作中可以通过帮一些小忙来实现，例如："请帮我找到 X""请问 A 和 B 相关吗？""你能从这个列表中删除异常值吗？"。

一位刚刚毕业的数据科学家研究的是"多维梯度收敛准则"，他一定会感到被冒犯。为什么学习了如此厉害的东西，却只是为了回到大学前的水平？请尽量保持团队的积极性，回归初心：**我们的主要目标是让用户满意。**

即使是数据科学也会枯燥

想象一下，一位数据科学家最终在组织中找到了理想的定位，通过与业务团队的全面合作而为更大的愿景服务。完美吗？

不一定。

数据科学家可能会发现自己处于"用户"的位置。他们已经学习了所有的算法和逻辑，现在只需要一行代码来初始化 TensorFlow 中的模型，另一行代码来训练它，并使用其他人收集的数据。试想常见的电子游戏开发者，他们常常不喜欢玩自己开发的游戏。优秀的数据科学家通常也有同样的感受。

这是编程马拉松能发挥作用的地方，可以与其他组织（当然不是竞争对手）的数据科学家团队开展数据科学竞赛。在这样的竞争环境下，在网上搜索有用的数据并试图正确理解这些数据可能会很有趣。

认可？

数据科学家获得认可是因为能做其他人做不了的不可思议的事情吗？我是指他们如何被真正地认可，不是说人们在学习过物理或数学后产生的那种带有一点厌恶和焦虑的敬畏！

讲故事！用业务语言向业务伙伴讲述成功故事。告诉人们仅靠计算机和算法是无法做到这些的。

数据科学家与数据库管理员

所有处理数据的工作都是数据科学家的职责吗？还是业务团队不能做的工作都是数据科学家的职责？

如果一位数据科学家在数据的各个方面都表现出了优秀的能力，那么他将很快成为谈论所有数据问题的第一人。不幸的是，数据处理工作中包括一些对数据科学家来说太过简单的工作，或者一些通常需要完全不同资质的工作。

很多数据处理工作会被纳入 IT 的职责。这就是为什么数据处理工作应该成为数据办公室和 IT 之间在成立之初就需要明确职责边界的重点领域。而且，无论最终结果是什么，都应该记录下来，并在这两个团队之外进行宣传。如果需要数据科学领域以外的支持，数据科学家知道向谁求助也会有所帮助。

满足世间渴望

在一个组织里，如果一位数据科学家因其出色的成果而成名，会发生什么呢？期望值会上升。特别是对于业务人员，第一次看到神经网络可以从看似混沌的数据中"学习"知识，往往会让他们印象非常深刻。如何应对不切实际的期望？作为内部沟通的一部分管理好这些期望。全体员工都需要理解以下内容。

- 数据科学家应该做什么，以及不应该被期望做什么。
- 数据科学可以实现什么，不可能实现什么。大家都知道，没有人能确定下周的彩票号码。不过，有些请求很接近这种情况。

你可能不想完全揭开数据科学的神秘面纱。你的专家应该得到应有的尊重。业务部门同事不能将数据科学家视为有史以来第一位成功的炼金术士。

六西格玛

有人可能会说六西格玛已经过时，或者说它已经被敏捷所取代。

不要相信他们。迄今为止，没有一种方法优于六西格玛。敏捷是另一种不同的玩法。敏捷和六西格玛可以很好地协同工作。让我们看看六西格玛如何帮助改进数据处理。

六西格玛与数据

人们倾向于治愈症状，而不是解决根本问题。这源于人们期望快速解决问题的错误动机。另一个原因是人们自认为他们知道原因。乍一看，确实是这样。但是，自以为是的原因只是表象，真实原因是由更深层次的问题引起的。

许多了解这种情况的组织都将六西格玛作为贯穿所有业务职能的核心原则和方法。这需要一套工具和一种不同的思维方式。但是六西格玛与数据有什么关系？这种主要联系体现在两个方面：

- 首先，如果没有适当的数据，就很难开展根本原因分析。
- 其次，六西格玛方法非常适合处理与数据相关的问题。

有趣的是，大多数数据相关问题的根本原因都是由数据之外的因素引起的。数据问题的常见根本原因是缺乏流程知识、激励不足等，从而导致了错误行为。

在数据办公室内采用六西格玛方法

如果数据办公室有一个数据质量团队，那么这就是在数据问题上尝试六西格玛方法的地方。如果没有这样的团队，这是建立质量团队的绝佳理由。

数据质量团队将始终充当数据质量的看护者，而不是所有者。**业务单位领导必须对质量负责**。数据问题的业务所有人不应将分析和必要的修复工作"外包"给数据办公室。

这再次说明了为什么数据办公室可以未经所有受影响职能部门的同意就有权做以下工作：

- 实施六西格玛计划。
- 请求对确定的根本原因采取行动。
- 组建跨职能团队。
- 为项目开展进行度量和咨询。

为什么？假设这样一种情况：团队 A 引入了一个新流程，减少了团队 A 的工作量。同时，这个流程给团队 B 带来了一个问题，因为团队 B 需要依赖团队 A 的输出。对团队 B 的影响可能比团队 A 的节省更为显著。

换句话说，从利益相关者的角度来看，新流程是个坏主意。如果从 B 组开始进行根本原因分析，很快会发现 A 组的情况。A 组显然无权说"不要插手，这不关你们的事！"

这个例子清楚地表明，为避免这种不健康的偏见，这样一个六西格玛团队绝对不能放在任何业务职能部门内。数据办公室如果正确设置，那将是一个实施六西格玛的完美所在，因为其成员是向独立于职能部门的首席数据官汇报的。

只要拥有所需的权限、必要的数据质量团队以及合适的六西格玛专家，就可以为数据相关问题定义六西格玛流程。

典型的 DMAIC 数据处理

在六西格玛中，DMAIC 代表经典的流程改进五阶段：定义（Define）、测量（Measure）、分析（Analyze）、改进（Improve）、控制（Control）。

通过下面的内容可以很容易地利用这些阶段形成数据驱动的六西格玛流程。同时，从这些步骤中能看到强有力的数据授权和稳定的数据治理结构是多么重要。

定义（Define）

该过程从记录问题开始[2]。需要准备不同的流程来应对以下问题来源：

（i）通过数据网络报告的问题

单个国家出现的问题可能被认为太小或成本太高而没有解决。如果看到它们发生在世界多地，就可能会是一个采取行动的好业务案例。

（ii）通过数据质量指标反映的问题

越是量化数据质量，就越能看到薄弱环节。正确的根本原因分析将有助于避免草率的行动。

---

[2] 这里需要定义谁有权报告问题、问题报告给谁。重要的是确保没有人能够阻止报告严重的问题。

（iii）系统性流程评估发现的问题

在与全球流程所有者及其团队进行彻底讨论的基础上，系统地审查相关流程始终是个好主意。

（iv）以前已知的问题

有时，这些问题早已为人所知。它们可能在过去曾被收集或报告，但没有采取行动。现在有人进行再次评估，并让更多人了解。如果案例不错，就会被足够重视。

（v）最高管理层的要求

有时请求直接来自高层，例如，来自关键用户的高管投诉或高管对数据不可用的失望。

问题被记录后，将被分配给数据办公室中的数据质量改进分析师（DQIA），理想情况下他是数据质量团队的成员。

数据质量改进分析师将预先评估该案例：这确实是一个问题吗？它需要分析吗？这是以前曾报告过的问题的一部分吗？这是改善用户体验或业务绩效的机会吗？

测量（**Measure**）

使用适当的指标（数据质量指标/DQI）衡量现状。问题的量化是该阶段工作的一部分，也是以后衡量进展的先决条件。

数据质量改进分析师对影响进行了量化，并建立了第一个业务案例：问题的影响是否大到要开展系统性分析？如果问题的影响证明应该继续这项提议，数据质量改进分析师将采取下一步行动。

分析（**Analyze**）

数据质量改进分析师与所有相关职能部门的人员合作，开展根本原因分析。交付物是项目建议，包括可能的工作步骤及其运行负责人。

如有必要，请数据决策主体对项目前期工作进行审批，旨在建立业务案例，确定 IT 成本、项目工期和资源需求。最终将请数据决策主体对案例进行优先级排序，并给出通过/不通过的决策。

改进（**Improve**）

在获得批准和资金支持后，改进项目就开始执行了。项目类型可以是多种多样的。

（i）根据术语表进行验证

这类项目可以帮助解决误解。它通常首先盘点现有文档和 IT 应用程序，然后开展一个协调或标准化项目。

（ii）数据质量评估项目

这类项目首先将报告的业务问题转化为数据问题。需要与 IT 部门密切合作，以确保使用完善的数据管理解决方案来确定和量化问题。

此类项目的输出可以是评估的常态化（例如，通过数据质量图表）或是另一个项目的提案，以解决确定的问题。

（iii）数据质量改进项目

这类项目通常来自数据质量评估项目，理想情况下，评估项目为改进项目明确成本、资源、持续时间和成功标准。

（iv）激发参与和知识传播

评估结果通常显示员工缺乏数据相关知识或意识。通过这类项目来解决这一问题，旨在开展培训、促进信息交流、提高员工参与度。这是一个很好的例子，**说明数据管理不是一门纯粹的技术学科**。

请注意，这些项目不一定需要由数据办公室的成员负责。每个项目都应该由最合适的业务职能部门负责，该职能部门要么是受影响最大的职能部门，要么是负责项目方案的职能部门。

不同的职能部门可以负责各自子项，但其中一个职能部门必须处于领导地位，并派出项目经理。数据办公室内的对口联系人负责跟进状态和进度。

控制（**Control**）

完成改进项目后，需要对结果进行测量。此阶段将由初始问题的数据质量所有者负责。负责人应向批准该项目的机构报告这些结果。该机构在早期阶段决定项目关闭、项目停止或重新启动（例如，改进分析方案或提出不同的项目建议）。

在适当的情况下，项目实施方案的变更应告知更广泛的受众。政策和程序可能需要更新，培训方案可能需要修改。

第二部分
数据管理心理学

第 12 章
CDO 的典型挑战

数据在组织中的地位如何?
"史密斯,你也许有大量数据,但我仍坚持自己的观点,
而且是我在付你工资。"

图 12-1. 数据在组织中的地位如何?

为什么担任首席数据官如此困难？

业务案例很棒，故事也很吸引人。相比传统方法，数据解决方案的优越性得到了证明。资金到位，项目启动。

准备工作持续进行。IT 人员抱怨缺乏测试能力。初步结果已产生，但无法得到验证。数据专家要么忙着寻求支持，要么无所事事。出资方保持沉默。项目期限已到，资金也用尽。项目就这样默默停止，已经实现的功能也无法发挥作用。

这样的场景是否历历在目？欢迎一起探讨！

CDO 的工作如此具有挑战性，并不是因为缺少技术、好想法或好策略。但挑战确实很大。究竟发生了什么？

在上面的例子中能看到，业务团队缺乏安全感，他们的经理感到了威胁："他们想告诉我们，尽管我们有几十年业务经验，但计算机可以做得比我们更好？"

因此，这个业务团队没有提供正确的信息，没有准确的数据，也不反馈结果，甚至不进行正确的测试等。他们谁也不担心对个人有什么影响，因为这个项目并没有真正的执行发起人。

这个项目的失败并不是因为技术原因或者缺乏商业价值，只是人性使然罢了！

这个故事的发生是符合规律的还是一个糟糕的例外？

在任何组织中，即便正好引入了首席数据官的角色，并承诺为数据办公室提供资金支持，但是如果没有深深根植于组织 DNA 中的数据理念，还是很可能会发生这种情况。

要了解失败的原因，首先应该看看一个打算引入首席数据官的组织这样做的动机是什么。

那么，CDO 是如何诞生的？

挑战是这样开始的：以前很少有组织会引入 CDO，因为最高管理层很清楚可以获得哪些数据和如何获取这些数据。

然而，大公司往往决定引入 CDO 这个角色，因为这似乎是"如今应该做的正确的事情"。通常，在听到或读到"数据是成功的关键"或"数据是 21 世纪的石油"之类的说法后，最高管理层就会认为有必要采取行动了。

需要说明一下，这些组织已经遥遥领先于其他组织了，其他组织往往还固执地认为它们 20 世纪的架构足以应对不断增长的数据量和业务机会。

但是，即使在许多设立了 CDO 职位的组织中，最高管理层也不知道"数据"究竟是什么，以及 CDO 到底应该负责什么工作。这通常会导致对首席数据官的期望不明确，比如"请将我们转变为以数据为中心的企业！（完成后请告诉我们）"。

为什么 CDO 通常几个月后就离职了？

（i）没有岗位描述

如果企业里没有人知道"做好工作"的真正含义，就很难因为干好一份工作而得到奖励。数据处理方面的巨大改进往往不容易被看到，而所有业务部门说的那些看得到的好处，其实都受益于数据办公室的成果。

（ii）在组织内没有既定的角色

最高管理层的某些成员可能会张开双臂欢迎CDO，其他领导可能不会。因为他们没有看到CDO应该填补的空缺，甚至可能将这种新局面视为内部竞争。

（iii）非理性的行为

对首席数据官来说，近乎常识性的东西，并不一定符合每个最高管理层成员的逻辑。

加特纳（Gartner）数据和分析战略研究副总裁艾伦·邓肯总结过，几乎每位新CDO的第一课都应当了解"决策者是情绪化的，而不是理性的，所以光有答案是不够的。"

（iv）期望很高

虽然不会指望CDO满足世间所有渴望，但大家对CDO的期望却很高。当组织希望解决数字时代的挑战时，最高管理层往往希望CDO能奇迹般地实现这一目标。

以上几点说明了好的CDO仅仅作为知识引领者是不够的。下面将根据我的经验介绍成功的CDO所必备的其他领导品质。

首先，列举一些CDO和其他数据领导者所面临的挑战。你也可能会遇到以下这些情况。

- 从事数据工作的IT人员大多不是面向业务的，不会主动决定下一个必要步骤。
- 大部分数据专家散布在各个业务部门。
- 对财务数据的访问被有意限制。
- 面临着要让团队去沟通你们整天在做什么的巨大困扰。
- IT仍然只完成任务而不研究潜在的业务问题。
- 信息安全人员没有与业务部门的数据人员一起工作，他们独自处理信息安全问题。
- 某些业务部门的数据管理团队可以与当前业务部门保持良好的合作，但团队人员会感到被排除在其他业务部门之外，他们的工作被其他部门破坏或复制。

这些都是组织内数据文化不成熟的一些表现，目前还缺乏处理这些情况的良好机制。如果觉得是这样的话，请继续往下阅读。

图12-2将我观察到的情况分为八个不同的类别。它们中的每一个都可能会阻碍通往数据驱动型组织的道路，就像一块块巨石阻碍河流汇入大海一样。

如何应对这些挑战？很多情况下没有康庄大道，所以只能蜿蜒前行，就像丘陵地带曲折的河流一样。以下是我的建议，来自CDO和其他数据领导者的真实经历。

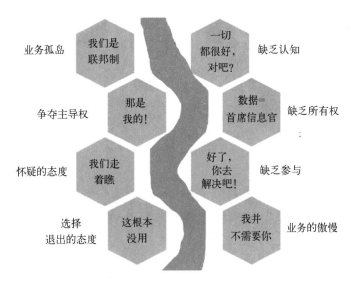

图 12-2. CDO 在企业的各种挑战中曲折前行

争夺主导权

组织在过去已经形成了它的运营模式。设计一套涵盖所有主题的成熟制度通常需要几十年的时间。

现在，CDO 进入组织，职责还不明确。到目前为止，CDO 的常见职责与 IT、法律、风险管理、金融等方面有关。面对新任 CDO，没有人想失去影响力或权力。

如果这个冲突没有得到解决，将是无休止的主导权争夺战。由于数据团队的成功依赖于协作，即使数据办公室想要有效地开展工作也很困难。如何应对这些挑战？这里分享一些想法：

（i）授权

第一个建议听起来并不复杂，但在很多情况下实现起来颇具挑战性：要求上级有明确的授权。

- 在最初引入数据办公室时就提出。
- 就像首席财务官（CFO）的授权一样不可协商、不可触碰。
- 由最高管理层亲自沟通（而不是让你拿着授权书当作许可证四处奔波）。

必须向最高管理层解释采取这种方法的必要性，并且最好注意申请授权时的措辞，毕竟你是专家。而且不要忘记提供一些选择（对他们来说可以接受的）以表明你认可最高管理层的权威，同时他们有最后的决策权。

这种方法也是早期检验组织是否准备就绪的试金石：如果最高管理层拒绝提供初步支持，

你应该重新找猎头谈谈了！

（ii）每个主题都已经有了一个"所有者"

但是仅靠授权是不够的，为了工作与那些认为你是竞争对手的人打交道是必需的。

对于这种情况，建议遵守两条通用规则：

- 任何领域都不要战斗。不要制造敌人。你需要盟友。
- 分而治之，放弃不重要的领域。

进一步的活动视具体情况而定。可能会面临以下两种不同形式的挑战。

情景1："离远点！这是我的数据！"

在这种情况下，你可能不需要把问题升级，或寻求最高管理层的支持。毕竟，有人正在阻止组织中的一部分数据接受专业数据处理。只需要公开说明这个情况，让那些没有得到正确数据和享受到优秀数据服务的人来抱怨。

情景2："我不用向你汇报！"

这样说主要是想增强你的权力吗？这种态度对CDO来说通常没有任何帮助，还会让你陷入麻烦当中！相反，利用你的信誉来建立信任和长期的关系。从印象中那些在领导圈里最有地位的人开始。记住要真诚！毕竟你是为其他职能部门提供支持，而不是成为他们的老板。

缺乏认知

如果听到消防车来了，但没有看到任何火灾，你会怎么办？现在有两个选择：

- 请他们离开，因为没有看到什么理由需要他们。
- 想知道他们为什么出现在这里，是否有什么尚未认识到的原因。

经过短暂的思考，可能会觉得第二种选择更合适，或许消防车出动的原因不像大火那么明显。CDO首次出现在组织中时也会发生类似的情况。这时会有两种反应：一些人会认为CDO的出现是有充分理由的，而另一些人会认为引入CDO是多此一举，因为这些人没看到熊熊燃烧的火焰。

你可能想知道哪些人属于第二种。这类人通常会含蓄地表示：

- "你打算解决什么问题？"
- "过去几十年，没有CDO我们也非常成功。"
- "你在重复已经做好的事情。"

让我们假设这些人不懂，他们说的就是他们真正的想法。在这种情况下，好的应对方式是以一种非常谦虚的方式解释相关背景。

你可以邀请其他团队或个人就该话题进行交流，个人最好是高层管理人员。不要目空一切地讨论，而是开诚布公地进行对话。这种对话的主要形式是倾听和提问。

最后，不仅可以根据同事的情况更好地调整你的说辞，还可以学习更好地理解组织，包括它不成文的规矩。

在内容方面，两个基本问题可以体现出基本数据素养的缺乏："为什么？"和"为什么是现在？"对此应该如何回应？

为什么需要管理数据？

这个问题的最佳答案是基于事实描述总体原因，即你的主要故事。

这个故事不应该是关于技术和以数据为中心的争论。"我们需要干净的数据！"对大多数高管来说并没有太大意义。相反，你应该提供一个业务理由，类似以下这一些。

数据办公室的主要目标是帮助组织：
- 赚钱。
- 省钱。
- 保持竞争优势。

换句话说，CDO 旨在让组织中的其他人更成功。

尽可能地描述当前工作方式的差距和组织中错过的机会，还要说明为什么会做出这样的判断。要在这点上取得明显效果，需要在安排与高管的会议之前先与一线的人交谈。

越能明确这些领导的业务挑战，并专注于为这些挑战开发解决方案，就越有可能成为他们认可的问题解决者。

为什么现在需要管理数据？

回答这个问题时，你可能打心底觉得，有些时候根本没有必要主动去管理数据：在 20 世纪 90 年代，哪个组织会需要一个首席数据官？然而，正如鲍勃·迪伦几十年前告诉我们的那样："时代正在改变"。那么，到底发生了哪些变化？

首先，众所周知数据量在过去几年里呈指数级增长。同时大家也都清楚，这种发展并不会很快停止。

其次，用户的期望发生了改变。电子商务的繁荣发展让许多用户认识到在技术上存在着无限可能。所以他们为什么要一成不变地安于现状呢？

最后，业务决策不应该再仅仅凭借直觉，不管这个人多么有经验。世界变得过于复杂，这种管理方式已经落伍。此外，伴随着数据量和算法需要的数据质量快速提升，通过数据确定最佳策略的能力也在迅速增强。

业务孤岛

专业的数据管理本质上是跨职能的，它可以避免歧义和重复。

另一方面，职能部门的领导可能看不到把精力投入其他部门受益的事情上的价值。他们严格按照自己团队的目标来衡量，不希望在实现这些目标时分散任何精力。

具体表达方式多种多样，以下是我经常遇到的两种情况。

情境 1："我们最清楚什么对我们有益。"

事实上，这可能是真的！并非所有事情都需要集中处理。他们如果经常这样说，则已经为你打下良好基础，与这些强大的本地或职能团队共同制订治理模式。

设想和业务同行坐在一起，集中支持他们，通过网络把人们联系在一起，可以充分实现协同效应。同时要满足某些领域人们的自治要求，征求他们的同意来集中处理某些主题。例如，在标准化术语和流程方面。

情境 2："如果不需要与他人保持一致，我会更快。"

你也许已经取得了良好的工作成果，可以确保职能部门请求 IT 支持时不会绕过你。然而，他们通常甚至不需要 IT 支持，因为他们已经建立了自己的"影子 IT"团队或组织架构。

这种情况该如何应对？

这是事实：联合需要时间。但是不联合的后果是什么？

- 活动和交流受限。
- 错失与其他职能部门交流的机会。
- 对于同一个话题，不同的部门产生不同的结果。
- 数据的来源可能可疑，数据可能会被误解。
- 正在完成以前已经完成的工作。

那么，在这种情况下，仅有基于事实的论据可能是不够的。对职能部门来说，不与他人保持一致的敏捷运作更具有吸引力。

有两个做法可能会有所帮助，一个是用可靠的业务案例展示可持续数据工作的长期益处。另一个是创造双赢的局面：首先要弄清楚为什么职能主管或项目经理想要加快速度。在许多情况下，按照既定时间安排去完成任务压力很大。这时，可以与项目经理合作，即调整时间计划，力求第一时间就把事情做好。毕竟找到了调整计划的合适理由，重要的是它们并不是由糟糕的项目管理造成的。

这个方法可以帮助你完成一些事情。项目经理有足够的时间，并且有可能交付高质量工作。如果给他们一个真正的选择，绝大多数项目经理更喜欢后者。

而且如果成功的话，你会赢得一个盟友，未来同样如此。通过第一个项目奠定的坚实基础，未来的项目将变得更容易、更快、更便宜。

缺乏所有权

在数据管理中，数据所有权是许多人并不熟悉的概念。

在业务团队中，即使是"我来负责"这个意义上的所有权都很难实现。一旦一个业务概念被认为是"技术性的"，人们更情愿将此业务对外承包给 IT 部门。

说实在的，为什么会有人要做别人自愿做的工作？在过去几十年里，大多数组织的 IT 部门已经默认接受了数据所有权，同时，数据所有权也变得越来越重要。

不应该就像现在这样留给 IT 处理吗？如果打算充分利用数据的力量，就不能将有关业务模型及其数据表示的决策权留给数据建模、软件开发或数据库设计方面的技术专家。

实际上，正如北欧银行（Nordea）数据治理和信息架构主管奥利·布斯克·鲍尔森在 2019 年维也纳的一次数据会议上所强调的："所有权始于组织的最高层"。

但是如何让人们承担所有权呢？这个问题的关键是创造双赢局面，同时这也意味着需要强大的数据办公室。通过与业务部门合作，帮助他们了解如何将业务概念转化为数据结构。

同时，要向 IT 部门解释，你正让他们的工作变得更轻松：他们不必再同时和各种业务职能部门交谈，不必再平衡产生冲突的需求，而是把数据办公室作为他们的单一联系点、不同业务部门之间的协调者。这样他们才能专注于其核心职责，即提供满足业务需求的优质 IT 解决方案。

图 12-3 展示了数据管理组织的双赢局面。

图 12-3. 业务与 IT 的协调者

选择退出的态度

不是每个人都会成为你的朋友。很多同事可能会观察一段时间，然后再决定是否支持你。

他们是怎么想的？简单来说，"如果喜欢，我们就会追随。否则，我们将继续做自己的事情。"

他们是否因为你有权力而被迫支持和跟随你？
- 得到最高管理层的正式支持很好，但强制忠诚不如自愿忠诚有效。
- 说服个别高管支持也许有用，但本质上不可靠，毕竟可能面临人事变动。

请不要完全依赖高层的支持！即使得到支持，也要准备好应对没有支持的情况，同时好好地把握住那些最初支持你的人。

任何组织中都有一些部门不用想着讨别人喜欢。但数据办公室不是法律部门或信息安全部门,不是所有团队都愿意与你合作。

但是如何培养他们自愿的忠诚,如何说服那些犹豫不决的人自愿站在你这边?解决这一挑战的关键是让人们愿意参与进来。他们需要承担责任,也需要认识到不参与进来的弊端。

我的建议:

别陷入"我们与他们"的陷阱。

还记得在第 1 章中谈到"中央集权型数据治理"时的内容吗?一个人忠诚的程度和方向往往是通过不起眼的词语表现出来的,"我们"就是其中之一。

如果仔细听一个人说话,会发现他说"我们"时指的是什么。

你会发现人们经常指的是他们自己的部门或团队。这是孤岛思维的危险信号,表示他们只打算优化组织中的一部分,而不是整体。

员工经常使用"我们"来描述自己,而"他们"则是高管。这种观点还表明组织内存在迫在眉睫的利益冲突。

好在你可以影响甚至改变这种情况。

■ 注 这不是关于语言改变的,语言改变可能只是表面问题!要鼓励每个人关注**整个组织**。

无须要求每个人成为利他主义者,而是要让人们这样想:"如果这对组织有好处,那么对我也有好处!"

在 CEO(代表整个组织的人)眼中,如果你的出发点是做一名优秀的贡献者,那他就会欣然接受。与此同时,提出与数据相关的绩效指标,甚至可以是与奖金相关的指标,让人们因为更好的数据和其他与数据相关的成功而获得奖励。

CDO 和数据办公室,顾名思义,要考虑整个组织,而不仅仅是组织的一部分,如果从这样的角度思考立马就会受益。一旦某位业务同事(下意识地)开始使用"我们"这个词来表示"你和我",那你可能已经找到了一个有前途的合作伙伴。

最终,应该在高管中寻求与那些经常使用"我们"一词来指代整个组织的人合作,这些人常用"他们"表示竞争对手。

旁观

让我们坐下来看看 CDO 是如何解决所有数据问题的!

站在一旁看着其他人去完成任务,是不是很舒服? 如果那个人成功了,你可以祝贺他。如果没有成功,受责备的也是他,而不是你。

个别同事当旁观者对组织影响不大,但如果太多的人只看不做怎么办?或者认为这只是参与负责实施人员的事情，或者参与的经理感觉任务太"初级"，那么旁观已经发展为组织文化的一部分。根据经验，杜绝旁观的好办法就是让人们担起责任，并奖励那些做得好的人。下面的步骤会有所帮助。

- 与身边人或值得分享的人公开分享成功带来的好处。让他们看到和你联合起来一定会有回报。赞美不会让你付出任何代价。
- 将数据办公室的精力集中在那些积极参与同事的活动上，除非有一个非常大的团队，否则这会让你非常忙碌！
- 行使权力（和治理）将数据工作的责任分配给同伴，并使用数据所有权机制。只看不做的人会被记录下来，其他人都能看到，这样可以杜绝旁观现象。
- 邀请有影响力的支持者加入治理团队，并让这些团队决定处理数据的职责。让人们看到希望可以被吸纳到这些团队中的希望，以避免将决策权留给其他人。让他们明白怎么才能加入。
- 向旁观的同伴推荐与数据相关的角色："鉴于你在分析和营销方面的专业知识，我想建议（潜台词：提升）你代表整个市场部门成为组织的数据拥护者！"
- 证明"数据"是面向未来的。描述早期加入的机会，让人们不要错过。

怀疑

又多一层官僚主义！

我们看到了太多的炒作，承诺要做出显著改善，但大多数都没有实现，而且还总是在这个过程中把事情搞得更复杂。

新出现的专门的数据管理实体部门可能会引发同样的担忧。通常会听到这样的说法："为什么我不能直接去找 IT 部门？如果中间设一个数据办公室，每件事都需要更长时间！"或者"是的，数据很重要。但再设一个部门可以带来什么附加价值？"

这种看法可以理解，但很危险。如果没有快速、适当地解答这个问题，将导致人们忽视新出现的数据办公室，并继续像以前那样工作。这会使整个数据办公室变得毫无用处，并被边缘化。

不能通过传统的培训来解决这种情况，人们并不需要"知道"，而是需要"看到"影响。但是如何让不同级别、不同角色的员工"看到"呢？

如果无法通过开展典型的数据办公室活动立即创造肉眼可见的价值，那么换个方式再努力一把！去倾听他们在数据之外的顾虑！尽可能帮助他们，包括指派数据项目经理支持他们有效地建立项目，安排术语表管理员从语言的角度检查其文档等。

这样做看上去分散了"做正事"的精力，似乎没有必要。但是请相信，这种精力投入是值得的！

业务的傲慢

这可能是一个大胆的标题。任何曾被同事拒绝帮忙的人看到那些自认为可以独立完成任务的人遭遇失败都会感同身受。

是的，有时候即使在苦苦挣扎，也很难接受别人的帮助。主要原因可能是自己的骄傲，或是不想辜负别人的期望，甚至是一种"完全靠自己"的抱负。

即使这样的行为不符合为组织尽最大努力的义务，也没有人会轻易放弃。你可以采取双边和多边的方法来应对这类情况。

双边方式是指寻求与拒绝帮助的同事进行单独的对话，首先是找出他的潜在动机，然后根据对他的了解来调整策略：

- 你可以淡化自己的贡献，这样可以凸显同事的成功。或者提出一个正式的合作伙伴关系，可以展示目标的达成与合作的成功。
- 双方可以达成一致意见。例如，业务计划的第一阶段将在没有数据办公室支持的情况下完成，而第二阶段将从一开始就让数据专家加入成为团队成员。
- 第三种选择是反过来请求帮助，以避免发生有人欠你人情的情况。

多边办法旨在建立一种鼓励相互支持的文化，就是针对某些人看起来很糟糕，却不去寻求帮助。如果认为大多数人更懂，或者认为他们的传统方法优于数据驱动方法，通常推荐多边办法。

然而，这些人只占少数，那可能什么都不需要做。就让他们顺其自然，你集中精力去支持其他人即可。

总结：成功的先决条件

在经历了所有这些挑战后，我们看到了许多缓解或解决这些挑战的方法。但公平地说，成功的一些先决条件已经超出了首席数据官的控制。如果不能设法选择以下三个先决条件，CDO 的工作可能会困难重重。

委员会的支持（积极！）

你需要的是真正的支持，而不是同情。

"这是正确的事情，没有其他选择。我将坚持并推动它。"这样说能有效果。

"看起来不错。勇往直前，努力创造价值……"这些话不会让你成功。

不要指望任何最高管理层的成员会完全准备好支持你，这种情况很罕见。即使是那些设置 CDO 职位的人也可能只为完成任务："作为一个现代组织，我们应该有一个 CDO。"然而，这并不能保证他们会提供必要的支持。

接着让团队运转起来。如果从头开始创建团队，建议在开始的 30 天里花大部分时间与每个人交谈。首先是处理日常数据的同事，然后是最高管理层的成员。提出问题并确定痛点。与高管们交谈时，务必解释、说明并概述没有得到他们全力支持的风险。

不需要所有最高管理层的成员都全力支持你，但关键人物要站在你这边。记住，他们不需要理解数据逻辑和算法的细节，但必须让他们相信 CDO 和数据办公室是必要的，而且你是这个职位的合适人选。

30 天后问问自己：一切顺利吗？如果上述任意挑战成为现实，能指望有足够多的最高管理层成员支持你吗？或者至少他们不支持你的对手？

合适的汇报途径

如果你作为 CDO 向 CFO（首席财务官）汇报，换位思考：CFO 是主要专注于解决财务问题，还是支持用户服务、销售和生产？答案很简单，如果 CFO 拯救了世界，但却没有解决财务挑战，那么他就是"失败"的 CFO。

在这种情况下，需要受到指责的不是高管，而是组织的相关报告和奖励机制。职能主管处理职能问题，跨职能主管处理跨职能问题，就这么简单。因此，CDO 应该向跨职能主管报告，或向具有明确跨职能授权的职能主管报告。

不幸的是，大多数主管都是职能性的，如市场营销、销售、运营、人力资源或财务。有些组织甚至只有两名跨职能员工：CEO 和 CEO 的个人助理。

实际上，考虑到这个话题的重要性，向 CEO 汇报并不是 CDO 最糟糕的情况。毕竟许多监事会希望数据办公室能够在进入最高管理层之前证明其价值和重要性，CDO 进入最高管理层的门槛仍然很高。

在这种情况下，应该有首席转型官、首席创新官，或类似明确的跨职能职位，让 CDO 向他们汇报。如果组织中不存在这些角色，CEO 可以选择一位最高管理层成员，赋予他除现有职能之外的、足以包括数据管理的跨职能决策权力（见图 12-4）。

图 12-4. 不恰当汇报途径的例子

不要安于现状！这并不是要你的职位越高越好，而是让你能做好自己的工作。

明确的预期

作为新上任的 CDO，大家可能希望你无所不能，就像能实现全球和平、消除贫困和预测地震那样（见图 12-5）。

对吧？

当然，这有点夸张了，但人们的预期是很高的。从"至少它不会造成任何伤害……"到"希望这 15 个人能把我们从传统公司变成数字化企业。"

所以你的目标不是提高或降低期望值，相反，对于 CDO 能够和应该干点什么，应该理性看待，既要有宏大的目标，又要有可操作性。

此外，应该将预期与假设联系起来，即"如果 XYZ 发生了，那么我们可以实现 ABC。"这一点很重要，主要有两个原因：它可以帮助你减少无法影响的外部因素依赖；允许你事先陈述你的财务、组织和战略需求。

你可能会希望把先决条件集中在一起，也就是那些你不愿意做出任何承诺的条件。这些条件可能包括预算、人员配置、必要的组织和战略自由。

在接受这份工作之前，你肯定已估计出其中有多少问题会被问到，让管理层等待太久可能是不明智的。虽然会花前 30 天的时间来得到管理层的支持，但第二个月是结合战略目标和计划提出需求的恰当时机。

但不必花太多时间详细说明这些计划。相反，为了在担任 CDO 的前 100 天里取得良好成绩，应该开始关注第一个容易实现的成果。

"对于大数据的邮件，我唯一关心的就是如何让我赚更多钱！"

图 12-5. 数据——最高管理层真正关心的东西

明确数据工作中的角色

尽早明确你的大致职责,这有助于避免因其他领域的问题而受到指责。CFO 应该明白,你的团队不应为数据湖配置错误或关键数据源的访问延迟负责。如果在团队受到指责之后才澄清这些事情,那看起来像是在找借口推脱责任。

像数据办公室这样的新职能部门不可避免地会改变职能责任的划分。除了避免组织中的隔阂或重复劳动之外,还应该在第一时间防止内部竞争,如与 IT 团队、可能的数字化团队、业务转型团队等发生竞争关系。

利用这段时间着重阐述你的看法:关于数据相关的决策和协作团队、应该邀请谁以及他们的任务和权限。虽然详细的组织设置会随着时间而继续完善,但可以用最初的 60 天来解决带来这些冲突的基本问题,这样便于以后集中精力处理相关内容主题。

再说一次,这不是在增加责任范围,而是在管理期望。

第 13 章
如何表现得像 CDO

非礼勿视,非礼勿听,非礼勿言,非礼勿动……

图 13-1. 领导的四个秘密?

不要依赖正式的权威

当然，从一开始就应该坚持要有足够的正式权力，但不能依赖它：应该让每个人都知道最高管理层支持你。不过这只是"必要条件"，而不是"充分条件"。

这就是为什么在许多情况下你将不得不使用非正式权力。用蒙蒂·霍尔[1]的话来说，你正面临着"人生中需要引领的时刻"，你无法管理、授权或解决问题。

从小事开始，选择战场

不需要在起初 100 天内让组织的收入翻倍，而是问问自己：
- 最明显的痛点是什么？
- 哪些领域的数据处理效率（最）低？
- 容易实现的成果是什么？
- 到目前为止，哪些领域是其他人不愿意去涉及的？

选择第一次行动的重要标准不是"效率"而是"效果"。换句话说，人们更关心最后的结果，而不是付出与回报的比例。

英国劳埃德银行集团（Lloyds Banking Group）应用科学部门负责人阿比吉特·阿克尔卡（Abhijit Akerkar）提出一个好建议：不要从数据最多的地方开始，要从影响最佳的地方开始。

注意不要把这句话理解为战术上一定可行的建议，为了避免误入歧途，即使是第一次，也应该采用未来可用的通用方案进行解决。

要谦虚

不要逞强、表现得像一个什么都知道的人，你的身份没有赋予你告诉别人该做什么的权利。

正如加特纳（Gartner）的马克·科尔曼（Mark Coleman）2017 年在伦敦数据与分析会议上所提醒的那样："试图控制会导致抵触，而不是合作。"

有什么替代方案吗？
- 与其说"从数据的角度来看，你需要这样做"，不如问"想知道你的方法对数据的影响吗？"
- 与其说"数据将使你今天的工作做得更好"，不如说"数据将支持你更好地完成工作"。
- 与其说"你需要控制重复的数据"，不如说"相信你已经控制好了重复数据，能分享一

---

[1] 蒙蒂·霍尔（Monty Halls）是教育管理公司 Leaderbox 的创始人，野生动物和冒险纪录片的创作者，以及著名的电视演讲者。

下是如何做到的吗？"

请注意，第三个问题并没有偏题！如果重复数据没有受到控制，你的同事将无法回避这个事实，这时你就可以提供帮助。事实上，如果管理得当，你甚至可以学到一些东西。要学会欣赏并赞美别人的工作，还可以询问你们两个是否可以共同将该理念引入组织的其他领域。

发挥自身促进者的作用

并不是所有的数据活动都应该集中处理，而是所有处理数据的职能部门都应该理解数据。数据办公室应当在以下方面提供支持。

- 创建基础：基础业务团队可以此为基础开展工作。
- 提供能够适应不同业务需求的治理框架。
- 提供培训和教育。

目标可以是让同事们的工作更容易，这样他们就可以专注于自己的核心任务。记住，他们中的大多数人只做一些必不可少却没人做的基础工作。

分析的案例：如果业务部门有自己的分析团队，你可能不想将他们从业务部门撤销。相反，你的团队负责提供基础，即明确定义的"单一可信来源"、清楚的用词，以及跨企业的标准数据模型。这样分析团队能够深入研究数据，从业务角度获得领悟。他们不再需要处理所有的基础工作。请记住，你需要在组织范围内（易于理解）的真实情况和业务分析的自由度之间找到平衡。

不要忘记，你还可以主动提出负责一个部门的分析任务。有些部门可能会很乐意接受你的主动请缨。如果这样，就有机会创建一个更强大的卓越分析中心。人们喜欢选择，从数据管理的角度来看，只要这两个选项都可以接受，就让他们选择。

参考数据管理的案例：业务部门应该维护自己的数据，数据管理团队甚至不需要在此有审批的角色。只需要描述规则、定义审批流程等即可。

避免使用次优语言

对团队使用的语言和对内部用户使用的语言不一样。市场部主管可能不知道实体关系图是什么，但是如果用非技术性词汇来解释这些内容，他们就会立即明白两个实体之间的关系。

此外，还应换位思考，交流要从对方的角度出发。对业务人员来说没必要遵守企业数据模型，他们看不到遵守企业数据模型的任何好处。

最后，不仅要避免使用专业技术术语，还要注意哪些词与业务相关，但却是业务人员不想听的。这个列表根据组织的不同而有所差异，但以下几个单词出现频率最高。

- 数据。

- 治理。
- 规则；服从。
- 等一等；长期。
- 数据模型（包括相关的用语，如对象或基数）。

搞清楚适合组织情况的词汇列表会很有帮助。请想出所有这些词汇和短语的替代词。向同事们解释并了解他们平时是如何表达这些词的。在向别人介绍这些术语之前，先和同事们测试一下替代用词。

走出去和人们交谈

如果不四处走走看看，不与人交谈，就无法有效地将一个传统组织转变为数据驱动型组织。

或者，正如 DHL 快递公司首席执行官肯·艾伦（Ken Allen）所说："有一件事可以肯定：只坐在办公桌前是无法出色完成任务的。"（2019 年）。

数据管理的重点是信任，而不在于任何其他东西。如何获得信任呢？与人面对面的交谈。去现场拜访他们，无论是办公室还是流水线上。不要一开始就急于表现自己。要善于聆听并合理地提出问题。

对于希望联系的人以及愿意和你互动的人，建立良好的人际关系是很有必要的。问问自己：是否会很热情地阅读陌生人发来的消息？

第 14 章
利益相关者

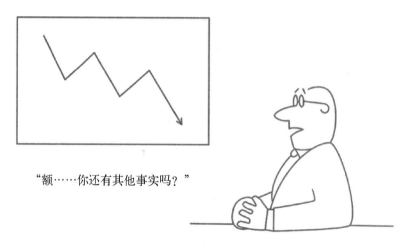

图 14-1. 并非所有人都喜欢你传递的信息

管理各个级别的利益相关者

与其他所有角色一样,需要了解自己在组织中的地位,以便制订相应的策略。为此必须做到以下几点。

- 了解支持者和反对者。
- 理解他们所掌握的知识背景和行为动机。
- 体会他们对你的支持程度,也就是他们帮助你实现目标的意愿和能力。

利益相关者管理不限于最高层级的管理人员。实际上,组织中的每个人都是利益相关者。你见过不需要与数据打交道的领域吗?数据管理人员不能也不应该躲在一个舒适区里,只与他们的邻居打交道。

本章旨在分享一些有效管理利益相关者的方法。这些方法实际上都是与处于不同层级和岗位上的人的相处之道,所以并不限于数据管理领域。

记录真知灼见

你可能已经在公司干了很多年,自信已经非常"了解"大多数利益相关者。但你知道是什么驱使着他们吗?了解他们对具体建议的反应吗?

要有效管理利益相关者,就需要付出额外的努力。注意要避免长篇大论的记录。但我敢保证这样的努力是值得的!以下简要总结我最喜欢的三步法:

1)系统地维护一份利益相关者名单(可能很长)。涵盖各个职位和不同地区的分支机构。
2)根据利益相关者对你的想法和愿景所持的态度,将他们分为积极、中立和消极三类。
3)记下某人是积极的支持者还是反对者。这些人需要特别关注。

将利益相关者分类

最忠实的支持者通常来自对现状不满的群体,他们所关心的问题往往是 CDO 准备去解决的问题。所以四处灌输你的想法时,要特别关注他们。

别急,还有第二条准则!谁都不想碰上满腹牢骚、总喜欢抱怨一切的人。想找到那些已经准备好并愿意付诸行动的人。要知道这样的人是多么屈指可数(见图 14-2)。

这些人是你希望与之深入探讨的对象,同时也要让他们(正确地)感受到,对于他们的出现你已经期待许久。

如何确定这些人是支持者?

a)确定"感到不满的人"和"有远见的人"。

- 如果哪里出了问题,肯定有人会受影响,找到他们!这需要顺藤摸瓜,从向你直接反映问题的那个人入手,一直向上追溯,直到找到那个认为确实存在问题的最高管理者。

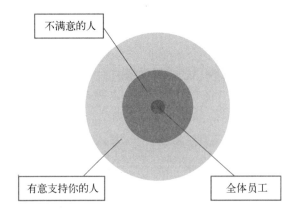

图 14-2. 找到你的支持者

- 即便没有出现问题，也会有人明白数据能够改善现状，找到他们！找到的专家可能比经理多，这没什么问题！

b）确定"有意支持你的人"。

并非所有感到不满和富有远见的人都愿意积极支持你。阐述自己的愿景并得到每个人的同意。这是否意味着已得到了广泛的支持？并非如此。需要先下功夫淘金，才能得到金条，即那些弥足珍贵的支持者。在这个过程中，需要将下面这些人排除在外。

- 喜欢你的想法但却安于现状的人。他们觉得支持你可能引起摩擦，得不偿失。
- 总喜欢抱怨，但从不主动作为的人。
- 想法宏大但没有能力付诸实施的人。
- 太懒或者太忙，他们知道有价值，但总想着让你自己去干。
- 愤世嫉俗，优越感爆棚的人。
- 不懂装懂的人。
- 希望你成功，但自己却不想做出改变去争取成功的人。

剩下的就是类似金条般的群体了，他们通常是少数不安于现状或富有远见的人，他们已经准备好要采取行动了。这里指那些不顾其他人反对而公开支持你的人，即那些为你的计划投入时间或资源的人，以及那些与你共担失败风险的人。

不论职位高低，他们就是要找的人。

确定管理层盟友

强大的管理层盟友当然胜过支持你但却没有实权的人，后者就像没有牙齿的老虎。这就是为什么应该特别关注那些你期待的（并且需要的）盟友或支持者。有影响力的高管一般极为少见。与他们的关系值得花大量时间和精力去维护。

如果无法成为最高管理层的一员，就需要一位支持你的高管。而且他还必须是一位积极的支持者！正如布伦特·戴克斯[1]有一次在他的博客中所写的：

成功与失败经常取决于支持者的承诺和参与程度。如果没有承诺，支持你的高管也可能每次都参加会议，但只是要耍嘴皮子，决不会动用足够的资源、预算和政治影响力来真正支持你。不亲自参与，而只是许诺要支持你的人，实际上只是个啦啦队队长，他太忙了，无法做出实质性贡献。

了解盟友的动机

大家支持你，可能出于不同的动机。这没关系。但是人们支持你的原因需要知道。

- 那些"为了更大的利益"而支持你的人，通常是最可靠的支持者。但他们一般不太可能是最有影响力的支持者。
- 那些与你同仇敌忾的人是危险的支持者。他们的观点可能随时发生变化，比如，当他们的角色改变时。
- 可能有人希望你解决他们自己造成的与数据无关的问题。这时，需要管理好预期，同时也要让他们确信你可以让他们的工作更加轻松。

总而言之，支持者不应该与"好"人画等号，就像对手不一定是坏人一样。有些同事可能会善意地反对你，有些则可能出于私心支持你。

具体的建议

（i）结盟，而不是去当领导

没有人会因为被胁迫而跟随你，更别说恐惧了。从另外一个角度说，大多数人也不会因为你是个好人就支持你。

因此，努力创造价值、寻求共同利益基础、形成双赢局面都是非常重要的。试点项目会有很大帮助，可以快速展示出看得到的结果，从而为你赢得更多支持。

（ii）要花时间和精力

我说过，理解一个人的行事方式非常重要。不要只看表面原因！有时可能需要进行深入的根本原因分析才能弄明白一个人的动机。

（iii）与那些有意支持你的人协作

别只图表面上"拥有"支持者，而是要让他们积极参与进来。以下想法可供参考。

- 与支持者共同促成一个案例的落地。这个案例必须是联合完成，而非你独自完成的。

---

[1] 布伦特·戴克斯（Brent Dykes）是一家位于美国犹他州 American Fork 的云软件公司 Domo 的数据战略总监。该公司专注于提供商业智能工具和数据可视化服务。

- 把那些准备按你的想法行动的人组织起来，形成一个虚拟团队。
- 给他们表达自己意见的机会。不要期望他们唯命是从地遵循你的想法。
- 就共同的愿景达成一致。与他们一起制订一个可操作的具体计划。
- 给他们安排具体的角色（正式或非正式的），与他们一起努力拼搏。

（iv）与最高管理层成员保持沟通

最高管理层成员需要始终意识到采取行动的必要性。建议与最高管理层成员定期单独会面，随时保持联系，避免沦为一个单方面努力的恳求者。

（v）让他人贡献资源

如果需要资金，那么就加入一个有资金支持的计划：试着创造双赢局面，让大家因你的加入而受益。这会让项目的领导者有动力为你提供预算和资源。

此外，要积极发现和调动志愿提供帮助的 IT 人员。他们喜欢你的想法，并且在常规工作之外还有余力支持你。

（vi）调解，调解，还是调解

注重平衡各方的关切也十分重要。既要听取一方当事人的意见，也与当事双方一起交谈。记住，需要在谈判中引入不同的角度，以避免人们被自己的"红线"所束缚而陷入"瓜分蛋糕"的僵局。**成功的调解对双方都有利。**

（vii）积极建立信任

别人对你的信任必须是当之无愧的，耍花招难以取信于人。通过实际行动来证明你是一个值得信赖的人：

- 可预测。
- 推动组织目标的实现，而非为了个人目标。
- 信守承诺。

（viii）绝不还击

你的反对者可能企图伤害你。不要以牙还牙。局外人无法分辨谁对谁错。

准备适合利益相关者的故事

大约 500 年前，在某个国家，聪明的奥马尔发明了一种新的茶壶，它用一种新型的黏土制作，壶壁双层中空。由于采用预制模具，制作效率高且成本低。

他决定把茶壶卖给国王。于是他找到一个觐见机会，讲述了他的故事："看，这个茶壶容量大，可以保温很长时间，壶的把手也非常舒适，而且制作成本比传统的茶壶还低！""那又怎么样！"国王说，"只要我想喝茶，随时随地都能喝到，我的仆人会让茶保温，而我从来不需要碰把手。和我的财富相比，省下那点钱微不足道。我不感兴趣！换下一个！"

回到家里,奥马尔思前想后。这么多明显的优势,国王就是不明白,真是个傻瓜!即便他还会记起我,我也不再卖给他东西了。

奥马尔决定搬到另一个国家,想在那里再试一次。而这一次,他选择了不同的策略。他想明白了,他不应该责怪国王,而应该怪自己拙劣的推销手法。

为此,他决定去游说利益相关者,包括国王的厨师、奴隶主管、酒保和司库。于是他和每个人预约单独见面。

他向厨师解释说,他的保温茶壶不需要持续加热,与传统茶壶相比,能更长久地保持茶香。司库知道每个茶壶能省多少钱,很多茶壶能省更多钱。奴隶主管有机会试试茶壶的人性化程度,以及壶柄是否真的不会烫人,这将为奴隶们省去很多麻烦。后来,奥马尔邀请国王的酒保喝了一杯茶,向他展示了这些新茶壶用起来是多么方便。

几天后,国王与他的一位最亲密的大臣会面,一个奴隶不小心被茶壶烫伤了手指,茶壶掉在地上摔得粉碎。

愤怒的国王叫来奴隶主管,要他保证这样的事情不再发生。主管表示歉意,他提到一家叫作奥马尔陶器(Omar's Pottery)的新店有一款茶壶,表面不烫。酒保补充说,奥马尔的茶壶几乎从不洒茶。厨师也确认,奥马尔的茶壶能保持茶香,避免茶汤变苦。

国王说:"奥马尔的茶壶一定很棒!即便贵,也值得拥有啊!"司库插嘴说:"如果我没弄错的话,他的茶壶比我们现在用的茶壶还便宜呢。"苏丹听完后说:"我们为什么没买他的茶壶?"不久,奥马尔陶器被称为"国王陛下的供应商"。

CDO 能从这则寓言故事中学到什么?(见图 14-3)

a. 仅仅掌握所有正确的论点是不够的。

b. 不同的利益相关者关注的角度不同。

"……客户、股东和员工从此过上了幸福的生活!"

图 14-3. 讲一个能引起共鸣的故事

正确提问

为什么在讲述故事和提出建议之前，提问并听取利益相关者的建议如此重要？你可能已经猜到了：在为利益相关者定制合适的故事前，需要了解他们的立场。

要有心理准备，不仅仅是高管，每个人都会问"这对我有什么好处？"这就需要准备好令人信服的答案。不同的利益相关者需要不同的答案。

但是，如何为每个利益相关者讲述一个完美的故事呢？第一步是要关注利益相关者所抱怨的不足都有哪些。

从这些弱点中选择一两个。这几个问题让利益相关者痛苦不堪，或者你认为可以提供最具吸引力的相应解决方案。

从组织中当下可用数据方法解决的一些弱点入手。然后，最好与最关键的利益相关者探讨他们如何看待这些痛点：

1）他们同意你的判断吗？
2）如果你向他们解释，他们会采纳吗？
3）他们认为可以凭自己解决问题，还是要依靠组织解决问题？
4）他们会否认弱点的存在吗（可能因为他们当局者迷）？

采用一个简单的分析矩阵文档就可以解决问题。这个文档可以成为管理利益相关者的基础。

你的故事将包括一个根本原因分析：是什么原因引发了这些弱点？正如从"六西格玛"方法中学到的，在最终找出根本原因之前，一般需要平均问五次"为什么"。

尽可能用真实世界的例子来丰富你的故事。与高管们交谈时，引用从他们团队学到的案例往往会引起强烈的共鸣。

下面这些问题可以问问最高管理层成员。

（i）与认知有关的问题
- 知道我们公司的数据质量有多好吗？这样的质量评价是从运营的角度，还是从分析的角度给出的？
- 知道我们有什么数据吗？
- 知道我们能拥有什么数据吗？
- 知道数据的价值吗？
- 知道机会在哪里吗？
- 是谁在保障数据在整个组织内得到一致的管理？
- 用了多久才发现组织面临的公关危机？较早通过分析社交网站发现，还是较晚通过媒体发现？

- 是否能将网络上关于组织的负面推文与其作者的特定事件联系起来？

（ii）与状态有关的问题
- 我们是否配置了正确的人员？
- 我们是否以最佳的方式处理数据？
- 你是怎么对待数据的？
- 我们为数据做好准备了吗？
- 你今天有信心吗？

（iii）面向未来的初步想法
- 支持企业战略的数据战略是怎样的？
- 跨职能协作开展得怎么样？
- 如何培养全体员工的数据意识？
- 如何定期度量数据的质量？

选准弱点

弱点列表本身在很大程度上取决于每个组织的情况。这就是必须从业务角度关注弱点的原因。因此，像"缺乏数据所有权"这样的问题不应出现在这个列表中。这反而应该是从弱点中推导出的根本原因之一，是整个故事的一部分。

那么，通过数据方法可以解决哪些典型的业务弱点？一般来说，高管的关注点和日常业务的关注点应当区别开来。

典型的业务关注点包括：
- 我缺乏信息，而且也没有系统化的方法找到所需要的信息。
- 我通常能发现是否出了问题，但却不知道问题出在哪里，以及是什么时候发生的。
- 如果想做出改变，我必须在付诸实施前好几个月就提出申请。
- 我经常发现处理的信息是过时的，我甚至不知道它是否仍然准确。
- 我们的 IT 同事不理解业务。
- 我们的业务同事不理解基本的 IT 原则。

高管们的关注点可能是：
- 我们没有及时发现业务进展不及预期。
- 我真的希望我的决定更多地基于事实。但在很多情况下，我并没有充分的相关信息，有时信息还要花费大量时间加工才能使用。
- 我们应对市场变化不够灵活。
- 业务变更（如引入、更改或删除产品）花费的时间太长，涉及多个部门和大量手动工作。
- 我们与被收购的组织（或合并后）在协调配合上似乎存在问题。

可见，"数据"一词并没有出现在这个列表中，因为业务人员一般不会用"数据"来思考问题。不要责怪他们。老实说，将业务挑战与数据问题以及数据解决方案挂起钩来，这是 CDO 的责任和机会！

在听取利益相关者的意见时，你可能会确定一个简短的弱点列表，这些弱点会反复出现。但是，它们通常在不同的业务部门中以不同的面目出现。

尽管有机会当着全体最高管理层成员的面讲述你的故事，这可能是好事，但这样做只是引导大多数最高管理层成员完成"他们"个人旅程的最后一步。人们往往无法在确保讲述清晰明了的同时，还能针对性地解决每个人的痛点。

而且请记住，最好不要呈现相互矛盾的现实。不同利益相关者的关注点各不相同。最高管理层层面的总体故事不应与具体的故事相冲突。相反，应该告诉他们，这些故事中的每一个都与整个组织的数据故事完美契合。

将数据纳入议事日程

不要只说一次就消失了。高管们看起来对你提出的数据议题很感兴趣，但他们往往是健忘的。对你来说最重要的话题，也许只不过是最高管理层 16 个议题中的第 7 个。

下面是有助于推进工作的一些建议。

（i）确保再次收到邀请

如果反复请求向最高管理层汇报，这样做反而不太好。要想方设法让他们来邀请你。

最好的时机就是你刚出现的那一刻。告诉他们你负责的领域会发生很多事情，并询问他们是否愿意持续了解最新进展。

定期更新进展。但要谦虚，别奢望成为最高管理层会议常设议程的一部分！

（ii）创建常规数据主题

即使没有参加最高管理层的所有会议，数据议题也可能会被列入经常性的议程。

一个很有效的方法是定义数据记分卡。评价指标是宣示立场最简短的方式，而且最高管理层成员喜欢简短。

或许最高管理层已经有了要定期审议的关键绩效指标（Key Performance Indicator，KPI）列表，典型的例子是用户满意度或渠道收入指标。尝试在其中添加"数据"主题。甚至可以取一个抓眼球的名称，比如"数据仪表板"或"数据指南针"。

理想情况下，构建一个层次化的数据 KPI（我称之为数据质量指标，即 DQI。参见第 10 章关于业务指标管理的部分）。先向最高管理层展现一些较高层级的数据质量指标，必要时再拆分并详细展示更加具体的较低层级指标。

但不要只关注问题，也可以介绍相关的改进情况及取得的效果，并阐述其对组织取得成功带来的影响（收入、市场份额、声誉等）。

所有这些内容都应该在五分钟内介绍完成。请记住，要表达的关键信息应该是"一切尽在掌控中"（你希望能做到）。你要以此引发他们的好奇心。除了私利（"这对我有什么好处？"）之外，是好奇心在驱动着高管们积极支持你的计划。

打造数据网络

下面介绍一个示例，展示组织中数据网络的不同元素有哪些。

职能型数据拥护者

关于数据拥护者（Data Champion）的描述已经很多了，但在不同的组织中他们的角色却各不相同。

我建议按照一定的单元（如地区或实体）及其对应的业务数据所有者（即数据模型特定子集的业务负责人）来设置数据拥护者这个岗位。每个业务部门和地区分支机构可选择一个数据拥护者来代表该群体在数据领域的兴趣和需求。经验丰富、精通数据的业务专家可以兼任这一角色。数据拥护者的角色可包括：

- 作为网络中的一个联络点，负责协调总部和所有部门的跨职能数据事务。
- 作为内部"单一联络点"，负责处理团队成员提出的数据相关问题、询问或建议。介绍和解释组织的数据原则以及数据办公室发布的信息。确保在其职责范围内的工作内容被大家准确理解。
- 本地数据网络。熟悉本地数据管理专员，以便促进他们之间的相互联系。帮助他们理解他们的工作是如何影响其他职能部门数据管理专员工作的。
- 确保将本地地址处理习惯、外部数据最佳来源或影响数据处理的本地法规等本地化的专业知识纳入整个组织范围讨论。
- 从数据的视角支持和关注职能上或地理上集中的项目。与组织的核心数据管理团队合作，以便采用一致的方法。
- 了解本地、部门或职能上的限制条件，在日常工作中确保数据质量。
- 观察当地活动并留意与数据相关的问题。使用六西格玛方法，根据数据调查结果实施本地计划，并进行根本原因分析。
- 整合与数据相关的本地需求，包括分析可视化、数据源等对工具的要求，交易许可证等特定国家的数据结构，以及依法变更等本地化的数据源验证需求。
- 通过数据网络来识别最佳实践以及效果不佳的方法，以准备自己推进或扶持本地项目或职能部门的项目。

- 促进来自不同职能部门的成员就如何在本地处理数据进行讨论。

业务数据所有者

数据所有权不是自然产生的。业务团队的大多数人并不习惯对数据负责。但数据在本质上是跨职能的，因此需要业务数据所有者在不同业务部门之间进行协调，以应对可能出现的数据变化或挑战。

（i）数据所有者

每个业务数据所有者都代表着数据模型的一个子集，如"用户"或"产品"这样的数据域。数据所有者必须超越自己的业务领域，与该数据域的所有利益相关者保持一致。

数据所有者通常不是一个专门的岗位。这个角色需要思想开放、视野开阔的人来担任。他们需要具备促进业务部门开展数据协作的能力。

（ii）数据所有权

数据域的定义应由数据架构师出面协调。他们可遵循现有的事实标准或最佳实践，但也应考虑本组织的特点。

有时候严格按照数据域的边界来定义业务数据所有权并不是最优的选择。比如，不同部门负责某个域内同一个实体的不同属性。在这种情况下，你可能希望改进组织的域模型。如果域模型已经分解为业务对象、子域、实体和属性，那么这种改进将更容易实现。

（iii）确定数据所有者

那么实操层面如何就业务数据所有权达成一致呢？建议采用下面的三阶段法。

第一阶段：数据办公室团队负责搞清楚所有利益相关者的想法，最好是通过与每个人单独谈话的方式。可使用域模型作为模板来引导潜在的业务数据所有者，并记录他们的建议。某个域或业务对象哪怕只有一个自告奋勇的参与者，都可以轻松地做出选择。

第二阶段：团队根据在第一阶段中对业务的了解，为所有未覆盖的领域提出业务所有者建议。总体结果可转化为首个全面业务数据所有权矩阵，其中没有任何空白。

第三阶段：把业务数据所有权矩阵交给所有利益相关者进行审阅，请他们提出意见。给出严格的评审规则以免掺杂个人意见影响判断。

- 不要求评审人员提供他们的偏好或个人观点。
- 相反，他们应陈述自己不同意的地方，最重要的是指出他们不同意的原因。
- 只能考虑具有真实业务原因的挑战。
- 没有被质疑的都认为是被同意的。没有（及时）反馈则视同完全同意。

所有相互没有冲突的意见都应采纳，存在所有权争议的点也要做好标记。

意见征集的结果要通过（跨职能）数据决策团队进行传达，并要求其对存在的争议点做出裁定。

从设计上讲，数据办公室与单个所有权的分配没有利害关系，因此接受这些业务决策不会妨碍完成你的数据使命。

数据创建者：数据管理专员网络

这些人有权按需维护数据，可能是增加新国家代码，也可能是修改用户记录。数据管理专员通常分布在各个部门里。

由于数据创建者的工作对其他部门有影响，所以应该形成一个持续沟通对话的社区。数据创建者并不是外在"指定"的，而是由其所负责的日常业务内在决定的。

数据使用者：分析网络

业务部门通常有自己独立的分析团队。虽然同时了解业务和数据是件好事，但这样的设置也会带来很大挑战：

- 众多不兼容的解决方案，每种解决方案都有自己的技术和逻辑。
- 同一份数据的不同解释方式。
- 在数据源、应用逻辑等方面缺乏透明度。
- 没有单一可信来源。
- 数据血缘缺乏管理。
- 数据使用缺乏控制。
- 隐藏的宝石。组织中潜藏着大量有价值的数据和业务逻辑，在这种环境下很难被挖掘出来。

为了应对这些挑战，数据办公室和IT部门可以联合起来，为所有业务部门建立分析网络。以下是该网络需要处理的几类典型工作。

- 目标架构（IT部门牵头）。
- 技术和操作（IT部门牵头）。
- 为数据分析建立一个联合的治理架构（数据办公室牵头）。
- 在数据质量度量和改进方面采取联合措施（数据办公室牵头）。
- 协作，在团队间交流经验（IT部门和数据办公室牵头）。

双重忠诚

怎么才能让人们渴望成为数据管理专员网络或数据分析网络的一员？毕竟，他们属于不同的部门，向不同的上司汇报。当然，不必用跨职能的数据忠诚去替代业务忠诚。幸好这两种忠诚并不是相互排斥的。

人们可以通过正式的汇报渠道保持其对业务部门的忠诚,同时也可以成为数据社区的一部分,以展现他们对数据世界的承诺(见图14-4)。因此,当他们参与跨界沟通时,可以同时成为这两个世界的代言人。

图14-4. 数据专家应忠诚于两个世界

精心安排数据网络

这是数据办公室主动协调数据网络的绝佳机会。

这样的在线协作平台非常适合这一目的。但协作平台需要积极主动的运营。无论是社区还是数据办公室,如果大家觉得这些平台有帮助、能解决实际问题,就会积极使用。

在大型组织中使用在线协作平台有助于更快地达到"临界质量"。但如果在线协作平台用户太少,那大家也不会关注。协作平台的一个关键概念是让所有人都能访问。决策委员会经常苦于成员太多,但对协作平台来说,多一个成员就多一分力量。

信息共享也是如此。如果人们知道有一个平台可以共享信息,那么每个人都会优先查看这个平台。这样的平台一旦被接受,就可以成为传播数据相关信息的强势渠道。

最后,可以考虑联合行动、竞赛和奖励,这些举措会强化大家对数据社区的归属感。

你还可以考虑将成员资格正规化,使其看起来更有价值。"仅限成员参加"的会议能让人感受到作为网络成员的价值。印着"数据社区"字样的咖啡杯之类的小玩意儿也可以进一步增强这种归属感。

有计划考虑不同的受众

向不同的人传达信息不能千篇一律。

不仅要区分最高管理层成员和行政职员,还要在与业务人员和数据专家交谈时针对性地使用不同的措辞。因此,对受众进行正式的分组也是非常有意义的,也就是说,建立正式的受众小组,你可以对同一个组宣讲相同的内容。

首先,数据创建者和数据使用者通常没有太多的东西需要经常相互分享。如果想讨论参考数据的维护,数据使用者可能会感到厌烦。而参考数据的维护者不太关心数据可视化。所以说两个独立的网络(或网络论坛中的两个独立板块)通常是很有意义的。

其次，要将数据使用者进一步划分为操作型用户和分析型用户。

最后，观察"数据"视图和"业务"视图之间的差异。

- 前者专注于与数据相关的活动，独立于业务案例和优先级。
- 后者从整体业务的角度来看数据相关的主题，关注需求、紧迫性、机会、成本、资源和收益。

经验表明，这两种视角涉及不同的人和角色，因此将其分别组织起来是非常有意义的。图 14-5 对此做了概要描述。

层级	数据视角	业务视角
合作	a) 数据网络 • 数据创建者网络 • 数据使用者网络	a) 合作工作组 • 审查、建议、协议 • 团队领导和资深专家
管理	b) 数据论坛 • 行动、流程审查 • 批准与向上级反映问题	b) 数据管理委员会 • 更新、审查与反馈 • 数据所有者与职能部门领导
高管层	c) 高管层简报 • CDO月度数据更新 • 当前状态与新想法	c) 数据战略委员会 • 信息、批准、向上级反映问题 • 管理委员会，包括CDO

图 14-5. 针对两类不同的数据受众

经常提及的顾虑

在"常见问题"中更具挑战性的是"常见顾虑"。本章涉及了其中的大部分问题，总结如下。

准备解决哪个问题？

高管们有自己的优先事项和问题。需要为他们每个人量身定制一个故事。下面列举三个例子。

示例 1

首席财务官的故事

首席财务官知道自己的角色有多重要。因此，让我们问问首席财务官："谁在负责与首席财务官对等的数据管理职责？"

大多数组织拥有的数据多于有形资产。数据的财务价值也可以通过示例和报告来证明。

如果解释为什么"数据是一种资产"，首席财务官就会明白。

如果有数据，而且数据的价值很高，那么首席财务官恐怕是最后一个否认高层应该关注数据的人。

示例 2

生产部门的故事

生产部门的负责人可能认为不需要主动管理数据，因为他们已经有 KPI 了。

一个有趣的问题是："您知道 KPI 的准确性吗？"

也许生产负责人看到的数据类似于电：它就在那里，你只需给用电设备插上电，它就可以工作了。

你的问题可能是："如果使用的数据是错误的，会以多快的速度发现这些错误？""假如以错误的数据指导生产过程，会产生什么后果？"

用操作角度（如来自缺陷传感器的数据）和商业角度（如不正确的产品需求数据）的例子向他们解释数据，是非常重要的。

示例 3

法务部门的故事

为什么你的公司的律师对数据管理感兴趣？

有趣的问题可能包括："是否能概括介绍一下遵守公司隐私政策的情况？我们是否能够确保通过外部审计？是否承诺个人数据存储不会超过必要时间？是否认识组织中所有负责个人数据的人？"

此外，还可以问，如果该组织被起诉，他是否能够迅速收集所需信息以自证清白（或者尽早发现确实存在的问题）？

显然，还有更多的问题可以通过数据管理来解决。维护一个包含每个利益相关者（或受影响最大的人）关注的主题列表是很有帮助的。你一般不需要解释准备如何解决这些问题，因为大多数人对最终结果更感兴趣。

这对我有什么好处？

数据办公室要取得成功，做的事情就必须给别人带来好处。不是为他们自己，这太短视了；也不是为了组织，这太遥远了。你需要挨个说服同事，让他们知道你们的工作的确是在改善他们的处境。

这并不意味着需要调整目标。相反，如果将注意力从抽象的以数据为中心的目标（如"高数据质量"或"单一可信来源"）转移到可为业务团队带来的好处上，那将是非常有益的。

一般来说，你会发现人们愿望清单上的主要内容，我们称之为"A"。接着思考如何用数据帮助他们实现这些愿望，我们称之为"B"。所以，人们的价值主张一般可以简单描述为"通过 B 实现 A"。

例如，"通过流程自动化降低劳动力成本""通过实时提供用户和案例相关信息提高呼叫中心代理的首次呼叫需求解决率"，以及"每周精确预测需求，以减少生产过剩"。

"这对我有什么好处？"的第二个要点常常被忽视："这对我个人有什么好处？"请注意，人们通常不会这么直白地说出这一点，但必须在字里行间去寻找。

在某些（理想的）情况下，部门的成功会转变为个人的成功。然而，人们往往渴望获得个人利益，比如减少日常工作量，让自己的成就更加显眼，或者避免同事的无理抱怨。

最后，有时可能不得不要求人们跟随你的步伐，但却无法直接给予他们（部门或个人）利益。要诚实地回答"这对我有什么好处？"，答案应该是："没什么好处，只是从利益相关者的角度来看这样做更好。"

这种推广显然太难了，因为大多数人并不像亚里士多德曾经说过的那样："以行善为目的"。在这种情况下，你需要提供回馈。幸运的是，数据办公室的工作可以带来相当多元化的附加值，完全可以为每个人提供支持——无论是常规的数据服务，还是只有数据团队才能做到的事情；无论是满足部门的需要，还是满足个人的需要。

无暇顾及数据议题

记得一位新任命的首席财务官对 CDO 说："你有很多有趣的想法。我有时间一定会仔细看看。但首先我需要解决几个最棘手的问题。"

在这种情况下，"时间"意味着资源的可用性，同时也意味着必要的关注，这和管理层眼前最为关注的主题有很大关系。

在这样的组织中，CDO 向首席财务官报告，数据办公室团队可以在其角色规定的范围内自由运作，但还不可能马上向数据驱动型的组织转变。从这个故事中可以得出两条启示。

（i）数据需要快速交付

如果通过数据提供附加值，不要仅仅盯着规模最大或业务效果最显著的行动。相反，要从可以快速见效的行动开始，在这些行动中，不需要数据办公室之外的很多资源。这样做可更好地证明你的价值。

（ii）数据不是一项"高高在上的工作"，在当下就可以发挥作用

数据并不是凌驾于团队其他工作高高在上的，数据可以用来改进业务，但也需要额外的资源。数据能够让实际问题更容易解决。高管们无法自然而然地认清这一点，所以要尽早向他们传达这样的观念。

你也许还记得一幅著名的漫画：其中一位石器时代的男子刚刚发明了圆形的轮子，他试图将它推荐给两位同伴，这会让他们的生活马上变得更加轻松。而这两个人正在拼尽全力拉一辆装着方方轮子的车,没有时间去听一听那位发明家的建议。

有许多类比可以用来解释数据带来的机会。不过,还是要用现实世界中易于理解的例子来说明这个道理为好。

明天我们可以看看你的战略构想

你有没有在年底会计忙着结账的时候预约他们的时间?

不管你的战略想法有多伟大,人们往往都有更紧迫的事情要做。

问题一般都从稳定状态中产生。无论是首席执行官还是行政职员,大多数人总是忙着自己手头的事情。

借此机会,你或许想通过数据治理来设置和传达正确的优先级。但这可能无济于事。人们不会马上就放下他们手中的笔来配合你的团队工作。适当允许人们拖延一些时间,或许是个不错的办法。毕竟,他们总体上不会抵制你的想法,只是不想立刻行动而已。

那么,为什么不协商达成约定呢?"你可以在下周末之前完成这些任务,然后请你团队的两名成员与我的团队一起开展 XYZ 工作。" 把这样的约定通过电子邮件等方式记录下来。

通过这样的协议,同行们可以组织起来并做好准备工作。人们越觉得满意,他们自己定的承诺就会在未来产生越大的影响。

为了避免耽误时间,需要在预料到要与其他团队合作时尽早提出上面的建议。

IT 部门已经覆盖了这项工作

这里要区分三种不同的情况。

(i)数据办公室之外的数据团队

在过去,IT 部门的工作范围可能确实已经覆盖特定的数据方面。如果这些人或团队做得很好,也许他们应该作为数据办公室的成员继续这些工作。这是一个敏感的领域,应该认真倾听并谨慎采取行动。

在很多情况下,以前负责的团队愿意移交所有权,但却很难放弃自己的资源。所以首先还是要把职责界定清楚。一旦职责明确了,就能勾勒出整体的工作框架,确定谁做什么工作。

(ii)从事数据相关活动的技术团队

无论在什么时候发现 IT 技术团队也在做数据相关的工作,都可以用存在即合理来解释。对话中,有趣的问题可能是:

- 他们真的理解你们的业务问题吗?
- 他们在帮你(或与你一起)解决问题?还是主要提供工具?

从对这些问题的回答中,你将更深刻地理解职责的转变,或者发现技术团队里有优秀的数据专家，他们可能还愿意加入数据办公室。

（iii）尚未覆盖的活动

在没有总体数据战略的组织中，常常是 IT 部门提供有限的数据服务。

这种不完整的服务通常覆盖所有技术方面，但唯独缺少全面管理数据的关键活动。例如，端到端全局视图或适配跨不同业务功能的需求。

这些案例可以很好地解释什么是业务驱动的数据管理。

正确的数据处理会威胁我的项目

人们通常担心，如果遵循新的数据规则，他们的计划将变得过于复杂、不能按期完成，或超出预算。这个问题值得深入分析。项目经理或产品负责人通常并不反对"一次就做对"，他们只是不想压力太大让自己难堪。可以给他们提供一些有力论据：

- 增加一个月的时间，做些数据方面更具可持续性的工作，我们可以让整个企业变得更好。
- 或者，如果我们现在不这样做，数据办公室是不会给我们开绿灯的。

借助数据工作透明度体系来支持上面第二个观点：

- 每个项目都需要进行数据审查，结果也需要公开。
- 需要确定临时让步标准。
- 所有这些都必须得到数据决策团队的批准。

总之，你不应该让项目经理或产品负责人的工作变得更困难。相反，要为他们提供争取额外资源或预算的好理由。没有哪个负责人会拒绝获得资金和人员，以获得可持续发展的机会。

如果失败了怎么办？

人们不知道数据办公室是否会成功，以及它是否会继续存在。

由于专职数据管理岗位很可能失败，所以有政治头脑的人不愿公开支持新任的首席数据官。他们不希望站错队。老实说，这些担忧是有道理的，除非你之前已经在公司赢得了荣誉，或者经常与 CEO 共进晚餐。

在这种情况下，需要将目光投向自己的组织之外。虽然专门的数据管理岗位在组织内可能确实是个新鲜事，但它已成为外部所有行业的通用做法。首席数据官数量的急剧增长已经持续了一段时间，并非昙花一现。

无论你对组织数据处理方法的正确性有多么自信，还是要强调数据管理不是你们自己的发明。除了那些以数据处理为主业的公司外，其他类型的组织也有很多值得借鉴的例子。可以引用大型咨询公司的观点，传递如下信息。

我们不是第一个拥有数据办公室的组织。其他人以前也成功地做到了这一点。如果我们不这样做，我们就会失败，或者被竞争对手超越。我们无法承担开倒车的代价。

与此同时，鼓励每个人与你合作并做出承诺，作为 CDO，将勇于承担风险，甚至直面荒谬的指责。

没有数据办公室时也运转良好

我曾经听到一位资深企业人士说："几十年来，我们在没有首席数据官的情况下也取得了成功！"他说得没错。他的公司内部没有发生什么需要必要做出改变的情况。可是，别只盯着公司内部，请大家看看外面的世界。

首先，事物在发展进步。技术进步了，用户行为和期望也发生了变化。其次，发展的节奏还在加快。20 世纪，一种组织架构可能在数十年内都可以有效运转，但今天不同了，不断变革已是常态。

哪个领域受影响最大？

并不是技术领域。尽管这一领域取得了巨大进展，但许多基本的商业模式仍然没有改变。汽车、火车和飞机依旧被用来将人们从甲地送到乙地，计算机仍然有屏幕和键盘，电影还是按矩形画面播放。

可以预见，在未来几十年内，这些领域都将发生根本性的变化。然而目前来看，组织需要对已经实实在在发生的变革做出反应。没错，我说的是数据的世界。当然，我们会看到未来这个世界会发生很多变化。但与许多其他领域不同的是，数据相关的变革已经全面展开了。很多年前对数据的探索就已经走出了实验室。

数据的未来已经开启。

我不想改变……

为什么变革管理作为一门学科在过去几年中得到了如此多的关注？

虽然周围的世界正在以越来越快的速度变化，但人类适应变化的能力却没有太大改善。改变更多地被视为一种风险，而非机遇。人们认为其负面影响大于可能获得的价值，但这实际上是一种偏见。

开始主动管理数据就意味着一种变化。数据管理就是变革管理。

对未知的恐惧，相比对某些具体事项的担忧，无法用事先准备好的答案给予简单回应。相反，需要系统地消除大家的恐惧。下面一些想法供参考。

（i）成为一个光辉的榜样

不要要求别人接受改变，而是要告诉他们你是如何做到处变不惊的。应该让他们看到你即使身处险境仍然乐于拥抱变革的样子。当然，不要墨守成规，要对变革保持开放的态度，准备迎接数据管理方式变革可能引发的各种挑战。

（ii）营造积极的氛围

数据让人兴奋。请展示宏伟的前景和机遇。这样做的目的是激发人们的好奇心。要给大家倾诉顾虑的机会。让他们表达自己的问题和想法，并且要透明地处理这些问题和想法。像医疗顾问一样推动数据办公室的工作。医疗顾问一般会帮你解决眼前的问题，并教你从现在开始如何照顾好自己的身体。

（iii）克服对未知事物的恐惧

许多同事可能担心无法适应新的工作方式。毕竟，对许多人来说，人工智能和机器学习是"魔法"的同义词。要向他们传递这样的信息："你不需要详细了解所有细节。只有少数人需要成为真正的专家。这里的数据会让组织里的其他同事工作更加轻松。"

我会被算法取代吗

人们担心几十年积累的经验和专业知识会变得毫无用处。需要承认，从这个意义上说，一部分专业人员肯定会失去竞争力。

有些人所掌握的技能是社会完全不需要的，对他们来说，恐惧是理所当然的。但维持现状并不能解决问题：其他组织将获得成本优势，导致更多工作岗位面临风险。

关于这一点，以下两条信息很关键。

（i）技能是可以提升的

很少有人会变得不可救药。学过的技能也许会过时，但天赋或智力则不会。因此，可以通过培训来充分挖掘人的天赋和智力，培养经得起未来考验的技能。

（ii）AI 和人类互为补充

人工智能和人类可以互补。如果两者的效能都可以达到 90%，那么两者的结合就有可能达到 97%。此外，人工智能仍然专注于完成重复且难度不太高的任务。这可以让人类专注于更具挑战性的任务，这通常也是人们更喜欢的任务！这就好比网球混合双打：

- 人类在创造力方面有优势，比赛中仍然需要人根据眼前的局势、对手状况以及意外情况等因素来决定用哪种击球方式，判断最佳击球点位。
- 机器在精确性上有优势，可以确保球能够准确地落在球员希望的地方。

另一个适合人类的领域是产品质量控制：目前，你还不希望用人工智能去验证人工智能产品。这个工作仍然需要人来完成。

想一想即将投入使用的基于人工智能的皮肤癌症影像诊断系统。这类解决方案是如何卖给世界各地的医生的？他们没有听到"人工智能将取代医生"的话，而是得到这样的信息："这是一个可以让你的医术变得更高超的工具。"

你需要向组织的所有员工传递类似信息。这并不是为了麻痹他们，而是因为这就是事实。

第 15 章
治理心理学

"信息不对!"

图 15-1. 你也许认为数据足够了,但离实际需要还相差甚远!

不要全盘否定

恰当的数据治理必不可少。但是否需要由 CDO 来创造治理呢？

人们将很难接受用另一个制度来替换当前行之有效的制度。那么，为什么要改变当前这个制度？如果将现有制度融入整个数据治理框架中，那么就能够赢得原制度制定者的支持，以及那些愿意遵守原规则的人的支持。

有利于专注解决现存主要矛盾，能解燃眉之急才是考虑新制度或标准的另一个理由。

你可以争取这些数据治理要素的所有权，而不用着急改变它们。当遇到新情况需要改变时（如考虑新的决策机构），你可以强调核心原则保持不变。

有时，甚至可以把最初用于单个业务领域的规则或标准扩展应用范围。对于那些工作成果在其职责范围外得到发扬的人，往往可以期待他们成为忠诚的支持者。

寻求最佳解决方案的途径就是赢得人心。如果现有策略或规则还有改进的空间，就应该留出充分时间与原来的策略制定者一起讨论如何优化这些策略。

设计可接受的启动安排

明智的做法是构建一个人们广泛认可的数据管理架构，并清晰地定义相关角色。

- 模式可以是所有的基础工作由 IT（数据库、基础设施、软件许可等）或者数据管理团队（数据规则、治理、业务协调、术语表等）承担。
- 可能要暂时接受由某些团队来负责原本考虑由数据管理办公室完成的部分工作。实际上，这样容易获得更多支持，并且有助于缓和不可避免的权力竞争冲突。
- 如果在解决痛点方面表现突出，通常最高管理层可能会考虑让你再负责其他领域的工作。但是，不要擅自涉足其他领域，除非有充分合理的理由。

借助公认权威树立你的权威

最高管理层的全面授权是必需的，但这不一定能在日常工作中派上用场，因为不可能无时无刻都像警察执法一样工作。

因此，有必要看看哪些方面能树立你的权威，即使不是那么正式。

保险起见，将公认的组织战略转化为具体的数据战略，如"为实现（组织战略 X），我们需要聚焦（数据战略 Y）"。

除此之外，还可以引用最高管理层成员和其他有影响力的高管讲话，以旁敲侧击的方式来引用，避免给他人带来一种狂妄自大的感觉。

那些积极的支持者甚至明确表示你可以引用他们的话，如"我们的首席财务管让我也考虑……"。

引用那些支持你论点的话或文章。只要多加留意，可能会发现许多有用的说法。例如，他们会说数据有价值，或强调在做决策之前需要更多地关注数据。

会议纪要是一种达成协议的有力工具！做会议纪要时，一定要把此类说法记录下来，甚至可以通过正确提问的方式借相关高管之口说出所需要的话。

最终，人们会形成这样的印象：CDO 和数据办公室的工作方向是得到绝大多数决策者支持的。

平衡的艺术

如果结构性问题的答案只能在两个极端选项中做出选择，我们会有更多成功的领导者，因为即使没有任何专业知识，也有 50% 的概率选对。

但实际上，成功的管理是在两个极端之间寻求平衡。这个方法包括前期的思考过程，这个过程与个人看法有很大相关性，接下来是一个以密切观察和积极倾听为基础的不断调整的过程。

关于平衡有很多情形。这里列举四个例子进行说明。

专制与民主

专制意味着"我知道答案。我制订规则。你只需要遵守。"许多部门倾向于遵循这种方法：我们是专家，其他人不是。为什么要让其他人参与规则的制订？民主则意味着"不要设定规则，除非多数人赞成。"按照这种方式，可能会出现两个错误情形。

首先，你可能会面临这样的情况：所有部门必须服从最大利益（即从利益相关者的角度看），但民主可能导致出现多数投票反对利益相关者受益的局面。其结果就是，要么所有部门都"各行其是"，如同一盘散沙，要么做出不合适的经营决策，其结果是大多数利益相关者获益，而整个组织却没有获益。

其次，大多数人都不喜欢那些虽然重要但很严苛的规定（如财务制度或法律合规要求），可能会导致这些规定难于贯彻执行。

但无论从总体策略角度，还是从个案处理角度，这两个极端之间总存在某个平衡状态。

（i）治理

假如决策有可控的余地，即组织有能力防止负面因素对决策的影响，就像在民主制度下，宪法具有能够防止多数人压制少数人的作用，民主才能正确发挥作用。

首先，确定一个指导原则框架。这个框架要具有普遍性，能在最高管理层层面讨论，如"安全至上"或"合规为先"。

此外，获得认可的数据战略和数据原则能确保各利益相关者在不影响数据目标的情况下自主管理他们的数据。

（ii）具体情况具体分析

做出权威决定并不意味着忽视其他意见。切实可行的方法是，邀请所有利益相关者参与，广泛听取各方意见，然后制订解决方案。请所有利益相关者本着公平公正的态度对解决方案进行评审。如有反对意见，必须提出充分理由。

这样当你最终做出决定，或将你的解决方案提交数据委员会批准时，没有人会感到意外，因为每个人都有过机会提出合理反馈。

集中式与本地解决方案

严格的集中式方法缺乏对本地特殊性的考虑。

本地方法能形成满足本地需要的优化方案。但各种区别甚微的本地解决方案可能导致不同的"最佳方案"，从而造成多种解决方案共存的情况。

同样，需要通过一种平衡的方法找出最优方案。

邀请所有本地利益相关者，以及数据网络中来自各职能部门的专家共同讨论得出集中式解决方案。他们的建议需要从整体业务案例角度加以验证考量，而不能仅从本地利益考虑。

在这种情况下，需要从整体业务案例综合考虑"复杂性成本"，即考虑多种不同方案（通常是本地方案）或方案的不同方面所带来的影响。这种影响的复杂度会呈指数级上升，特别是同时考虑了失误风险，以及未来基础性变化对整个生态系统所带来潜在风险的情况下。

标准化与个性化

每个 CDO 迟早都面临着这样的困境：数据架构师关心结构，而数据分析师更关心自主性。同时，数据库设计师希望形成某种固定的模式，而业务人员则希望为了快速响应业务逻辑变更，能够随意更改应用程序和数据库。

无须纠结，"可配置"是有效平衡"标准化"和"个性化"的绝佳方式。这种方式将影响企业数据模型。如可能，有效的场景不应该存在于数据模型之外，哪怕是以"已认可的例外"形式存在。相反，尽可能将所有有效的变数都作为数据模型的一部分。这样做的好处在于，让业务人员在准备整体业务模型文档时充分考虑其业务目标和偏好，从而使得软件架构师能够准确地设计数据架构。

当然，构建复杂的数据模型会带来成本。但这时的成本不会太高。当架构师和软件开发人员在开发应用程序和数据库结构时反映了业务逻辑，就能很大程度地避免更多误解。如果有人认为得到的数据模型太复杂，可以向他们说明，这个数据模型反映了组织的业务模型，是复杂的业务模型导致了复杂的数据模型。

瑕疵与完美

假定为理想方案付出的实际努力定义为 100%，那么在不考虑任何例外或偏差的情况下，实现正常流程所付出的成本是多少？

最多占全部努力的 5%。

处于压力之下的人往往这样做：忽略适当的异常处理，从而减少成本和时间。基于数据解决方案的主要目标就是解决与正常流程的偏差。因为这些弥补偏差的工作占用了大部分业务成本。但是绝对不会有人放弃这 5%！

一定需要做到 100% 完美吗？可能不用。著名的 80/20 规则（即二八定律）也适用于数据。用 20% 的努力实现 80% 的完美解决方案，要比用 5% 的努力仅仅只实现正常流程要好得多。

记住，那剩下的 20% 也不应放弃。应将所有差距作为"数据特许权"登记在册，并随着时间的推移逐步解决它们。

塑造你的数据品牌

对许多员工来说，"数据办公室"可能听上去技术性太强。要试着将其转换为大家容易接受的品牌。如果组织制度允许，可以考虑设计一个简单、活泼、传达正能量的品牌标志。在提供服务或发布消息时，都使用这个标志。

这里简化一下数据办公室的工作任务，让人们更易理解，如图 15-2 所示。

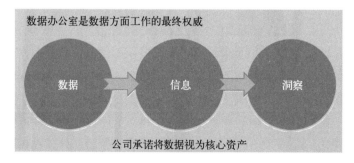

图 15-2. 数据办公室概要

电梯游说

每个人都知道电梯游说的重要性。你的游说方案更新了吗？

当然，没有一个放之四海皆准的数据管理电梯游说方案。怎么说主要取决于自己的想法和组织的实际情况。但是下面这些方法值得借鉴。

表达方式建议：基本描述（能表达你的观点，无须与目标受众相关）+ 针对目标受众的信息。请记住，每个人往往都会从自己的角度出发，去看待不同问题，判断各种机会。

（i）通用的基本描述

要想一句能深入人心的话。例如，"我想我们需要一个专门的权威数据团队来保证公司的平稳运转，确保基于事实做决策。"

我们将面临有关"数据"的特定挑战：许多人（包括大部分高管）都不清楚"数据"到底是什么，或者认为你在谈论 IT 方面的事情。

这种情况可能需要解释，但最多也不要超过一句话。有时候，高管并不需要理解整个概念，他们只需相信你即可。通常情况下，引用外部公认的权威机构可能会有所帮助。

目标是让你的关注者产生兴趣并提出更多的问题。这时要么清楚地解释说明，要么让高层对你的观点更感兴趣。

想好一两个希望让高管们在交谈后能记住的关键词。尽管需要谨慎地使用有限的时间，还是尽可能多提几次这一两个关键词。

（ii）针对特定目标受众的信息

要准备一个精彩的小故事，你可能希望面面俱到，告诉高层有数据管理比没有数据管理好在哪里。一个好的清单应该能覆盖如下三个部分。

- 哪些是目前尚未达到的目标（但通过数据管理有助于实现这些目标）？
- 哪些是目前能够超额完成的目标（通过数据管理）？
- 有哪些数据管理的机会能帮助组织在未来实现更好的发展？

谈话时这三个主题每个都要提到一点。这样可以从广泛的业务视角更好地讨论三个话题。

假设决策过程并不关注数据，那么数据管理办公室的电梯游说通常可以是：

您认为我们的决策多大程度上依赖于数据？您对决策有信心吗？

您是否知道我们拥有或可以获得大量数据来帮助我们做出更好的决策？

组织在您负责的领域之外有大量数据可能为您带来价值。

或者，如果组织面临的主要问题是每个职能部门都在做他们自己的事情，电梯游说可以是：

我们需要从数据中获得更多的洞察力。如果所有职能部门各自为政，这将导致重复与分歧。没有一个部门能全面看待问题。

如果高管们喜欢花哨的东西，而不看完整的数据情况，电梯游说可以是：

客观说，仅仅建立一个分析团队是不够的。需要做大量的基础工作，才能将所有业务职能整合在一起。数据可能错误或不完整。这就是为什么有数据就要管理，而数据往往无处不在。

试着迈出第一步——试着获得口头承诺，可以在以后进一步跟进：

当我向最高管理层陈述我的想法时,您会支持我吗?能先给我 30 分钟时间和您分享我的看法吗?

(iii)如果最高管理层成员询问你的建议

我正考虑设立一个专门的有实权的数据办公室。数据工作不应该是现有部门附带的工作,即使 IT 部门也是这样。要实现这个想法,我打算分两步走:

第一步:希望能够获得高层授权,我能成功完成工作不应该完全靠人们自愿接受我的安排。

第二步:我将说服所有职能部门积极参与进来。毕竟,我是希望支持他们,而不是从他们那里分走一杯羹。

不用太多解释,点到为止。如果还有不清楚的地方,最高管理层成员自己会问的。

第三部分
数据管理实践

第 16 章 数据业务案例

图 16-1. ROI 困境

数据的业务案例——为什么？

想想加特纳（Gartner）所发布的技术成熟度曲线。

我们即将进入一个新时期，在这个时期基于人工智能（AI）和机器人过程自动化（RPA）的现代数据学科将逐步取代人类智能。

每个组织都在成立 AI、机器学习或数据科学等部门，以免错过时代的列车。这就是 Gartner 所谓的"过高期望的峰值"。

同时，我们已经跨过了"我们需要无条件行动"的时间点。这并不意味着诸如 AI 和 RPA 等话题业已过时。这些主题没有过时。每个人都很清楚，那些获得成功的组织都是有效地利用了这些数据学科技术。

而且，我们已经到了领导期望利用数据来增加组织盈利能力的阶段。因此，当申请数据项目相关预算时，经常会听到"请告诉我能获得什么收益。"

这是理所当然的！数据学科如果不能直接或间接服务于组织目标，那它应该继续留在象牙塔里慢慢打磨。

是否已经到达 Gartner 的"泡沫化的低谷期"？现在还没有，但需要努力才能防止落入谷底，然后进入"稳步爬升的光明期"。

一个关键的贡献点：业务案例。一定要遵循这个原则："没有哪个项目是没有案例的"。记住，这与探索数据背后的技术无关。这关系到投资者和预算持有者对数据投资回报率的信心。

为此，找到业务案例是正确的选择。无论何时对某项活动做出决定，都应该有一个建立在事实基础上的业务案例来支撑它。利用事实来评价数据项目是一种很好的方法——你可以依靠数据来表示人们无法直观理解的内容。

另外，业务案例需要数字——不仅涉及成本，还涉及预期收益。对于数据项目来说，这尤其是种挑战，因为数据项目不直接产生价值，而是通过其他活动创造相关价值。

本章将专门讨论这些情况。让我们从 CDO 的角度更详细地研究业务案例的问题。

完美世界中的业务案例

在深入剖析解决方案之前，我们应该首先定义业务案例是什么，进而认清所面临的挑战和机遇。

业务案例背后的基本理念

步骤 1：比较项目投资。
- 与**最佳替代投资**相比较（如果资金可用）。
- 与组织的**资金成本**相比较（如果需要借款）。[1]

---

[1] 公司通常维持这样的标准利率。

步骤 2：如果项目带来更高的回报，那就启动它吧！

当然，这个说法很简单，但实际上许多组织的业务案例操作比这个更简单。

随时间变化的资金成本

典型的计算要考虑随时间变化的资金成本。

- 想知道项目回报是否高于（假设的）最佳替代投资的收益率，即**内部收益率（IRR）**。
- 首先，明确项目的所有开支或收入情况，包括"生效日期"（即资金进账或出账的日期）。
- 其次，以某个参考日期（通常为"今天"）为基准用相应利率计算实际收支情况。例如，从未来某天倒推到当日（今天）计算，称为"贴现"（参见图 16-2）。

图 16-2. 未来价值贴现

- 如果参考日期是"今天"，该结果称为**净现值（NPV）**。

诚然，这里面包括了很多未知因素，但总比凭直觉要好。注：这通常也适用于数据管理。

示例 1

假定 95 美元今日到期，且从现在起一年内将获得 100 美元。

假定 IRR 为 5%。

这个业务案例将观察两个金额的当日价值：

1）当日到期 95 美元。

2）按照 5% 内部收益率计算，1 年后得到 100 美元的现值为：**$100 / 1.05 = $95.24**

（公式：预期金额 / $(1 + IRR)^{年数}$）。

总的净现值为 $95 − $95.24 = − $0.24（为负）。

该组织希望盈利，但与预期替代投资相比，还是亏本！

在这种情况下，不做这个项目对组织而言是更好的选择。因为如果把钱投资到其他地方（或者不需要贷款），也许会赚得更多，前提是这个内部收益率是准确的。

考虑风险

未来若想赚钱，要同时考虑风险。

- 替代方案也会进入市场。
- 目标方案（例如，产品或软件）的计划生命周期是有限的，因此收益也会递减。

当然，要设计复杂的公式来确定与时间相关的"风险因素"。因为众所周知，未来充满不确定性。

图 16-3 说明了不确定性通常导致无法计算盈亏平衡点。

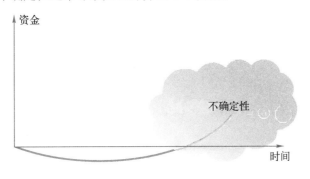

图 16-3. 不确定性与时间

这就是为什么大多数组织在计算回报时设定了上限，例如，三年后。业务案例忽略了以后的任何收益。

■ 注：准确计算是一回事，所有参数能否保持不变，则是另一回事。

项目选择

如果许多项目具有足够高的内部收益率，组织可能会限制项目数量，使其保持在预先定义的总项目预算内。因此，即使项目被计算为"值得投资"，也不会启动，项目数也可以保持在"水位线"以下，见图 16-4。

图 16-4. 项目的水位线

或者，组织可以从银行或资本市场获得额外资金。只要资金利率低于项目的内部收益率，就是值得做的。

在各种情况下，还必须考虑到资源的可用性。**专业知识可能是一种稀缺资源，无法简单**

地按需获取。这是限制项目数量的另一个因素。

一切皆好？

这听起来像是一种科学、牢不可破的方法。它将帮助所有与数据相关的项目获得资金和批准，只要这些项目从相关利益者的角度看是值得投资的。难道情况不是这样？在讨论如何选择有利的业务案例之前，先看看业务案例存在哪些陷阱。事实情况是：

- 业务案例存在大量挑战。
- **数据**业务案例带有某些附加情况。

让我们看一下其中的九项挑战：五个是一般性的常规挑战，其他四个是数据相关项目特有的挑战。

常规挑战

业务案例文化

先做个小测试：为什么大多数人**真的是**在凭空创造业务案例？
- 弄清楚项目是否应当获得批准。
- 通过各种方式施加影响使项目获得批准。

猜对了：很不幸，答案不是第一个选项……

受不健全的组织文化影响，项目经理的典型心态是："我必须'调整'案例，直到它足够'完美'。如果案例不够好而项目未通过评审，他们会认为我不行。我需要让项目得到批准，这样可以显示我的价值。"这听起来是不是很熟悉？

这种行为模式可以在许多大型国际公司中看到。这就造成了资金的次优分配，因为大量精力都浪费在"让方案看起来不错"上。

以下是业务案例文化的权宜经验法则：

不要奖励花哨的业务案例。
要奖励诚实的业务案例。

收益量化

项目的各种驱动因素都能被量化吗？
图 16-5 中的三个方面进展如何？

图 16-5. 难以量化的价值

尝试量化不良声誉对用户忠诚度的影响。这对于验证合规工作的正确性非常重要。

组织内部相互矛盾的目标

多个目标可能会相互冲突，即使每个目标都是合理的。一组典型的相互冲突的目标包括**可持续性、敏捷性和效率**，每个目标都是值得追求的，如图 16-6 所示。

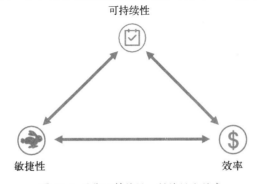

图 16-6. 平衡可持续性、敏捷性和效率

在运筹学中，这种情况通常通过目标函数来解决，其中不同目标的最佳权重是任务优化。

然而，在现实生活中，目标函数的参数 a、b 和 c 无法客观确定，每个业务部门都有不同的视角。虽然管理者的奖励计划旨在使个人目标与组织的总体目标保持一致，但仍然存在差距。

$$a \times 可持续性 + b \times 敏捷性 + c \times 效率 \rightarrow 最大$$

三个目标中的每一个目标都需要在业务案例中有一个评价值。风险管理甚至会增加事件概率，这是你不能确定的另一方面。对于数据项目，处理上述情况是数据办公室的职责。一位被充分授权的 CDO，因其跨部门，又具有长期的专业职能，应该比其他高管更能代表利益相关者的利益。

CDO 的最大挑战是对可持续目标的充分支持。经验表明，组织管理层中很少有利益相关者积极支持它。有时，只有 CDO 和 CEO 支持。如果 CEO 即将退休或离任，那就只有 CDO 了。

让我们来看看组织中的其他典型参与者：

- **项目经理**的工作目标是最大限度地提高效率，以便项目可以快速完成，避免产生过多的"官僚开销"。项目经理经常不会因为可持续性获得奖励。

- **CFO** 关注效率，即最好在财政年度内实现最大的资金价值。这包括边际成本（Marginal Cost，MC），一旦额外支出的回报低于某个阈值，CFO 提供资金的意愿就会大幅下降。
- **长期投资者**和所有者通常将可持续性放在首位。对他们来说，只要不产生未来的成本，时间再长一点也没关系。
- **法务部门**注重合规。这是可持续性目标的一部分。对这个部门来说，另外两个目标可能是次要的。

所有这些参与者都需要参与进来，但需要让他们量化其关注点。这样才能从组织的角度进行总体成本/收益的比较。

很难验证过去

想象一下创建业务案例的典型过程：
- 认真计算业务案例的成本和收益。
- 然后执行这个项目，成功完成它！
- 准确知道花了多少钱。
- 但是，你能够证明项目的收益吗（见图 16-7)?

问题：
- 无法很容易地证明先前说的收益。
- 确定的收益不能明确分配给单个项目。

预先判断业务案例的效果，以便更好地处理下一个业务案例。如果都不认可自己的业务案例，无论如何也不应该推动这个项目。

图 16-7. 难以量化的收益

很快过时的业务案例

计算项目将产生的价值时,结果是精确无误的。

但随着时间的推移……

事实上,未来的预期回报越高,不确定性就越大。

例如,新技术的发展可能会使解决方案变得毫无用处。

数据特有的相关挑战

有关数据计划的业务案例有时相互依赖,数据需要业务案例,同时业务案例也需要数据,如图 16-8 所示。

是的,先生,我试图为我们的BI项目测算ROI
——但我无法访问任何可靠的数据!

图 16-8. 进退两难的业务案例

这幅漫画揭示了这样一个事实,即数据相关的业务案例比一般的业务案例面临更多的挑战。

但是"数据相关业务案例"是指什么?它是那些利用数据或数据处理的业务案例的统称。这些案例形式多种多样,包括:

- 引入跨职能的主数据管理(MDM)。
- 订阅外部数据源。
- 组织范围内的编程马拉松(hackathon)。
- 增设数据科学岗位。
- 基于网站访问者行为的规范分析。
- 从 Hadoop 迁移到 Spark(或任何其他有关数据处理技术的 IT 项目)。

以下是数据计划业务案例中最常见的一些挑战。

数据并不迷人

再来做个测验。看看下面的故事有什么问题？

示例 2

在年度高管会议的晚间聚会上，机器学习负责人正在与首席商务官聊天，首席商务官是一位 30 多岁的女士。我们走近时，听到他正对她说：

"……然后我们通过放弃使用简单的 Hard Sigmoid 函数作为激活函数来改进神经网络，转而使用 Gudermannian 函数

$$f(x) = gd(x) = \int_0^x \frac{I}{\cosh t} dt = 2\arctan\left(\tanh\left(\frac{X}{2}\right)\right)$$

这需要更多的计算能力，但我们获得了更好的结果！"

首席商务官回答说："酷！我迫不及待地想请您向管理委员会介绍技术细节！一旦他们了解了它的工作原理，就会立刻提供额外的硬件预算！"

与此同时，她看着这个英俊的机器学习男士，觉得"他太可爱了！"

有没有发现问题？

这里是答案：

a）不可能看到专门研究机器学习的人受邀参加高管会议。

b）没有高管会听书呆子的话。

c）最高管理层想知道它是否有效，而不是它如何工作。

d）不要期望因为最高管理层成员了解了"数据"而增加预算。他们不会！

e）数据知识不会让你看上去很迷人（很抱歉，这里说了实话）。

确定赋能者的好处

数据项目通常是"赋能者"：它们所带来的价值增长体现在未来的活动中。例如：
- 主数据管理提高运营的稳定性。
- 分析为市场部门提供所需的市场洞察力，避免将资金浪费在徒劳的营销活动上。
- SOA[2] 避免数据不一致，从而减少财务部门人工更正的次数。
- 数据科学发现以前未知的相关性，实现按地理信息合理配置服务。

即使在没有政治因素或文化问题的情况下，为什么赋能者往往还是无法获得赞助资金？

---

[2] 面向服务的架构（Service-Oriented Architecture，SOA）。

主要是常常面临如下两个方面的问题：
- 直接经济收益几乎为零。
- 据说能给未来项目带来收益。

打个比方，看看数据世界之外的一个赋能者项目。

示例 3

迪拜哈利法塔（Burj Khalifa）的"赋能者"：地基！

这座塔的地基采用混凝土和钢结构，有 192 根地桩深埋地下超过 50m，混凝土超过 45000m³，重量超过 110000t：塔楼的 20%隐藏在地平面以下！

将该塔地基看作一个孤立的业务案例有什么价值？

巨额开支，没有一间屋子，只是一个平台……

这个案例已经暗示了第一个可行的方法：地基不能作为孤立的项目去审批和投资，需要将它与塔身作为整体项目看待。

收支平衡较晚

每笔投资如何尽快实现收支平衡？

如果一个项目从长远来看"能够赚钱"，就应该投资它。实际上，一个组织将获得与其项目预算相应的资金。即使还有其他待投资项承诺可以给利益相关者带来净收益，这些项目也不会启动。

哪些项目将成为第一批淘汰者？通常不是那些投资回报率最差的项目，而是**那些在遥远的未来才有投资回报的项目**！

图 16-9 显示了只有在组织定义的参考期之后才能达到收支平衡的情形。在这种情形下，组织将此类项目归入负投资回报率的项目。

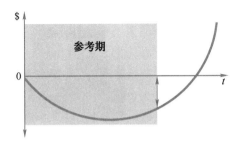

图 16-9. 参考期后的收支平衡

毫无疑问，大量的基础数据工作都属于这一类。

尝试用以下这些类比向高管们解释数据项目情况：

a）除了长远考虑之外，其他任何因素都会阻止航空公司购买新飞机。

b）在林业中，砍伐已长成的树木但不种植新树，似乎可以节省资金。但从长远来看，这是在扼杀组织的未来。

■ **注**：只要将数据视为资产，长期关注就会提升组织当前的估值（参见本章"随时间变化的资金成本"一节中介绍的"贴现"内容）。

业务领导的动机

正如你可能发现的，很多项目被否决，并没有什么实际的理由。

那么，为什么领导不积极支持所有的业务案例？有时候，领导们真的还没有搞明白这些项目。还有一些情况是，他们明白，但是：

- 看不到给他们自身带来的好处。
- 害怕变革。
- 更想遵循他们自己的计划。

数据业务案例最大的挑战就是业务领导很容易放弃！如果也没有其他高层领导能更清楚这些项目，那么几乎不会有人会捍卫或支持那些存有疑虑的业务案例。

数据业务案例的八个秘诀

与其抱怨我们无法改变什么，不如积极应对现状。分析可能阻碍业务案例获批的各种因素，准备一条万全之策！对于万全之策，不同组织有各自的看法。在此，很乐意分享我总结的八条数据业务案例秘诀，它们可以成为你策略中的一部分。

1. 积极做好利益相关者管理

不要忘记数据业务案例面临的最后一个挑战：对于那些你认为明显该做的工作，却缺少高管的支持。这就是争取利益相关者支持的重要性。理解他们、建立信任、营造双赢的局面，并为达成一致做出必要的妥协。

该如何做？加强联系。正式地面对面交谈，或喝杯咖啡聊一会。

关键点如下。

（i）提问和倾听

这点已反复强调。它也适用于业务案例管理。了解决策者最关心的痛点问题，据此来准备合适的故事。

（ii）激发好奇心，制造亮点

为特定高管准备有意义的示例，越具体、越真实越好！

还有一项与利益相关者管理相关的烦琐工作，即整理文档。通过朋友们或者支持者的观点印证决策者，确定并记录决策者之间的关系，形成利益相关者关系图。

然后，对利益相关者进行分类。以下几种分类供参考。

- 很难搞定的人：感兴趣但害怕行动。
- 抱怨的人：总在抱怨，但不出力。
- 好奇的人：对业务不懂，但愿意倾听。
- 自负的人：相信自己能够搞定一切。
- 肤浅的人：注重面子工程，没有实干。
- 傲慢的人：认为数据管理是多余的。
- 有承诺的人：完美的合作伙伴。

为每种行为方式准备不同的方案，当利益相关者的类型发生转换时要及时调整应对方式。

2. 培养数据素养和提升透明度

人们需要理解你所谈论的内容。管理好人们的预期，做好相应的解释，以提升人们对数据的信心。需要做点什么呢？

向全体员工普及数据知识。

说起来容易做起来难？完全正确！但还是要采取一些行动来改变这种情形。无论是谁，只要了解数据或至少了解数据能够实现什么，就能提供更多支持。

首先，要公正、透明，诚实对待各种利弊。尝试掩盖风险可能会让业务案例看上去更好。但不这样做，会有以下好处。

（i）有助于提高透明度

只要案例是真实、可信的，就有资格为所有参与竞争的业务案例设定标准。

（ii）提高你的声誉

经理们通常要处理那些人们暂时无法理解的事情，他们需要依靠良好的声誉来获得信任。不能指望太多人经过科学评估后同意你的观点。你需要他们的信任。

（iii）防止后患

与投资回报率相同但风险较低的投资相比，一个项目如考虑风险将降低它对投资者的吸引力。但这样能避免投资的失败，所以考虑风险很重要。应该将风险纳入业务案例中。

其次，不要指望人们会自觉地"走入数据天地"。要从他们能理解的程度出发，使用他们的话语，并设身处地为他们着想。

例如，如果进一步处理数据，就能够增加数据价值。打个比方，这个过程就如同将原材料（如矿石）加工为成品（如飞机）的增值过程，如图 16-10 所示。

这个例子很容易理解，就如同数据增值的过程，即将数据转化为信息和深刻洞察，如通过结构化、清洗将正确数据整合在一起等。

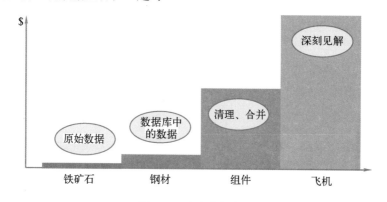

图 16-10. 价值演变过程

简而言之，可以用"数据—洞察—行动"同"钢铁—飞机—航空运输"进行比较。通过这个比较，我们发现从数据到洞察比从洞察到行动更加复杂。

不应就此止步。如同飞机只有在将乘客或货物从 A 地运到 B 地时才能体现价值一样，只有将从数据中获得的见解用于战略或经营决策时，才能为组织创造价值。

3. 创建和维护数据路线图

当人们不必就资源、资金或合规性等内容做出承诺时，他们通常对路线图上朗朗上口的术语持开放的态度。这就是最好分两步走的原因。

第一步，描述路线图，不提对具体资源或资金的要求。概括解释采取一系列步骤的理由。然后，请每个人对你的路线图做出承诺。如果人们找不出反对该路线图的理由，他们就会接受。

然后，当你的计划细化为具体项目并且需要资金和资源的支持时，就可以引用这个承诺。引用先前承诺的典型示例："本项目是你批准过的战略的一部分，可以在 X 年底之前帮助我们实现主数据管理（MDM）现代化。"

这种承诺如果来自高层，效果一定会很好，因为人们如要拒绝执行最高管理层决议，总会斟酌再三。这种方式不仅适用于筹措资金，也有助于在组织内部协调相关资源。

4．将数据作为资产对待

数据不仅越来越频繁地被称为资产，它还确实具有许多与传统资产的相似之处：
- 利用数据可以带来实实在在的业务收益，例如赢得新用户，同时留住老用户。
- 拥有数据资产可以提高效率。
- 将数据转化为具有更高价值的产品或服务。
- 数据会随时间改变，因此需要维护。
- 拥有数据却不利用，就是一种浪费。

此外，像数据这类无形资产比有形资产具有很多优势：
- 数据不会因被使用而减少。
- 数据能够在数秒内随处可用，而且每个人可以同时使用。
- 在加工有形资产时，无法"无限度地挥霍资产"。但对于数据这样的无形资产，却可以反复开发利用。

尽管如此，很多组织并没有将数据视为资产。加特纳（Gartner）前副总裁、分析师、数据分析专家 Valerie A. Logan 指出，"仅有 8%的人报告称其关键信息资产被按照资产负债表的方式所量化"（2019）。

或者，如 Daniel Swarovski 公司数据分析全球主管 Thomas Bodé 于 2020 年 2 月在巴塞罗那举行的一次数据会议上所说的那样，"数据是尚未被发现的隐形资产"。

市场状况令人鼓舞，千载难逢的机会就在眼前。即使现行法规对将数据视为资产还存在阻碍，但还是要强调这个主题。以下活动可能对此有所帮助。

（i）给数据贴上价格标签

数据应该依据潜在附加价值获得价格标签。无论何时，作为项目的一部分，每当数据价值（如通过提炼数据）增加时，应当将这种收益添加到项目的收益中，即使实际价值增长超出了项目范围（但要解释计算方式）。

（ii）与用户密切合作

让业务团队参与进来！跟团队一同确定数据供应链每个步骤上的数据附加值，如获取、清洗、丰富、业务指标或报告。接下来，获得团队对数据附加值的认可。直接来自受益人的价值标签是业务案例成功的敲门砖！

（iii）使用类比和示例

有时，一句大胆的话语可能有助于阐述问题，比如"未维护的用户数据会像被遗忘的苹果一样迅速腐烂。"事实上，随着数字时代数据量的飞速增长，数据可能会越来越多地被归类为快速消费品。即使不在那个行业，也可以考虑采用这样类比。

（iv）提出正确的问题

为了帮助人们，不是简单地问"这个报告有什么价值？"而应该问"没有这个报告会给你带来什么影响？"

（v）跟 CFO 交谈

在绝大多数组织中，首席财务管（CFO）都是值得沟通的重要人物。他不仅拥有很强的影响力，而且还比其他人更懂得资产特性和重要性。

（vi）制定策略

即使没有像 IFRS[3] 那样将数据视为"无形资产",对资产负债表产生直接影响,也可以在组织内制订相关制度,允许以类似于其他资产的方式处理数据。这样就可以把这些规则应用到被正式认可的数据资产中,如图 16-11 所示。

图 16-11. 数据是资产

5. 按需低调行事

根据组织处理数据的成熟度水平,数据驱动的计划可能会被迫以"悄无声息"的方式开展,直到首期试点工作被证明获得成功。

在不考虑未来复用的情形下,如果当前的业务案例没有显示出足够的收益,同时如果没有人对长期的业务案例感兴趣,那么就可以把这个想法"隐藏"到另一个被批准的项目中。

这样能够推动第一批项目的有效实施。相应的价值通常会在后续用例中逐步得到验证。例如,不需要二次实现任何与数据相关的逻辑,只需调用第一次项目中构建的 Web 服务。

让第二个案例的项目经理进行宣传,人们就会开始相信这个概念。

对于那些想以令人讨厌的方式实现目标的人,他们的计划会遭到其他人的抵制,然后不得不接受你的规则,这样你就可以实现目标。

---

[3] 国际会计准则(International Accounting Standard,IAS)38 描述了"无形资产"。参见 IFRS(2017)中对国际财务报告准则基金会(IFRS Foundation)的官方定义。

6. 解释不这样做的代价

正如我们所看到的，坚实的数据基础往往能起到很好的促进作用。各种收益都受益于与这个数据基础相关的项目。

与其将这些收益的一部分也归因于你的数据基础（并冒着被指责重复计算的风险），不如接受将收益分配给那些实施项目。运营这些项目的人将会感谢你支持他们实现其项目的财务目标。

考虑计算"不创建数据基础的成本"。利用这种方法可以列出所有项目，如果没有你的数据贡献，这些项目要么不可能实现，要么至少不会带来尽可能多的投资回报。

7. 设置并遵循业务案例规则

业务案例可能会面临挑战。例如，人们可能会指责你有偏差，或指责你试图让业务案例看起来比实际的更好。不得不承认，这样的指责往往不是凭空捏造的。这是你的工作获得间接利益的直接反映，因为这就是数据业务案例的实际情况。

因此，最好是通过遵守普遍接受的规则来准备业务案例。如果人们不必同时承担预算和资源，他们将更容易接受合理的原则。这就是为什么要在创建第一个业务案例之前做好这件事，因为达成共识不会让任何人付出意料之外代价！

当然，还要包括本章前面所述的所有标准组件，如"净现值"计算，或考虑收益的最长时间范围。此外，如果还能设法包含一些软性因素规则，则可以为数据相关项目带来更明显的好处。

第一个例子如前述的"不这样做的成本"计算。这应该在业务案例规则列表中占据首要位置，并成为公司标准。

第二个例子是有条件收益的处理。就像可能永远不会使用的灭火器一样，或许永远不会面临安全问题或声誉受损问题，但是仍然有充分的理由贯彻实施数据保护机制，正如有充分的理由准备灭火器一样。

计算此类收益的一个简单规则是将事件的影响与其概率相乘。一旦就概率和影响（正面或负面）达成一致，收益计算就变得容易了。

8. 营造公司数据文化

看看周围：组织内是否有职能部门几乎所有项目都获得了批准，而与发起人员无关？这是为什么？某些特定类型的项目是否被视为"理所当然"，是自然而然的"必须做的事情"？根据组织的（显性或隐性）文化，某些方面通常被认为是不可协商的，如：

- 数据保护的所有相关项目通常都能获得资金资产。
- 最高管理层发起的长期转型计划可以把项目纳入，将其视为其中的一部分以获得预算。

目标应该是将"成为数据驱动型组织"作为最高管理层发起的目标或计划之一，甚至可能作为组织文化的正式组成部分。

用案例说明数据是资产

业务案例不仅可以解释财务问题，也可以用来作为素材说服人们接受数据是资产这个理念。

是什么促使你做出预测？

这是一个真实的故事。我不会透露组织的名称，并更改了具体数字。

该组织的管理层认识到员工需要激励。他们决定通过分享几年前的一个故事来培养"我能做"的工作态度。

曾经，在经历了困难时期之后，该组织不得不为今后几年制定目标。所有高管都基于对现实的悲观看法，提出了非常温和的目标。

首席执行官对他们没有雄心勃勃的目标感到沮丧，站起来说："我们将争取增加 10 亿美元的收入！"所有人都惊呆了，这似乎不太现实。

但是，最终，他们都接受了这个目标。实际上，他们别无选择。所有高管都感受到了挑战，开始努力工作（无论如何他们都会这么做）。

几年后，他们从危机中恢复过来，实现了 10 亿美元的目标。

他们说，如果没有一位雄心勃勃的首席执行官，这些成果将永远不会实现！

几年后，管理层决定用这个故事来解释他们为什么要设定雄心勃勃的目标。怀疑论者想起了当时的成功故事。

不幸的是，与此同时，经济已经疲软。市场逐渐萎缩，竞争对手也在提供折扣以获得市场份额。尽管该组织在运营和商业上都做得很好，但收入和收益都在下降。雄心勃勃的目标没有帮助。实际上，他们混淆了现实情况，认为每个人只要想努力工作就能实现目标，就像上次那样。

从这个故事可以总结出三个关键经验，用于各种类型的财务预测：

a) 伟大的目标可能是有用的预测因素，但如果把直觉和雄心壮志掺杂在一起做整体计划，就相当于用上了随机数生成器，一切全凭运气。

b) 忽略外部数据会让你迷失。伟大的目标也不能防止曲解市场情况。

c) 仅仅依赖过去的发展做推测不是一个好主意。外部世界正在转变，这些变化不可能从内部数据中推测出来。

现在知道该如何做财务预测了吗？根据想象、直觉还是数据？

数据——为什么是现在

必须强调的是，在过去 10～20 年中，数据业务案例的基础发生了巨变。
- 根据加特纳（Gartner）[4]的预测，到 2020 年，将有 200 亿个链接的传感器、终端和数字孪生服务于潜在的数十亿物品。
- 可供分析的数据每两年翻一番。
- 随着计算能力大幅增加，现在可以采用一些消耗算力的古老算法。
- 人工智能算法飞速发展，已成为数学研究的热点领域。
- 数据科学家的数量在增加。作为数学研究的一部分，神经网络已成为一门越来越有吸引力的学科。毕竟，数据科学是应用数学。
- 用户期望快速发展。例如，如果组织要求用户提供他们已经提供过的任何信息，用户是不会容忍的，他们知道这种情况完全可以避免。

用户数据

普通数据能够作为资产吗？

示例 4

当我年轻的时候，我是说真的很年轻，我靠给一家林场分发广告小册子挣点钱。

这些小册子主要是派发给住在带花园房子的家庭，这些出售的树木对其他家庭几乎没有任何用处。

我被派往更富裕的住宅区，领导要求我不要在公寓楼、商店或小公司上浪费时间或浪费小册子。

现在，这项工作则由邮递员承担了，他不再检查地址是否属于目标群体的一部分。

因此，如果不掌握当地情况，林场将浪费大量资金给住在四楼的家庭发送小册子。而这些家庭却想知道如何在自家的阳台上种树。

现在假设你有描述每个住宅区特征的数据：这是乡村还是城市，是富人区还是穷人聚居地等，这些数据可以有效降低分发小册子的损失，确保只向足够富裕的乡村地区分发小册子。

更进一步：假设有包含所有地址的数据，包括房屋类型、花园大小、房产价值和其他属性，这样就能够更好地设定派发活动策略。

最后，如果可以将这些数据与你的用户档案结合起来，就可以确定应该向哪些用户

---

[4] "Leading the IoT（引领物联网）"，2017 年由加特纳研究副总裁洪马克编辑，见 www.gartner.com/imagesrv/books/iot/iotEbook_digital.pdf。

提供哪种产品。

考虑到与每个复杂程度相关的收益,可以为数据添加一个价值标签。或者,如果首先需要获取这些数据,则应该确定投资多少才能获得相应回报。

随着时间的推移,数据会老化,必须定期更新,以防止不可避免的浪费增加。

如果林场要求员工(像年轻的我)在分发小册子时收集所有必要的数据,就会收集到大量有价值的数据,甚至可以将这些数据出售给其他组织(当然仅在 GDPR 允许的范围内)。

现在再看一看这个例子[5]:如果写的是"魔法尘埃",而不是"数据",那么这个故事就更加神奇(尽管听起来有点像童话故事)。

区别是什么?组织可以很容易地将这种"魔法尘埃"归为资产。难道不应该把"数据"当作一种资产吗?

数据管理第 10 定律

无论从法律角度还是税收角度,组织都应将数据视为资产。

---

[5] 这个例子是否符合 GDPR?除合理使用的用户数据外,注意不要涉及任何个人数据。

第 17 章
数据伦理与数据合规

"我正要去地下室检查我们有没有什么暗数据……"

图 17-1. 数据的阴暗面

伦理行为与数据有何关系？

可能会出现什么伦理问题？

众所周知，大多数国家不允许各组织因肤色或宗教信仰而拒绝求职者。这些原因很容易理解。但是法律无法禁止所有数据处理过程中的恶意。其中很多不道德行为出现的时间都比较短，还未能写入法律条款。相反，有些不会造成任何伤害的数据活动却被法律禁止，组织即使没有任何恶意行为，也可能因为这些活动而受到惩罚。

考虑到上述这些因素，在组织中处理数据时，应该如何对待其中的数据伦理规范问题呢？

首先看看几个示例，这几个例子都涉及使用数据技术过程中存在的争议：

- 在平均意义上进行总体优化，却忽视了某些个体的利益。
- 接受某些算法上的错误，却让部分用户承担了代价。
- 未经所有者同意使用个人数据，以保护此人免受无关广告的影响。
- 利用数据作为武器对抗他人来保护自己。
- 分析人群数据以影响他们的行为。
- 伪造数据或算法以改变受众对事情的看法。

你可能认为其中一些观点是完全错误的，也有一些观点是可以接受的；或者你可能会说观点的对错应取决于实际情况。

无论如何，任何情况都不是能简单区分正确与否的，而是值得仔细思考。

当前所处的数据合规环境如何？

当人们开始了解使用数据带来的新业务机会时，同时也会意识到其中存在的新风险。

这包括对未知的恐惧：可能有些事情根本没有问题，但由于缺乏规则上的透明度，而无法分辨哪些事情是没有问题的。为了解决这种情况，越来越多的国家正在对数据处理活动进行监管，提高数据规则透明度成为监管的一部分。

在发生了几起会计丑闻之后，美国将重点放在透明度上。《萨班斯-奥克斯利法案》迫使各组织在财务事项上保持透明，该法案已于2002年出台。

欧洲主要关注的则是数据隐私。GDPR[1]于2018年5月在欧盟正式施行，经过一年的

---

[1]《通用数据保护条例》（GDPR）规定了个人、公司或组织如何处理与欧盟范围内自然人相关的个人数据（欧盟，2019）。

宽限期后，从 2019 年开始陆续有欧洲各地的组织开始因违反 GDPR 而受到处罚。非欧洲的组织如果想在欧盟做生意，也必须遵守 GDPR。

美国和其他非欧洲国家的许多同事告诉我，他们认为相对于数据隐私问题的挑战，GDPR 的反应过于夸张了。然而，这不应该成为降低合规要求的理由。我经常向我的美国朋友解释，欧洲当局对待 GDPR 和美国当局对待 SOX 合规一样认真（正如我会同样告诉欧洲朋友，他们需要多么认真地对待 SOX）。

基本上所有大陆国家都将 GDPR 作为制定本国法规的参考点，因为随着技术的发展数据滥用的可能性增加了，而且这种滥用还不局限在一个国家范围内。

各个国家并没有等着欧盟法规出台照搬，而是纷纷各自行动。例如，中国在 2017 年实施了《中华人民共和国网络安全法》；俄罗斯早在 2006 年就制定了《俄罗斯个人数据联邦法》，在 2015 年进行了修订，明确要求俄罗斯公民的个人数据需要"本地化"存储。[2]

尽管如此，许多围绕数据的潜在不道德行为尚未受到监管。但各国政府正在增强数据监管意识，预计将会有更多的法规，例如，在人脸识别领域。今天被允许的东西明天可能会变得非法。

有趣的是，大多数法规使用"基于同意的模式"：处理个人数据需要此人的明确同意。然而，在个人同意的情况下（一些垄断者可能不会让人们有选择权），对其数据所做的几乎所有事情通常都是合法的。

你可能还希望对数据增加其他的限制。例如，即使经过个人同意，在某些情况下许多国家也不允许进行个人信息的本地化存储。

每项业务导致的数据伦理问题

在这种情况下，组织在定义其数据伦理方向之前需要问自己几个问题。典型的例子包括：

- 我们会利用有争议的数据相关技术和机会来获益吗？
- 如果是这样，这些收益有多大的可持续性？
- 我们是为了获得更大的好处或者因经济原因而遵守伦理规范，还是两种动机的都有？
- 伦理行为在多大程度上对我们有意义？
- 伦理行为在经济上有直接或间接的回报吗？
- 超越法律要求的伦理规范有意义吗？
- 我们在组织内部是否对什么是"数据伦理"达成共识？

---

[2] 这是使业务遍及世界各地的组织难以在全球范围内使用标准化软件和中央数据存储的法律之一：俄罗斯公民的数据必须在俄罗斯注册和存储，然后才能将副本发送到俄罗斯境外的另一个存储库。

有哪些选择？

一个组织不是只能在被迫遵守或不遵守伦理之间做出选择。下面介绍了几个现实的做法。

(i) 基于业务案例，就事论事

根据业务案例的复杂情况来决定是否合规。在某种情况下，不合规预期会带来收益。

成本/收益比计算必须同时考虑不合规行为的直接财务影响和间接影响（如声誉）。

此外，违规被处罚的成本要乘以其预期发生概率。

最终，如果组织认为自己可以侥幸逃脱处罚，就会更容易出现违规行为。

例如，决定是否遵循 GDPR 就是一个典型的业务案例，即将不遵循标准导致的预期处罚金额和带来的消费者反应成本相加，再乘以被发现的概率。

从本质上看，如果选择违规带来的预期股东价值会增加，组织就会选择违规。

当然，这种选择方法会给组织带来重大风险。

- 可能计算因违规被抓时产生的各种影响：一定会发现实际上会比估计结果更糟糕。监管机构进行处罚时，会区分那些懒得解决已知问题的组织和那些出于盈利原因而有意识地违反法律的组织。
- 组织可能会因此倒闭。以臭名昭著的剑桥分析公司为例，它一度在这方面做得看起来非常成功，通过违规使用数据来取得报酬，并获得了巨大盈利。然而，因为在业务过程中违反了隐私法，该公司不得不在 2018 年结束运营。也许，剑桥分析公司的倒闭是整个游戏中精心设计的一部分，但这个故事本身展示了公众对数据违规行为反应的巨大潜在力量。
- 不道德的行为不仅会危及组织本身的声誉，也会破坏管理层成员的声誉。一旦简历中有不道德行为，对职业生涯的影响将是巨大的。

(ii) 数据合规成为组织不可商榷的原则

在这种情况下，组织决定任何情况下都必须遵守法律。

在法律允许的边界之内，根据业务案例决定如何行动。

这种选择初听起来是可以接受的。至少就法律合规性而言是安全的。

但如果从其他的角度看，风险就会变得显而易见：如果某件事情有回报，只要不是法律上禁止的行为，基本上就会决定这么干。

那么，会导致哪些风险？

可惜，惩罚并不是唯一需要考虑的负面后果。

每个人都看到了社交媒体垃圾风暴的影响，它们让组织看起来很糟糕，并会影响消费者的行为。有多少潜在的活动真正违反了法律？看两个例子：制药公司以超出大量患者可接受范围的价格来销售专利药物，或者货运公司用劣质原油为其集装箱船提供燃料，虽然两者在法律上都是允许的，但会带来负面影响。

如果剑桥分析公司在取得用户授权的情况下获得个人数据，公众的判断就不会是现在的结果。该公司之所以关闭，主要是其业务模式存在严重问题。

（iii）基于数据伦理的业务案例

这里再次引用一个业务案例（情况可能比较复杂），既要考虑短期成本又要考虑长期成本。

除此之外，我们还得承认，伦理行为似乎有市场。

你可能会问：如果只考虑法律底线而不考虑伦理因素，可能会带来什么风险？

从根本上讲，在业务案例中要同时考虑法律和伦理方面的问题。

问题是，这样就很安全了吗？

答案是令人失望的，这种情况下仍然有相当大的风险。

这个世界的变化速度比以往任何时候都快，用户的行为也是如此。当前的业务案例可能无法反映今天以后的用户行为。它可能是基于对用户过去行为的感知（基于过去的数据），或者用户的偏好可能在测量后不久就发生了改变。

例如，几年前，当碳中和概念刚出现时，我记得一家快递公司的高管问："到底谁会愿意为环保运输而支付更多的费用？"

确实，这在当时有点超乎想象。但到了今天，为了满足用户的强烈需求，即使付出了额外的成本，很多组织也坚持以碳中和的方式运输它们的货物。主要的运输供应商都在提供这种服务。

在评价了上述三种数据伦理处理方案之后，下面是我的建议。

（iv）将数据伦理作为一种组织原则

当涉及决定一项数据处理活动是否可接受时，不应让法律成为你唯一的指南针，必须符合数据伦理，特别是在人工智能领域。

这就是组织文化发挥作用的地方。在没有任何伦理指导的情况下，"如果我们能做到，让我们去做吧"或"如果法律不禁止就可以做"的文化会迅速发展。在这种情况下，一旦监管收紧或消费者行为发生改变，改变员工的行为可能具有巨大的挑战性。

请记住：到目前为止，人工智能的许多方面还刚刚出现，没有受到监管。预计很快就会针对人工智能应用出台进一步的监管措施。

在这种情况下，如果违规被抓住了，某些"过去不受管制"的事实并不是一个有效的借口。监管机构充其量会给出一个过渡期。

创造一种谨慎的文化要比监督没有伦理指导的员工活动更容易。

更广泛的视角

我们应该记住一点：伦理上可疑的人工智能只是一种古老行为的现代形式。人工智能本身并不意味着邪恶。

可以这样说：人类智慧在伦理上存在可疑点是一个悠久的传统话题。有偏差的人工智能算法所做的歧视性决策与传统人类歧视性决策相似。主要的区别是，组织现在可以把责任记在算法头上了。

2019年柏林航空破产时，汉莎航空暂时垄断了一些德国国内客运航班，立即提高了票价。

当这一切公开时，汉莎面临着从业务混乱到呼吁抵制等一系列的公关危机。

汉莎急忙解释说，公司使用了一种算法，根据需求和上座率等各种因素来确定最佳票价。虽然这不是谎言，但很容易看出，这不是汉莎航空遭受的"天灾"。

这个算法没有考虑到汉莎航空声誉的损害，其带来的损失高于通过临时增加票价而获得的相对较小的收益。

如果组织建立了基于伦理的文化，并配备一些了解数据的工作人员，在开发定价算法时就应该会考虑所有这些问题，例如，设定机票价格的上限。

这样是否意味着我们不再需要考虑数据的业务案例了呢？在实际工作中应该有两个层次，第一个过滤器是组织的伦理文化，其次是作为财务过滤器的业务案例。

利益相关者或组织的所有者会如何看待这种方法呢？他们会认为你是为了遵守数据伦理而牺牲利益相关者价值吗？

幸运的是，即使从个体价值的角度处罚，组织也应该以合乎伦理的方式来处理业务。这种伦理操守会增加组织的价值。如果出现违反伦理的事件，用户会对组织产品进行抵制，这会大幅破坏组织的价值。

在20年前，几乎没有人认为某一天有相当多的人会愿意为合乎伦理的产品或服务支付溢价。

但到了今天，事情发生了很大变化——让我们有勇气通过遵守伦理规范来让组织成功！

GDPR是一劳永逸的吗？

我们的GDPR项目已经在2018年5月25日之前完工了。因此，现在我们已经完成了GDPR的相关要求。对吗？

GDPR迫使我们按照本应该做的那样处理数据。最终，GDPR合规的威胁确保我们的项目得到了资金等方面的支持。

许多组织认为"GDPR"是个带有外部规定截止日期的一次性项目。在很多情况下，目标不是"实现 X",而是"在最后期限之前足够接近合规要求"。

虽然这是 GDPR 合规性的一个组成部分,但建议关注 GDPR 的其他三个方面。在我看来,这些方面至少具有相关性。

"项目"完工并非意味着已完成所有工作

第一个方面是,不要因为 5 月 28 日了,就停止工作。

这比较好理解,因为组织将继续接受审计,而早期被监管当局认定为合规的组织也可能被重新评估是否存在合规问题。之所以出现这种情况,是因为监管机构认为随着时间的变化所有组织都已有足够的时间来真正遵守相关规定。

但现实表明,在一些组织内部,随着 GDPR 合规项目的完工,组织的注意力和资金很快就转移到了别处。更有趣的新话题很快就会出现,GDPR 从领导的关注屏幕上消失了。

隐私保护必须成为日常思维方式

第二个方面是,GDPR 合规应该作为日常工作,而不是一个能够启动、执行并希望按时结束的一次性项目。GDPR 通常被认为"超越了人们的日常工作"。恰恰相反,它应该成为我们日常工作的一部分。

隐私保护需要成为组织的一种原则。第一个"项目"应该是在我们的目标中建立数据隐私理念,而不是实现 GDPR 的技术要求,如图 17-2 所示。

图 17-2. 数据隐私最糟糕的情况

看到业务机会

第三个方面是真正积极的方面:GDPR 不仅不会让一个组织的工作变得困难,它还帮助组织建立新业务模式,并提供一个明显区别于竞争对手的机会。

你的用户不喜欢下面的信息吗?"我们将始终告诉您我们如何处理您的数据。您能轻松管理我们对您了解的信息。"设身处地为用户着想——他们害怕什么？如果用户真的信任你，不会要求你放弃对他们的了解。

GDPR 在内部似乎也会带来一些立竿见影的影响。以前，分析人员常常将 C++或 Java 编程的"垃圾收集"转换为数据收集："收集、存储和保存尽可能多的数据，这可能对未来的事情有好处。"

这种行为往往是无效的。如果收集了所有能掌握的数据，很可能会难以确定有价值的部分：因为树木而错过森林！用另一个类比，你正在制造噪声：想想在繁忙的市场或火车站，仔细听某个声音是多么困难。

GDPR 作为一个工具加强了我们收集数据时的价值意识，有助于组织在无条件地收集数据之前进行思考和计划。

最后，伦理行为并不是成功的敌人！如果将数据隐私作为组织优先事项的一部分，那么就更可能取得长期成功，包括树立卓越的声誉。用户比以往任何时候都更重视可信的行为。

建议

基于以上三个方面，下面是我的建议。

（i）同时解决系统和文化问题

这两个方面都是同样重要的，项目要包括明确的可交付成果和文化变革。

（ii）将数据治理扩展到数据隐私保护

管理得当的数据将使 GDPR 合规变得容易，包括证明合规性的能力。

（iii）将隐私保护纳入组织价值观

强调数据隐私带来的机会。请注意，只有一项行为的价值至少与其他行为的价值处于同一级别时，人们才会遵循该行为。否则，人们会更重视当前的短期利益，而不是聚焦于长期成功因素，例如，如何对待用户和其他各方的数据。

（iv）让所有利益相关者参与进来

作为 CDO，无法独自完成所有这些工作，CIO 也不能。组织需要建立跨职能的联合团队！此外，组织中的所有职能领导都需要了解不合规的风险和合规带来的新机会。

第 18 章
外面的世界

"知道你需要什么吗?
换换空气!"

图 18-1. 沉浸在自己的数据环境中?

为什么要把目光投向组织之外？

没有哪个组织是孤立存在的。外面发生的很多事情都会对组织内部产生影响，既可能构成威胁，也可能带来机会。

我们有足够的理由去主动关注组织之外发生的事情。本章将讨论一些不那么容易关注到的话题。

跨组织共享数据

越来越多的组织开始在某些群组中共享自己的数据，这也是所谓的"共享经济"的一部分。

共享数据的不同方式

共享数据一般存在两种方式。

（i）多边数据共享

几个参与方同意共同开发一个数据库，所有参与方都贡献自己的力量，通常通过添加缺失的数据、删除过时的数据或清理错误的数据等活动参与建设和维护，当然各参与方都可以使用这个数据库。

为了保证中立性，通常会选择第三方提供商提供数据交换服务。他们会提供防止数据丢失的方法。此类服务商的例子有：

- 针对用户和供应商数据的"企业数据联盟"[1]。
- 针对航空数据的"Skywise"[2]。

（ii）双边数据共享

双边数据共享的概念通常被称为"数据交换"。典型的两个实例场景为：

- 两个组织同意相互提供价值大致相同的数据，且不收取任何费用。
- 组织向用户提供折扣，作为用户贡献自身数据的回报。

几乎所有类型的数据都可以共享，从地址数据到飞行中收集的传感器数据。

共享数据的动机

组织为什么要共享数据？它们为什么要免费提供有价值的信息？

事实上，付出，就会有收获。得到的是"更多信息"，也是"更清洁的信息"。

---

[1] 由 CDQ 与圣加仑大学合作于 2016 年创立；参见 www.cdq.ch/cdl-en。
[2] 空中客车公司数字解决方案主管诺曼·贝克（Norman Baker）："数据管理——大数据为航空业带来了什么"，2019 年 FAST 杂志。

竞争对手通力合作可以获得最大收益。在合作过程中各参与方在处理相似的信息，并从彼此的数据中获益良多。

但是，如果大家都赢了，那还有竞争优势吗？可以从三个方面看待这个问题。

（i）行业内的竞争力

行业内的某些特定组织相互之间共享数据，以获得优于其他竞争对手的优势。

（ii）行业之间的竞争

行业间也存在相互竞争！例如，如果所有铁路运营商都能提高效率，那么与卡车运输行业相比，整个铁路行业将获得更多优势。

再想象一下，所有快递和包裹承运人通过交换物流数据进行协作，能既快又便宜的将企业备件从位置 A 运送到位置 B，这样比在位置 B 直接生产更有吸引力。这样的效率提升可能是整个运输业都获利了。

一种实用的方法可能是 3D 打印领域的联合协议。远程发送标准化打印数据，然后在本地工厂打印零件，这样仅在最后一英里需要用卡车运输到安装现场。这一想法有望成为洲际快递运输越来越有吸引力的替代方案。它更便宜、更快、更环保。

在这种更高水平上，数据共享组织将会继续相互竞争。简而言之，它们在争夺市场份额之前共同扩大市场规模。

（iii）资本竞争

与其他投资相比，数据共享使整个行业可以获得更高的利润。众所周知，同一行业的组织会影响彼此的估值，如果一个组织发布糟糕的业绩，其他组织也经常面临股价下跌。

现在想象一下，如果数据共享使整个行业变得更加高效，那么可以期待投资者认为该行业的所有组织都更具吸引力。

外部数据

内部数据不够

网站上访问者、竞争对手的新闻稿和 Facebook 有什么共同点？

它们都提供有价值的外部数据。获取并理解这些外部数据，将外部数据与内部数据整合，可以更好地理解这个世界。

为了在商业上取得成功，组织需要了解与之互动的所有各方。纯对内的视角会让你对市场变化视而不见。

使用内部数据，销售人员的预测将是仅仅基于过去数字的推断。搜集来自市场的数据，将使你在预测时考虑更多可能对未来收入发展产生影响的外部因素，从而使预测更精确。

事实是，远远超过 99% 的事情都是发生在自身组织之外，这一点对我们非常具有启发意义！

这种观察也适用于大型社交媒体平台。这些媒体平台非常成功地要求用户允许它们了解用户的情况。用户自愿与这些平台分享所有个人详细信息，由于这些平台的用户群足够大，可以代表地球上的大部分人口，它们就有能力知道我们的整个世界是如何发展的。

然而，对大多数其他组织而言，在地区和社会群体中都没有足够大的覆盖面，无法仅根据用户向其分享的信息就很好地了解"外面发生了什么"。

从外部数据中能学到什么

内部数据通常是可以回溯的历史数据。但是，你需要的是有助于展望未来的数据。

融合内外部数据可帮助将内部数据置于更广泛的环境中进行分析。

（i）了解竞争对手

竞争对手绝不会与你或公众主动分享他们的战略秘密。甚至他们的利益相关者可能都不知道。

但最好知道这些信息，对吧？也许他们知道一些你不知道的事情。很多时候，成功的关键不仅仅是做正确的事情，而是成为第一个这样做的人。

方法比想象的更容易——可以从公开数据中获取竞争对手的计划。

- 评估他们的招聘广告，可以了解他们未来的重点：他们将专注什么，将在哪里组建团队？
- 关注他们的沟通历史：虽然无法从一条消息判断出他们的方向，但可以从全年一系列公开消息中看到趋势，尤其是其中措辞的细微变化，可能暗示重点的转移。
- 竞争对手是否将投资从一个领域转移到另一个领域？你可能无法从单一投资中分辨出来，但系统收集竞争对手所有的投资情况，可能会提供一个全貌。

（ii）了解用户

社交媒体的发明可以让用户免费与你共享数据，而这些数据是他们永远不会直接提供给你的。

这至少是在网上观察用户行为后可以想到的搜集外部数据的方式。

尤其是组织的失败所引发的用户真实反馈。这些反馈可不是免费提供的，必须善加利用。

当然，因为人们对糟糕经历的体验往往比对满足其期望的体验印象更加深刻，这些评论往往并不具有代表性。

不过，通过比较的形式可以获得有用信息。例如，这些数字是如何随时间变化的？

与竞争对手相比，你的情况如何？

外部用户数据的另一个优势是它不仅限于现有的用户。

你可以了解所有未来潜在用户的偏好：

- 他们需要什么？
- 他们希望如何获取它？
- 他们愿意支付多少？
- 他们对质量有什么要求？

观察结果的变化有助于尽早发现趋势。

（iii）了解供应商

其他用户对你的供应商有何评价？大多数供应商都有一个 Facebook 页面，该页面会告诉你比任何评级机构更多的关于他们的信息。在网站上关注正确的主题标签，也可以获取很多有用的见解。

除此之外，还可以采用与针对竞争对手一样的方法去了解你的供应商。

企业数据模型（CDM）和外部数据

外部数据结构的挑战

企业数据模型是否应该考虑外部数据？

只要外部数据结构与组织相关，就需要在企业数据模型中加以考虑，但组织可能无法影响外部数据的结构。主要原因是外部各方（用户、供应商、当局）不会遵守任何组织的内部数据结构。因此，外部数据需要映射到内部信息（即组织看待世界的方式）。

例如：

- 组织里的世界各国代码可能与 ISO 国家代码集不同。这问题并不简单！即使在 ISO 中，国家代码的拆分也是不明确的。例如，对于加那利群岛，可以将它们视为西班牙的一部分，ISO 代码 ES，也可以将它们标记为 IC（Islas Canarias 的缩写），这是加那利群岛的专用 ISO 代码。需要预见到某些用户、供应商或当局使用一种代码，某些使用另一种代码。系统需要做好准备，尽量减少手动干预的必要性。
- 官方邮政编码系统的质量因国家/地区而异。虽然其中一些系统可能非常适合描述销售区域或定义服务价格，但有些国家/地区的邮政编码系统可能过于简单或仍未广泛使用。在这种情况下，组织需要自己的内部地域划分。然而，这两种将世界划分为更小地理区域的方式，不应相互独立。例如，使用官方邮政编码，并结合城市或区域名称进一步细分它们。
- 公共假期也可能与组织的运营日期不同。想象一下在一个有很多当地假期的国家

（如西班牙）经营一家服务设施，可为邻近城市不同公共假期的用户提供服务，因此即使在当地假期期间，也要保持设施开放。这是需要维护的参考数据，以便系统了解每个设施的运行天数。

第三方，如用户、供应商、外部合作伙伴，甚至员工（在公共假期的情况下），很可能会参考外部数据定义。事实上，你也不想强迫这些人考虑你的内部逻辑或定义。这就是为什么内部数据结构永远不应该成为任何用户产品的一部分。

最后，用户购买的是一个有明确质量和服务水平要求的最终产品。如何以最佳或最经济的方式实现这一目标，取决于作为供应商的贵组织。用户永远不应该被产品中使用的数据所困扰，这些数据与用户理解产品无关。

对数据模型的影响

在前面的每个示例中，都需要充分的灵活性来维护内部数据，使其独立于无法控制的外部数据。毕竟，你不希望仅仅因为当局修改了某些邮政编码区域而被迫改变与邮政编码相关的销售区域。

同时，必须很好地定义外部数据和内部数据之间的关系，以便组织的软件能够在这两个世界之间进行转换（请记住：在引用数据时，硬编码不是好的选择）。

此外，我们需要在不触及产品承诺的情况下，灵活改变我们的运营方式。这需要全面而准确地做好内外部数据结构的映射。

内外部数据的映射

遗憾的是，内部与外部的数据映射可能极具挑战性。

（i）1:n 映射

如果组织需要进一步分解外部数据（例如，出于内部处理的原因），将面临 1:n 的关系。此时的挑战在于外部提供的数据缺乏自动分解的信息。

此处有三个选项：能够从用户提供的其他数据中确定所需信息（数据模型应该会说明）、向用户询问其他信息以及在内部确定缺失的信息。

你可能需要改进企业数据模型，直到涵盖正确进行内外部数据映射所需要的所有实体和属性。并且需要在模型中描述如何获取缺失信息的业务规则。

（ii）n:m 映射

有时会在多个方面面临内外部数据映射的歧义。

还记得前面介绍的 ISO 国家代码逻辑的挑战吗？

现在假设要将 ISO 国家代码映射到组织内部国家行政区域数据结构中，其中独立的国家组织对特定地理区域有自己的责任。现在，考虑以下两种情况：

- 可能让圣马力诺团队由意大利的总部管理，因为从组织结构角度来看，它是意大利团队的一部分。可是那里的用户不会认为自己属于意大利人。
- 在政治上有不统一意见的地区，收入分配不应取决于用户使用的国家/地区代码。

这就是为什么内部和外部数据结构之间的复杂关系需要精确定义的数据模型和映射规则。

请不要把这个工作认为是一项技术任务。在数据内容方面，业务利益相关者需要推动问题的解决。要让各自的数据所有者共同推动讨论。数据架构师应该提出正确的问题，并将业务需求转化为数据模型。

数据质量即服务？

即使所有数据在输入时都经过验证和清理，它也会随着时间的推移而变差。通常不是数据发生变化，而是现实发生了变化，以前正确的数据现在变成了不正确的数据。

组织由自身来持续承担大量数据清洗工作是一项艰巨的任务，将这项任务外包可能是明智之举。但是，如何确定外包的内容，以及外包的范围？让我们从始终拥有干净的数据可使用的目标开始。从三个方面考虑这个问题。

首先，无论组织是否具有保持数据清洁的能力，组织自行清理外部数据通常不是明智的决定。相反，任何外部数据，除非按需访问，都应采用订阅模式，这样可以保持最新数据。这样做主要是考虑效率。很明显，为多个订阅者保持数据清洁的一个数据供应商一定比每个组织自己并行清理相同数据更有效。

其次，由外部组织控制或管理的数据最好由外部组织保持清洁。它们有权威性，而且熟悉自己的数据。

最后，最好的方法是自动化所有可以自动化的东西，无论是通过算法还是通过外部触发器。

在可能的情况下，组织应该制订数据质量清洗规则，让系统进行全自动更新，如从外部数据提供商处获取地址更改信息。

在其他情况下，针对元数据和数据合理性的自动质量检查可以触发警报。接着将对报警信息进行手动审查和修复。可以预期，使用人工智能启发数据质量管理方法的产品数量将会增加。随着机器预处理技术的成熟，对可疑记录的人工审查会越来越少。

请记住，要将包含个人信息的数据从这种方法中排除（参见第 17 章的"GDPR 是一劳永逸的吗？"）。与其他处理涉密数据的场景相比，人工智能驱动的启发式方法绝对可以帮助避免涉密数据暴露给外部资源。

在无法通过完全自动化的过程修复数据的地方，需要确定余下的人力工作应该如何操作以及由谁来完成。

- 如果内部数据不是保密的，并且其质量规则可以被很清晰地描述，那么可以与流程外包提供商签约，由其清理内部数据。
- 对于贵组织特有的数据，最适合处理这些数据质量问题的人往往来自组织内部。显而易见，对这类问题而言，对组织提供帮助最大的往往不是专家，而是在组织中工作了数十年的资深员工。
- 这同样适用于需要了解组织所在本地市场的相关数据。与外部供应商不同，本地团队应该具备必要的本地知识。

一个行之有效的方法是，你可以集中协调数据质量工作，同时让本地团队负责执行，借此展示你对他们知识能力和勤奋工作态度的信任。

以下是数据质量改进的几点建议：

- 尽可能实现自动化。
- 如果有好的选择可考虑外包。
- 其他各种情况建议内部处理。
- 永远不要错过提高数据质量的机会！

全球标准

自己的标准好，但还不够好

制订数据标准是一件有益的事。这就是为什么许多组织定义内部数据标准以简化信息交换的原因。如我们所知，这些标准涉及广泛的数据管理领域，如数据模型、数据术语表和元数据。

一种典型的方法是就数据标准达成一致，将标准映射到所有可能的非标准实施场景，并引入一个存储库，在其中保存所有的映射关系。

这样做的好处显而易见。组织可以分阶段灵活进行数据对标与落标。甚至可以覆盖集成的用户数据，尽管你通常没有在用户方面推动更改的权限。但在这种情况下，影响仅限于你自己的组织和少数合作用户。

许多情况下，跨组织的流程成功取决于组织的所有用户、供应商或合作伙伴的参与，也就是说，大家要使用相同的数据语言。但是他们为什么愿意接受你的标准？将你的标准映射到他们的标准，他们可能需要付出额外的努力。他们还可能遇到另一个问题：你的竞争对手不太可能采用你的标准（除非组织具有制订行业标准的权利或市场影响力）。

跨组织的标准

那么，如何才能在无须说服其他人采用你的标准的情况下，实现跨组织的无须映射的无缝数据流动？

答案是尽可能采用全球标准！

用户也使用标准。尤其是规模小的用户可能没有能力和技术来开发自己的标准，他们通常采用国际公共标准，建立这些标准的是一些标准化机构，如 UN/EDIFACT、ISO 或 IEC。组织不可能因为规模太大而无法采用这些标准。仔细进行评估，会发现大多数公共标准都适用于你的组织。

你可能会发现一些用户或供应商已经在使用你正在考虑采用的标准。这样有助于简化一些外部接口，进一步减轻数据迁移工作量。

ISO/IEC 15459 是一个跨企业全球标准的典范。该标准定义了全球唯一标识机制，如序列号、包装 ID、批号等，这是整个供应链中数据无缝流动的前提，包括供应链的可追溯性。

唯一标识允许物理供应链和相应的数据供应链完全同步：只要描述交易的数据以电子方式传输，任何物理交换的单元[3]就都可以通过标识代码明确引用。

这种逻辑已经使用了几十年，在 20 世纪 90 年代初，首次出现了条形码标准。如今它已经涵盖了自动识别和数据采集（AIDC）的整个领域，包括二维码和 RFID 标签。

它的理念类似于 Web 地址，其中只有顶级域需要（非常精简的）中央管理。较低级别的参与方标识，由相应的较高级别域来维护。ISO/IEC 15459 通过所谓的颁发机构来组织它。

这种设置的直接好处很容易看到：

- 不同的发证机构可以自主发放其范围内的标识符，而不用担心任何标识符被多个发证机构重复颁发。
- 组织之间可以交换商品并明确识别它们，无须事先调整格式或数量范围。

从我几年前在 SlideShare 上发表的两个演示文稿中能找到更多信息和 ISO/IEC 15459 的具体应用：

- Treder，车牌-运输包裹标识符的 ISO 标准，2012 年。
- Treder，标签和标识符基础知识，2012 年。

---

[3] 示例是运输单元、产品、由序列号标识的物品或可重复使用的集装箱。

警惕伪标准！

某些组织有时会单方面制订"标准"，它们希望自己的市场力量有助于制订这些标准。这种解决方案是不可持续的，因为竞争对手不想采用他们自身无法影响的标准。因此，将出现相互竞争的替代标准。

这就是为什么我们想要支持的标准，其维护机构应满足以下三个条件：

（i）非营利

一旦一个组织通过维护标识符或相关服务赚钱，它就不再是独立的。

不幸的是，没有人能阻止这样的组织自称为"非营利组织"。这就是为什么总是建议看一看幕后。有时，一个组织的法律形态揭示了它的商业重点。

另一个很好的指标是查看其营销的程度：如果一个组织在各种渠道上积极宣传其标准和服务，就要小心了。

（ii）全球性

在我们全球化的世界中，单一国家标准无法满足唯一标识符的要求。

相反，需要确保所有身份识别标准同样适用于跨境业务。

如果国家发证机构是国际标准化机构的成员，并且遵循全球规则，系统性地防止歧义，则是可以接受的。

（iii）独立性

真正独立的标准是由独立的机构维护的。这些机构总是由超国家组织建立或负责运营。例如：联合国、ISO，或者全球法人机构识别编码基金会（GLEIF）、二十国集团（G20）和金融稳定委员会（FSB）。

除了这三个先决条件之外，全球标准还需要有适当的治理机制，包括参与和问题升级的规则。成熟的治理模式让所有用户都有可能参与，共同塑造一个标准维护的生态系统，同时不让任何一方占主导地位。这样的设置确保数据的所有必要属性都得到了普遍关注，如公共可用性或全球一致性。

实用方法

那么作为一个组织，实际上该做些什么？

（i）了解现有标准和概念

整个组织可能不了解某些全球标准。即使是组织的 CDO，也可能不知道组织中某些成员已经知道的标准。这就是为什么应该与相关人员进行充分沟通。

我非常支持**数据办公室承担外部数据的管理职责**。这样一个团队还可以领导现有独立标准的盘点工作。

（ii）促进独立标准

在与同行以及供应商和用户的讨论中提出这个主题。

只要整个行业就独立标准达成一致，就可以避免或尽量减少单个成员制订标准的竞争劣势。相反，这有可能提高整个行业相比于其他替代行业的竞争能力。

例如，如果整个电视行业通过标准化使其服务使用更容易，就可以更轻松地与流媒体服务竞争了。

（iii）参与标准的制订

如何确保全球标准符合组织的运营需求？

参与！

全球标准不会从天而降。它们是由人们共同开发和维护的。大多数标准化机构都不雇佣全职专家，而是依靠各种组织的人员来做出贡献。

如果决定你自己或团队中的某个人应从事某些 ISO 标准的制订工作，应联系所在国家的标准化机构，并要求加入合适的工作组。

这些工作组通常属于各大洲工作组，最后，全球工作组开会讨论、收集和审查提案，并得出最终结论。能参与这个进程会具有非常大的影响力。

数据云战略

外包到云

云解决方案已成为许多组织数据存储和处理的热门选择，这样做的理由很充分：
- 共享基础设施允许灵活扩展，而现有基础设施只能按用户平均需求配置。
- 数据中心的运营等属于一般组织的非核心活动，可以由专门运营这些领域的第三方更有效地运行。
- 数据安全、恢复能力和合规性也可以留给外部专家，在发生监管变化或外部威胁的情况下，可充分利用规模经济优势。

软件即服务

云解决方案通常附带 SaaS 产品，这些产品具有云的类似优势。

你可能已经注意到，在跨组织的流程相对标准化的情况下，SaaS 正在迅速增长，例如，财务领域的 SAP 和 Oracle，或销售领域的 Salesforce 等。因为它们通常不是核心竞争力或独特卖点的一部分，所以组织很容易将这些任务外包。

智能即服务

下一个合理的逻辑步骤是：在流程和逻辑标准化的地方，"智能"也可以标准化！

智能即服务（Intelligence as a Service，IaaS）并不是一个新的表达方式。其理念与软件即服务（SaaS）基本相同，也具有悠久的历史。但到目前为止，还没有业界一致的 IaaS 定义。多数人认可的一点是，IaaS 是 SaaS 的一个子集。

在早期的参考文献中[4]，IaaS 经常被用来描述人们称之为"报告即服务"（Reporting as a Service）的内容：云服务供应商根据用户提供的数据，创建有用的统计数据和报告，换句话说，所有 SaaS 提供商在其功能性软件解决方案的基础上，同时提供这些数据分析服务。

但 IaaS 的发展不仅仅局限于简单的报告。它越来越多地涵盖人工智能（通常也称为 AIaaS）和机器学习。

这一发展代表了 SaaS 越来越重要的一个方面。SaaS 很早就开始声称服务中包括数据处理：现在它也越来越多地覆盖数据背后的业务逻辑。

这个想法似乎是：如果数据的创建、修改和操作使用都是在云中进行的，为什么不在云中做分析？

在外部数据标准化的地方，这种商业机会正在进一步增加。不需要自己获取所有外部数据，IaaS 提供商会为你完成这一切，在云中连接内外部数据，最终为你提供所需的洞察力。

这种方法甚至可以缓解隐私问题。IaaS 提供商可以以完全匿名的方式在向组织提供洞察信息之前聚合个性化数据。例如，基于交通数据提供实时交通信息（RTTI）服务，可以从各个车辆收集数据，生成的流量信息是匿名的，完全不需要个人信息。

目前为止，还没有提到前面描述的机会所带来的挑战。云、SaaS 和 IaaS 都有风险，每个人都应该意识到这一点。然而大多数高管并没有这方面的认知。下面介绍其中两个风险：数据模型问题和黑盒问题。

数据模型问题的风险

与多个云服务提供商（或更频繁使用的混合云解决方案）合作的组织可能会面临这一挑战：每个云/SaaS 解决方案都有自己独有的数据模型和数据结构。

SaaS 解决方案在其数据模型方面缺乏灵活性。这很好理解，如果每个 SaaS 用户都希望有自己的数据模型，那么共享解决方案就根本不起作用。

在两个彼此不兼容的云解决方案上，同时坚持满足所有数据模型要求在逻辑上就说不通。孤立的职能部门解决方案会与所有跨职能的解决方案相冲突。如为销售团队提供的 SaaS 解决方案以销售为中心，很可能与财务部门 SaaS 解决方案的用户观点不同。

---

[4] 一个有趣的例子参见 InformationAge（2006）。

SaaS 解决方案只支持单一数据模型的数据库结构，受到设计的限制，它只能通过配置具有一定的灵活性。太多的灵活性将使 SaaS 产品无法维持。

任何组织都无法单方面增强 SaaS 提供商核心解决方案的数据模型，无论这种更改多么小或多么重要。即使在可能进行更改的地方，它们也会使你远离持续优化的 SaaS 模型，并且可能会在后续版本中遇到问题（根据设计，你不能跳过这些问题）。

整个问题其实并不新鲜。请记住，早在人们开始谈论 SaaS 之前，SAP 解决方案就已经投入了不知道多少资金来适应各类用户的特定需求。对 SAP 的调整越多，维护它就越困难（也越昂贵），出现的功能性惊喜越多，每个新版本向后不兼容性的风险也越高。[5]

有了 SaaS，情况会变得更具挑战性。花钱买到了"无忧无虑"，却失去了灵活性。如果愿意根据 SaaS 提供商的模型调整自己的数据模型，则必须为以下挑战做好准备。

（i）向后兼容性

如果被迫调整科目表，该如何进行同期比较？

还有，若需要保持 SaaS 之前的数据可用，是否能够或愿意保持之前老旧、难以维护的财务系统正常运行？

（ii）SaaS 内部兼容性

组织可以适应一个云服务提供商的数据模型，但同时面对两个提供商（比如销售和财务解决方案）如何解决这个问题？例如，两个服务提供商对"收入"的定义不同怎么办？如果他们对"地址"的定义有很大差异怎么办？

当然，也可以彼此独立地运行各职能部门的流程，许多组织正是这样做的。但不同数据领域之间会存在不匹配的风险。

示例 1

在运输行业中观察到了这个真实案例：

运营商需要考虑偏远地区更高的运输成本，这将成为标准价目表和主要用户折扣定价过程的一部分。市场部门也可能希望使用此信息。

为了满足所有这些需求，需要将全世界充分细化、明确地划分为不重叠的地理区域。并且各部门之间必须一致！如果组织可以完全控制其所有系统，它可以简单地决定这样做。

但是，如果针对不同业务领域的 IT 解决方案由不同的 SaaS 提供商独立管理呢？

一些供应商可能只使用邮政编码，其他供应商可以进一步划分邮政编码区域，第三组可能使用城市和郊区名称。想让它们之间完全兼容？估计没有机会！

这确实是一个巨大的问题。此外还有几个常见的小问题：
- 因为无法识别多个未付发票是否属于同一用户，财务 SaaS 可能无法恰当处理催

---

[5] 出于充分的理由，SAP 顾问总是建议你根据 SAP 模型调整公司的工作方式，而不是相反的做法。

款流程。
- 由于第三方的财务口径不同于运营部门的财务口径，导致已提供的服务仍处于未开票状态。
- 职责分离可能会失败，因为各自有不同的解决方案，两个互补角色不承认对方执行的内容。

目前为止，还有许多案例未被注意到，因为它们都发生在云中的某个地方。当问题浮出水面时，一般倾向于只解决这些表面症状，因为在云孤岛环境中进行根本原因分析非常困难。

在分析方面，情况也没有变得更好。我们反而面临一些新的问题，例如，分析人员要使用哪些数据结构？

在 IaaS 之前的环境中是怎么工作的？每当数据科学家对组织的数据模型有疑问时，他都会求助数据架构师解决。这甚至可能导致针对当前数据模型的变更。

到了 IaaS 环境，通常是一条单行道：IaaS 供应商只会通知你有关数据模型的信息。仅此而已，没有机会检查模型是否提供了满足数据科学家工作需求的所有细节信息。

想象一下，如果同时依赖 SaaS 提供商进行分析，如何确保为特定模型量身定制的 AI 算法能够与其他模型一起使用？请记住，因为是 SaaS 产品的一部分，你无法修改它们。

业务高管往往不了解数据模型不兼容的风险。他们甚至不知道什么是数据模型，这在大多数情况下也没有问题。但现在 IT 专家也倾向于依靠云解决方案来处理所有数据问题。

那怎么解决这个问题？

首先，需要高管支持。这就是为什么首先需要找到现实工作中的例子，并与各自的高管分享对其业务的影响。如果没有获得高管们的全面支持，所有的努力都可能是徒劳的。

获得组织的支持后，接下来需要解决治理问题：由服务提供商在云中管理的任何数据，都必须接受组织数据治理的约束。

你需要了解云提供商的技术灵活性。通常它们提供的灵活性会低于技术上的可能性。要求它们与包括数据架构在内的混合团队协商解决方案，而不仅仅是与未来的业务用户和技术 IT 专家沟通。

任何云项目都必须获得数据架构师的批准。数据架构师必须从一开始就参与所有此类计划，包括在需求收集和供应商选择期间。

在这期间，他们需要验证数据实体和属性的所有业务定义，以及基于云的业务应用程序（如 ERP 和 CRM）使用的分析模型和定义，判断是否符合组织的标准。数据办公室需要确保所有已识别的差距被解决或作为特许项记录在案。

但是，组织真的应该将自己的命运掌握在数据专家团队的手中吗？数据架构师会不会阻碍组织的战略创新？不一定。

这种情况下的关键是透明度！

以下是对适当数据治理设置的几点高层次建议，甚至可以将其应用于数据架构之外：

- 任何计划，从小型敏捷活动到多年规划，只有在数据相关影响清晰且人人可见的情况下，才能获得批准。
- 由数据架构团队负责。面对反对意见，可以由最初的请求者升级到数据执行委员会，甚至是组织的管理委员会。
- 如果管理委员会的评估结论是优势大于不合规的成本，决定接受负面影响，最终就会予以批准。
- 所有这些都需要作为架构妥协记录在案。

这种治理结构设置保证了权力金字塔设计，它能够让清晰、充分知情的最高管理层决策有效执行。

数据管理第 11 定律

有效的数据管理让所有管理层都能够做出清晰、充分知情的决策。

黑箱问题的风险

值得注意的是，较小的组织无法负担自己的 AI 基础设施成本。它们只能依赖公开提供的分析接口，就像已经开始依赖 SaaS 一样。

然而，"信息是一个黑匣子"及其背后的未公开逻辑会带来一些风险。

（i）使用不当

AI 基础设施所提供信息的准确性可能被高估，或者可能使用错误的服务来获取需要的信息。例如，向地址数据服务商询问某个组织的正确地址，该组织可能已经破产，但服务提供商不知道，因为破产组织的任何人都没有理由将其关闭信息通知地址数据提供商。

（ii）依赖

IaaS 市场可能会变成寡头垄断。提供服务需要大量数据以及基础设施，同时保持最新状态。没有多少组织可以做到这一点。通常可能成为寡头的情况包括：

- 有能力提供高薪吸引数据科学家。
- 提供底层 SaaS 解决方案。

（iii）错误信息

其中一个主要解决方案供应商应用了错误的数据或逻辑，将影响很大一部分用户。

即使数据是错误的，但人们仍然会相信它，因为他们"以前在别处听到过"，所有这些信息其实是同一个来源！

如果某些机构滥用这种情况来系统地误导人们，那将变得非常危险。

正确使用 IaaS 的选择

那么什么才是好的选择？考虑以下选项。

（i）尽早考虑数据模型

世界上有太多这样的案例，即在解决方案提供商的 CEO 和用户的 CFO 打高尔夫球时，对某个解决方案已做出了选择。[6]

当然，这不应该由首席财务官的直觉来决定。相反，它需要基于两个组织预先共同完成的大量系统评估工作。如果云提供商的解决方案不是很好，其规模和名气就不会变大，这个假设可能有助于达成协议。

但是，针对数据模型的分析是评估的一部分吗？请记住，数据模型不是 IT 细节。它是商业模式结构化的重要组成部分。

那么，想让其成为决策文件的一部分吗？

组织需要考虑对数据结构进行差异分析，然后选择一些技术上可行的方案，并确定选择这些方案要付出的努力和承担的风险。替代方案包括采用供应商的模型，以及将供应商模型调整为组织当前（或期望的）数据模型。

还可以考虑在 SaaS 解决方案中采用供应商的基础数据模型，但同时将整个分析部分保留在组织内部。

（ii）检查灵活性

你将不得不放弃现有的人力资源管理逻辑或会计科目表，转而采用 SaaS 和 IaaS 的解决方案。好吧，为什么不呢？

请记住，若 SaaS 解决方案（包括其分析部分）在其他地方运行良好，它可能与当前的业务逻辑不同，但不一定更糟。

根据经验，你可以考虑接受在**非产品核心的领域**采用第三方模型。但在关键差异化领域，组织可能积累了大量独特知识。你一定希望在技术上对它们进行现代化改造（在不放弃过去 20 年开发的宝贵逻辑的情况下，有多种方法可以从大型机迁移到 SOA），而绝不会愿意放弃竞争优势，转而采用豪华的云解决方案。

再看那些非核心的支持领域，它们仅是为了让组织成功提供其独特的产品而配套工作的领域：应用云解决方案将把这些领域交给那些拥有核心专业知识的人。这一举措有助于将所有精力集中在核心业务上。

---

[6] 这里可以用 CIO、首席营销官等代替 CFO，或者用晚餐或歌剧代替高尔夫。

（iii）确保透明度

任何公开提供的服务，其背后的逻辑都应该是已知和可见的，这一点从未像今天这样重要。

这一点对于数据 Web 服务尤其重要——无论是操作查询，还是复杂的分析。

换句话说，如果不知道查询背后的逻辑，在正式商用之前应该问很多问题。

谢天谢地，全球分析社区是一个非常开放的社区，甚至有很多人愿意分享源代码（大部分都可以在 GitHub 上轻松访问）。

公共领域不再那么糟糕。它背后的危险随着透明度增强而逐渐消失。此外，这些社区通常足够大且活跃，可以发现问题、修复问题和缩小差距。

（iv）避免供应商锁定

无论多么喜欢某个提供商（无论是 SaaS 提供商，还是数据提供商，如邓白氏 Dun&Bradstreet），都应该设计自己的架构，使其在技术上保持独立。

比如说，Oracle 会强烈地抱怨你不愿意将 Oracle Analytics 与你的 Oracle 云解决方案结合使用，但从技术角度看，在这点上没有让步的理由（顺便说一句，不要让这些提供商告诉你，如果强迫他们在其他云数据源中进行数据处理，会面临延迟问题。如果远程数据传输是一个问题，那么在第一阶段与 SaaS 提供商及其全球分布的数据中心合作时，你已经面临这个问题了）。

总结：你最好确保自己能控制局面。数据模型一定要是自己的，而不是 Oracle、Salesforce、Workday 等服务提供商的。

并且，分析也是你的，解决方案提供商可能会提供技术平台和精美的可视化工具，但应该拥有自己的分析逻辑和内容。

区块链

关于区块链及其带来的机遇，人们已经写了很多。我不想重复这些。这里与大家分享一些在实施规划过程中可能遇到的观点。

唯一标识和区块链

区块链似乎正在成为分布式、防篡改交易和多方可信计算的主要技术。任何类型的合作伙伴都可以将其合同信息添加到区块链中，并由无数其他独立方签署。这些当事人无法确认内容的正确性，但他们的签名帮助确认记录是否遭到篡改。

好东西啊！

但相关方如何确认这些记录中使用的标识符的含义？如果甲方后来声称"产品 12345"与乙方认为的完全不同，该怎么办？

将所有这些信息也存储在区块链中是个办法,但这会带来大量高度冗余的信息。如果一个组织提供的产品描述为几兆字节,并且它将销售 100 万次,那么区块链就会大幅膨胀。

解决方案可以考虑创建一条单独的产品区块链,其中组织将产品文档(包括随时间变化的所有更改)链接到唯一标识符,以便在没有证据的情况下不会发生未经授权的更改。

但是,如何在没有集中管理数据存储的情况下明确地标识项目?编号 123456 可能分别是组织 A、B 和 C 的序列号、装运编号、订单号等。为了让数据清晰明确,必须添加组织标识符。但是,从何处获取组织标识符?从另一个集中维护的存储库吗?这个方案可能既不通用也不全面,因为不存在包括地球上所有组织的存储库。它也可能是一个有自己利益,甚至可能破产的商业组织。

那么,有什么东西至少可以被认为是足够中立和全球化的?

我对这个问题的回答是建议使用全球标准,如本章前面所述。

事实上,ISO 关于商品、包装、可重复使用容器和其他一些实体的全球唯一标识概念也可以帮助我们。没有中央权威或预先指定参与者数量的分布式逻辑,受益于不需要所有参与者之间达成任何正式协议的标准。

虚假的安全感

区块链可确保追溯对交易的任何变更。反过来,如果区块链证实一切正常,那么就是安全的。

上述说法对吗?

嗯,技术上好像确实如此。

老实说,如果从算法和源代码角度看,这个观点是正确的。

但要设身处地为用户着想,无论是个人使用它与未知合作伙伴进行交易(如比特币交易),还是组织的控制者使用它来保护业务交易。

用户使用某种软件向区块链添加数据条目,通常此类软件是在后台执行这些操作的。具体步骤可能对用户透明,除了弹出一条消息告诉用户"交易已经安全,无法被篡改"。

然而,这些软件可能就是恶意软件,或者更可能是被某黑客破解的合法软件。最终用户有能力分辨出区别吗?

而且"被黑客攻击"并不一定意味着软件永远在做坏事。相反,它可能在绝大部分时间完全按照预期工作,除了与某个特定业务伙伴进行的少量交易。它还可能会在区块链中创建语法正确、内容不正确的条目,人们都能看出有问题,可是……是的,可是恶意软件更狡猾,它会告诉用户一切正常。用户能怎么办呢?

除了通过软件,是否曾经亲自检查过区块链上的内容?那个软件可信吗?它来自哪里?

好吧，说到关于软件的认证？是的，这是一个重要的部分。是谁在证明呢？记住，如果是没有中心、中立的权威机构，是否足够了解证书的颁发者，足以信任该机构？

此外，如果软件告诉你它是经过认证的，怎么知道它是真的？你信任这款软件吗？

这些问题表明，采用区块链的组织需要做的，不仅仅是定义业务逻辑和在软件中实现逻辑（甚至可能只使用已经内置了所有功能的软件）。

那我们能够在上面做什么？

首先，围绕区块链的技术知识不是一个组织应该整体外包的东西。需要真正了解情况的专家，而不是盲目依赖"黑箱"的区块链服务。

其次，这些专家需要能够查看源代码，最好是与信息安全专家一起查看。

然后，不同的专家需要独立研究解决方案。否则，组织中的区块链专家可能会成为某个作案团伙的一部分。

最后，利用软件监控软件。如果使用现成的软件、SaaS 或公共域 Web 服务，可能需要监控程序来检查可疑结果。

这是不是矫枉过正了？

请记住，通过常识发现异常操作变得越来越难。这使得该领域对不法分子来说非常具有吸引力。而且他们不会愚蠢地让整个系统崩溃，而更愿意努力让其入侵不被发现。

这种情况有点类似于第一代银行软件，某些程序员通过添加逻辑以将小额零头转入自己的银行账户，并且让这种状态维持了好多年，程序员变得富有，其他人也没有损失钱财。

因此，当进入技术发展的新时代时，应尽早预见到此类行为。

第 19 章
数据处理

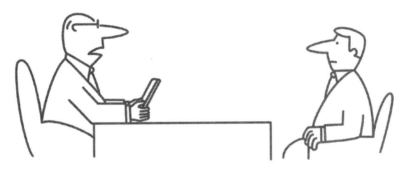

"不,恐怕我们不能'编造数据'
——这是做生意,不是搞政治……"

图 19-1. 业务中的数据处理不是儿戏

虚拟单一可信来源

虚拟单一可信来源是什么样的？

是否把组织的数据湖视作单一可信来源？或者至少是个目标？

不应该这样认为。

"单一可信来源"不应被看作彩虹尽头装满黄金数据的桶。

相反，数据总是处于从创建开始进入组织到修改、使用和退役的过程中。数据可以被收集、结构化、转换、合并或连接。每个新实例，无论是表、数据库还是视图，都应该成为虚拟单一可信来源（VSSoT）的一部分。

请记住，创建这样一个新实例并不会使其以前的任何实例无效。相同的数据可以在不同的表和视图中找到，选择最合适的数据源不是那么简单。

与其他资产不同，数据能以不同的形式重复修改和使用，而不会因为使用而减少。修改甚至都不是一个线性的过程。想想数据库的外部连接操作，使用两张表一起创建一张新表。

此外，同一数据的不同演化阶段可以共存。这可能会有所帮助，但也会带来风险：用户可能会意外地使用错误数据，例如，某个版本的数据，其中某些记录已被过滤或合并，用于在其他业务上实现不同的目的。

一个典型的案例："我们总是使用 A 部门的表 X 进行分析。没有人告诉我们 A 部门有一天改变了创建表 X 的逻辑"。这就是为什么在谈论一个单一可信来源时，需要覆盖整个数据血缘：

- 数据的创建或获取需要明确定义（来源、规则、时间戳）。
- 必须明确定义数据从一个存储库或阶段到另一个存储库或阶段的过程。还有时间，以避免由于修改不同数据元素的速度不同而导致的不一致。
- 只要输出可以提供给多个使用者，任何对数据的操作都需要以一种明确定义的方式完成。
- 数据的老化也需要有很好的定义：数据何时被认为是"过时的"？

如果参照图 19-2 匹配组织的数据血缘，可以想象 VSSoT 的复杂性。所有这些在组织中的记录程度如何？

如何塑造 VSSoT？

寻找虚拟单一可信来源从盘点开始。

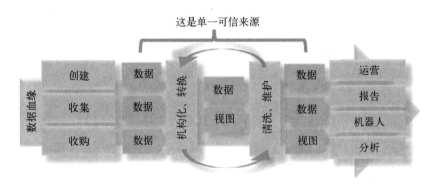

图 19-2. 复杂的单一可信来源

- 映射流程。
- 添加时间维度（序列；实时还是延迟；单独还是批量）。
- 了解每个数据转换的目的。

上述步骤的结果将是一个"虚拟数据源"。在初始阶段，将其转换为"虚拟单一可信来源"，然后在第二阶段开始优化它。

这种优化包括评估数据应该集中在什么地方，但也涉及数据流的同步。然而，这么做并不是为了建立一个**单一的数据库**！

如果所有的数据"副本"都作为单一数据源的一部分（同步更改）进行管理，甚至数据复制也可以与单一可信来源原则兼容。

数据存储库的物理结构要能支持数据使用。如果相同的数据用于完全不同的目的，它可能需要复制到物理上不同的存储库中，例如，内存数据库或高度逆规范化的表结构可用于实现操作目的，而不是大规模并行分析过程的 Hadoop 或 Spark 弹性分布式数据集（RDD）。

边缘计算是另一个合理复制数据的场景，需要以适当和受控的方式完成：如果为确保一致性，可以将数据移动到靠近客户端的边缘，但其仍然是 VSSoT 的一部分！

整个数据供应链需要有良好的文档化记录，包括业务所有权。理想情况下，每个数据转换步骤都被分配给一个数据域，以便可以重用现有的基于域的业务所有权结构，包括相关流程。

但不要指望完成这一切是件简单的事。不同的结构和不同的物理数据模型使不同数据源在数据转换阶段的集成成为一项具有挑战性的工作。

请不要认为这是一次性的活动。新的需求导致了新的转变，这个活跃的生态系统需要积极的管理。

在 2018 年的一次会议上，加特纳（Gartner）数据管理战略研究主任里克·格林沃尔德预测，"数据集成将成为未来最耗时的任务"，这是有充分理由的。

逻辑的单一来源

面向服务的架构（SOA）

好吧，你已经控制了所有的数据。当它们在本地维护时，数据有一个中心（逻辑）位置，并为数据创建了一个虚拟单一可信来源。

但是，逻辑如何实现？

是否将逻辑的实现留给客户端应用程序？是否允许客户端从单一可信来源中获取完美、明确的数据，让它们彼此的逻辑可以独立实现？

这种方法很容易导致与在不同地方独立维护数据完全相同的问题。

首选解决方案是基于良好的但有点古老的面向服务的架构（SOA）。SOA 概念带来的一些优势可能已经广为人知，包括明确定义的请求/响应接口、适合小型独立团队合作开发、支持具有独立性的敏捷方法。逻辑的单一来源是这种方法的另一个优势，但经常被低估：不仅每个人都应该使用相同的原始数据，而且任何应用于数据的操作也可以标准化。

由于只需要很少的人开发各自的应用程序以实现逻辑，所以可以降低不同解释和实现的风险。不需要详细测试多套应用程序，测试也能变得更容易。

分布式逻辑-章鱼原理

SOA 通常需要直接实时访问集中提供的 Web 服务，如图 19-3 所示。

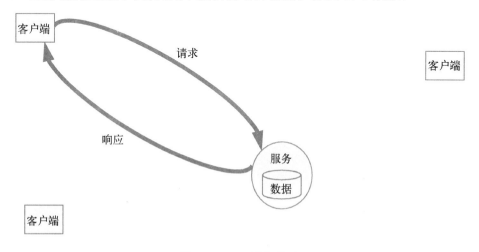

图 19-3. Web 服务原理

但如果这样受到限制不可行，该怎么办？想想那些希望使用 Web 服务的用户或业务合作伙伴：

- 他们可能不愿意接受因数据连接问题而导致其供应链中断的风险，因为其软件应用程序的一部分位于中断的另一端。
- 他们可能害怕依赖在其他组织的服务器上运行的软件，因为这些软件不受自己控制（毕竟你不是 Salesforce 或 SAP，只是一个"普通"的业务合作伙伴）。

如果外部合作伙伴这样反应，你会回到旧的工作方式吗？是否会再次向他们发送你的数据，包括定期更新，并要求他们模仿你在内部嵌入的逻辑？换句话说，回到石器时代的工作方式吗？

解决这个问题的方案不是回到将原始数据文件发送到客户端应用程序，而是你可以让 Web 服务移动到靠近客户端，如图 19-4 的右侧所示。

在实践中，应为业务合作伙伴或用户提供一款充当黑盒子的软件，精确地实现内部软件所做的事情。理想情况下，这个软件基于相同的源代码。

第二步，确保数据和软件的更新都由该服务控制，并在后台完成。

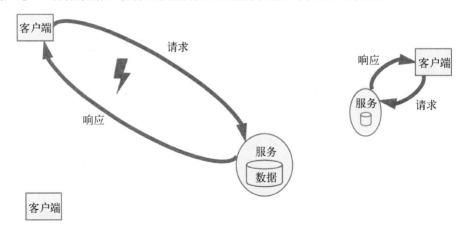

图 19-4. 本地 Web 服务

通过这两个步骤，整个父服务被镜像到子服务中，如图 19-5 所示。

这种方法可降低因连接问题或自身基础架构故障所带来的风险。最糟糕的情况不过是更新同步程序不可用，导致本地 Web 服务在有点过时的数据上运行而已。

假设这种机制被应用到多个本地服务器上，用于在不同的业务合作方站点上运行的 Web 服务。这就好似一条**章鱼**，它的触角象征着将数据和逻辑带到客户端附近的能力，如图 19-6 所示。

这是"章鱼原理"中最关键的要素：章鱼代表虚拟单一可信来源，它的触角可以实现边缘解决方案，而不再需要边缘应用程序负责保持其数据和逻辑的最新状态。事实上，整个虚拟单一可信来源可以（也应该）对这些应用程序完全不透明。

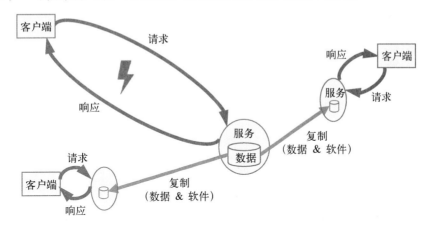

图 19-5. 将数据复制到本地 Web 服务

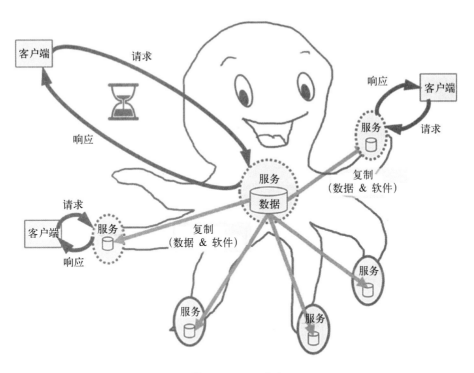

图 19-6. SOA 章鱼

边缘应用程序不需要关心它调用的 Web 服务是本地的还是远程的。接口完全相同，差异仅限于 IP 地址和端口号。

边缘存储库在属性和记录方面都只是中央单一可信来源的子集。例如，在特定国家运行的产品订购服务不需要复制其他国家的价目表。

但是章鱼本身需要确保所有被选择、复制到边缘存储库的数据都保持最新状态,并确保引用的完整性。

同样,单一可信来源的注册表,即整个数据地图,也需要保持最新状态。它的创建并不是一次性的活动。它需要成为每个利益相关者寻找正确信息的稳定最新数据源。

时间维度也起着重要作用:客户端要能及时访问所有数据。延迟往往会导致相互依赖数据源之间的不一致。然而,数据也没必要过早地存在。在某些情况下,可以通过延迟数据流来节约费用。

为了提供最佳数据给客户端,将数据错误或延迟的风险纳入业务案例中是很有帮助的。有时代价可能会非常昂贵,例如,用户根据过时的价目表订购,或者因关键数据复制延迟而导致客户的供应链中断。在其他一些情况下,实际上可能并没有那么严重,例如,某些情况下数据用于表示大致的性能级别,少量的过时信息不会对结果产生重大影响。

在短期过时信息对总体影响有限的情况下,甚至可以计划定期进行离线操作,进一步减少对数据连接和更新的依赖性。这种方法也同样适用于变化不频繁的参考数据管理。

最后,复杂的更新机制同样会将逻辑更新到所有本地实例。就像计算机上大多数第三方软件一样,本地实例会定期检查它们是否处于最新版本。只要有更新的版本,本地客户端就可以下载它们,并使用更新后的逻辑重新启动。

如今,每个人都在谈论边缘计算。你可以利用具有可复制效果的章鱼原理解释边缘计算的实现原理。

配置与标准化

同一表述具有不同含义,这样的情况显然不是配置化和标准化的做法。针对组织中多个业务单元或地理单元的不同需求,采用多个逻辑数据模型会造成类似的问题。

答案是进行标准化吗?

在某些情况下,不同的逻辑或不同的定义都是有充分原因的。这就是建议采用可配置方式的情况:在相同的数据模型下,允许不同的含义或不同的逻辑存在。下面看看两个常用数据域设计的示例。

示例1

产品:

设想有一项业务遍及全球的组织。根据规定,要求其某些市场的产品规格有所差异。

这些差异不应视为例外情况,而应在建模时根据各自的市场情况将这些差异视为同一产品的可配置因素加以考虑。

示例 2

设施：

任何大公司都必须识别和标识不同类型的设施，无论是办公设施、仓库或建筑工地。但是，这些不同类型的设施都不应单独看待，因为许多属性是所有设施共有的。

这就是为什么有很大的概率会按照单一逻辑管理所有设施。

但是，你需要添加属性，如设施类型，以便不同的应用程序可以在同一组数据上拥有其特定的视图。

难道这些不会使数据模型变得更加复杂吗？是的，确实会！但不要忘记，数据模型应该是用来反映该业务模型的。如果数据模型过于复杂，表示业务模型也相当复杂。

所以，为什么不标准化呢？但请从业务模型开始，而不是从数据模型开始。如果数据模型表明需要改进，那么可以假设业务模型也过于复杂，改进应从业务模型开始。

但是，如果发现业务复杂性确实很高，就不能期望通过更简单的数据模型来反映它。考虑到当前的业务需求和技术向后兼容性需求，数据模型可用于形成协调的路线图。即使业务逻辑在所有系统中都完全更新了，你也可能会被历史数据的复杂性所困扰，面临逐年比较数据的挑战。但这是变革不可避免要付出的代价。

"生效日期"的概念

"生效日期"利用属性的历史流动值替换单个属性值。每个值都有一个"生效日期"和一个"到期日期"。规则如下：

- 无论什么时候更改某个值，旧值都要在有效期的最后一天才过期，新值创建后分配一个"生效日期"（即到期日期和生效日期之间不能中断）。
- 如果某个值不再有效，不得删除该值，要继续保存，并给它分配一个表示其有效期最后一天的"到期日期"。
- 如果无法预见到期日，则将链中最新值的"到期日期"设置为代表"永久有效"的值。

一致性的实现要求所有更改都以完全同步的方式执行。如果没有"生效日期"的概念，邮政编码可能会分配给尚未（或不再）存在的销售区域。维护操作从独立的数据字段开始，然后扩展到依赖于这些字段的字段。

为什么需要"生效日期"的概念？并不是所有的数据变更都可以在午夜的一秒钟内应用。通过允许提前修改"生效日期"能解决这个问题。

如果与面向服务架构相结合来实施，它就可以随时执行一致的变更。所有的新值在同一时刻处于活动状态，保证了一致性。

维护可以通过交付目标值"生效日期"和"到期日期"的 Web 服务来完成。Web 服务本身首先进行必要的验证检查，然后将新值插入现有链中。这个步骤通常还包括变更当前属性值的"生效日期"和/或"到期日期"。

这种方法甚至允许处理范围变化（如一系列的邮政编码或数字）：如果范围的一部分应该变更，我们可以把它留给 Web 服务来解决。它可以将整个范围分割为可能发生变更的子范围之下、子范围本身和子范围之上的三个部分。虽然上面和下面的范围继承原始链序列，但中心链将按照前面所述插入新值。

这种方法的用途可以通过两种方式实现：要么客户端请求给定时刻的快照（默认时刻通常为"现在"），要么请求时提供开始日期和结束日期（如果两者均未提供，则返回整个链）。

这种方法还允许跨数据源和数据存储库重新建立任何过去时刻的数据状态视图。在数据分析中，利用"生效日期"概念允许查看任何给定时刻的主数据快照。

使数据更国际化

巴比伦效应

除非是绝对意义上的单一国家组织，否则在与供应商、政府和客户打交道时将不得不面对多语言问题。

尤其是用户不愿意接受组织定义的标准。在与组织沟通时，他们始终坚持使用自己的语言。在大多数情况下，因为竞争对手的存在，用户的需求都会得到满足。

当然，可以简单地存储所有语言版本并在需要时进行处理。然而，亚拉巴马州仓库的工作人员或孟加拉国的生产人员可能无法理解非洲某国家的表达方式。

没有什么简单的解决方案。把内容从一种语言翻译成其他语言要付出巨大的努力。此外，因为可能存在多种有效的翻译方法，所以很快会面临歧义问题。

别名术语

将本地表达方式转换为内部版本并存储在数据库中后，希望将用户在线输入的内容与内部标准表达方式进行比较。这种方式只有当输入的信息被准确翻译为原始术语时才行得通。

一种解决方案是定义一种主导语言，并在该语言中存储所有的"主要术语"。所有的本地译文都将被添加为"别名术语"。

然后，用户使用的任何语言表达都可以被识别并翻译为"主要术语"。整个组织中所有不知道本地表述的那些员工使用翻译后的术语。

例如，可能希望采用官方英文名称来存储全球所有城市。把 Wien 翻译为 Vienna，作为"主要名称"。每当奥地利用户输入"Wien"时，搜索返回"Vienna"作为内部"主要名称"。

其他的示例包括产品名称、法律术语或国家名称。

音译

但是如何处理不同的字母表呢？

虽然世界上主要的六种字母表（拉丁语、中文、梵文、阿拉伯语、西里尔文、德拉威文）覆盖了世界上 90%的人口，但如果组织真的足迹遍布全球，则需要支持前 20 种字母表。这些字母大多有各种需要考虑的变化因素。

音译方法定义了从一种字母表到另一种字母表的转换。其中，目标字母表是拉丁字母表，这种方法也称为罗马化。

遇到变音字符，除非通过向目标字符（变音字符）添加标记来扩展音译，否则返回原始单词的方式可能变得很模糊，但这可能是源语言拼写固有的方式，这意味着在 IT 中经常使用的字符串比较方法都不安全。因此，通常是存储音译译文，在将其与其他单词进行比较之前，后者也要音译。

这种方法显然需要一种标准化的音译方式。你可能立即想到 ISO 标准，这是正确的方法。

然而，即使是 ISO 标准有时也会模棱两可，有时需要知道所提供的单词属于哪种语言，以便选择合适的 ISO 标准。

每个组织都需要汇编其内部标准，以获得可重复的结果。

音译自动化的挑战是，如果不是基于单个字符的语言，就很难实现音译。最明显的例子是符号字母表，如中文，每个符号就代表一个单词，而音节字母，如日文假名，每个符号只代表一个音节。

在某些字母表中，一个字符的音译取决于后面的字符，所以，当有人在屏幕上输入文本数据时，几乎无法实现动态翻译。

考虑到即使是 ISO 也为俄语西里尔文或日语文本的罗马化提供了不同的标准，每种情况都需要一个内部标准，允许每个单词恰好存储在一个拉丁文版本中。然后，该单词的每个数据条目可以立即罗马化，并与拉丁参考译文进行比较，以进行可能的匹配。

总而言之，这个主题很复杂。但是，如果组织在许多不同的国家开展工作，包括跨境的情况，就必须解决这个问题。好在有一些解决方案提供商可以提供帮助。

特定国家的语言

在准备与来自不同国家的用户互动的过程中,要能抵制从准备好的语言中选择最佳匹配的诱惑。

人们通常更喜欢说英语,而不是说邻国的语言,这种情况通常来自不大受欢迎的邻国。以下是两个典型的示例:
- 乌克兰人通常懂俄语,但他们不太喜欢用俄语交流(顺便说一句,乌克兰的西里尔语与俄罗斯的西里尔语也不同)。
- 法国、比利时的法语与加拿大、瑞士法语区的法语也不一样。其中一些国家在避免使用英语方面比其他国家更为严格。

这就要求系统的国际设置应该始终基于语言和国家的组合。

幸运的是,许多组织一直面临着类似的挑战,因此出现了一套事实上的规则和标准,并提供了各自的公共 Web 服务。

无论决定选择哪个来源,都应该将其作为一个正式规则,以便所在组织的互联网(和内部网)展示、算法处理和存储功能都能正常工作。

数据债务管理

这是一种幻觉,以为项目的目标就是"第一次就把它做好"。事实上,在许多情况下,事情是从解决问题开始,例如,需要快速关闭安全漏洞。

在这种情况下,是否要放弃遵守基本的数据标准?

如果想做好,就不应放弃,至少从长远来看是不应放弃的。数据债务管理背后的想法是在时间维度上进行妥协。

坚持所有情况下都需要进行数据批准,包括那些"紧急"情况。需要指出,如果提案本身已经包含了资金和资源的承诺,会在指定的最后期限内解决不合规的问题,则将予以"临时批准",这通常是在第二阶段。

可能几乎没有理由将这种通用方法仅应用于与数据相关的遵从性。这应该是一种避免长期变通的常规方法(参见第 8 章"技术债务处理")。

遵循敏捷方法的组织更熟悉这个概念。然而,经验表明,在跟踪架构债务和按照商定的时间表强制消除差距方面,这些组织最不严格。

在这一领域的容忍将不可避免地导致债务快速增长!以下是一套债务管理流程正规化的方法。

(i) 建立一个架构评审委员会

拥有一个成员明确的架构评审委员会,涵盖所有架构分支:

- 技术架构。
- 数据架构。
- 业务架构。
- 应用架构。

请注意，虽然应用架构的职责可能在不同的团队之间共享，但该委员会需要拥有最终的裁定权。

（ii）引入强制性的评审流程

正确的债务管理需要一个架构评审流程。[1]

不仅需要这样一个流程来开展业务转型工作，这个流程还需要涵盖从组织的重大变革计划到日常业务的一切内容，并且应该考虑到架构环境中的变化可能会导致以前的兼容解决方案无效。

首先，流程应描述所有触发事件，即启动流程的事件。最常见的触发事件肯定是提交项目申请，但也应包括对已批准项目的澄清或变更申请的请求。

必要信息的精确列表需要准备，最好是以清单的形式呈现。请保持列表尽可能精简，以避免任何官僚主义开销。建议必填字段包括截止日期和主管部门。

评审流程的主要任务是描述对已发现架构差距的处理。最重要的是流程需要包含接受临时变通方案的**标准**，例如，面临违反公共法规或重大收入损失。

与任何流程一样，需要明确责任。谁可以批准、不批准或推翻以前的决策？（不）批准标准是什么？问题升级路径是什么？

（iii）添加"架构债务"流程

在企业评审委员会批准豁免后，系统性的后续行动必不可少。应将其嵌入到一个详细描述的流程中。

首先，该流程需要确保记录所有与架构标准之间的偏差，包括获批或检测到的偏差。它应该基于一个明确的标识逻辑，为每一个豁免分配一个唯一标识符。每项豁免都必须记录经批准的"到期日期"。

这个流程的主要部分是描述从批准到结束的所有例外的后续活动。

最后，此流程应明确说明所有必要活动的责任。数据办公室需要在所有数据架构事务中发挥主要作用。

（iv）确保完全透明

架构豁免处理过程不应暗箱操作。每个人都应该知道各项计划、流程或解决方案的合规状态。

---

[1] 如果此流程已建立，则应根据此处描述的要求对其进行审查。

这并不是为了用技术细节来打扰员工。相反，应考虑定义良好的指标，以便可以从定期发布的 KPI 中读取架构遵从性和对批准截止日期的遵守程度。

应通过持续的沟通来实现必要的可见性。此外，通过培训使所有相关人员都能够充分了解并遵循这个流程。

敏捷与数据

为什么需要坚实的基础？

在处理数据时，应该采用敏捷式还是瀑布式的方法？

这个问题恐怕问得不对……

这里有充分的理由避免做出非此即彼的决定。

需要决定项目采用的方法时，可能会问：什么可以通过敏捷方式很容易地改变？在哪里做仔细准备和详细计划更好？

乍一看，敏捷是可行的选择，因为它避免了瀑布思维带来的许多问题，特别是孤岛式责任的设置：即使看到规范没有意义，也按照指定的方式实施。没有人会因为你按照这些规范执行而责怪你，但是若因为更好的理由而没有遵循规范，那么如果出了什么问题，受到处罚的就会是你。

此外，敏捷还鼓励组织在必要时改变方向。这对于避免伦敦商学院所说的"承诺升级"至关重要：尽管知道这是错的，还得继续做。

但考虑到需要对不断变化的环境做出快速反应，耗时的前期工作真的如此重要吗？鲁莽行事明智吗？在可预见的未来，是否应该以敏捷方式做出数据架构决策？

爱因斯坦曾经说过："如果我有一个小时来拯救世界，我会花 55 分钟来定义这个问题。"他可没有说 15 或 30 分钟。

爱因斯坦有很好的理由这么说，而且它们在今天仍然有效。

以下是基于规划建立结构化基础的三个强大理由：

a）从长远来看，它会让你更敏捷。
b）临时决策会产生相互依赖关系。
c）快速修复有可能治愈症状，但不解决根本原因。

如果为意外状况做好准备，当它发生时，将能更快地做出反应。以下是两个需要深思的例子：

- 即使是最敏捷的方法，也不允许跨多个应用程序和接口快速更改数据库模式。而在涉及与供应商和用户相关的 EDI（电子数据交换）时，消息格式的敏捷变化尤其复杂。

- 如果最原始设计不包括数据恢复部分，则无法恢复丢失的数据。

这是否意味着敏捷和计划相互矛盾？

并不矛盾。敏捷性和可持续性是必须保持平衡的两个重要目标。

一个很好的例子是技术债务的敏捷概念，它允许你快速推进工作，同时确保不合规的情况不会被遗忘。

作为合格数据过程的一部分（参见第 8 章中的"项目数据审查流程"部分），敏捷提供了平衡快速实现当下需求和长期目标的方法。

如何实现坚实的基础？

从长远来看，如果要转变成敏捷方式，可能需要以下组成部分，大部分已在本书讨论过：

- 应用程序最好通过主动管理的企业服务总线（ESB）连接 Web 服务。
- 关于信息所在位置的知识一定要记录下来。
- 结构化的变更过程（知道要询问谁）。
- 组织的业务术语表，消除了对特定术语表的需要。
- 明确的数据指南，并在任何活动开始前进行沟通。
- IT 容易实现的企业数据模型，可以从业务数据逻辑直接推导出其数据库模式。
- 自我持续的六西格玛文化，自愿选择的六西格玛工具，如采用 Gemba Walks、5Whys 或鱼骨图来发现根本原因（敏捷并不意味着只能"治愈症状"）。

所有这些方面都需要成为数据治理的一部分，因为组织中的大多数人凭直觉更喜欢快速收益，而不是这种可持续的方法。

从正常流程开始吗？

什么使计划成功？

无论是以敏捷模式还是瀑布模式工作，都希望快速完成计划。这种愿望无可厚非。毕竟，完成的时间越早，获得收益越早。

但是愿意为此付出什么代价？

一种常见的方法是采用最简可行产品（MVP）。MVP 被认为是有意义的最小生产范围，但是对于它究竟应该包含什么，人们并没有形成标准的看法。

遗憾的是，MVP 常常被解释为一种仅仅涵盖"正常流程"的解决方案。换句话说，如果遵守所有规则，就能跑得通。

这一定义的支持者建议，应该首先关注正常流程。一旦正常流程走通了，再去看看如何处理例外情况。

这种说法往往没有考虑效率最大化的深刻理论，对于投资回报也没有经过深思熟虑，只是迫于项目时间压力。

基于对数百个流程的经验总结，我提出了 80/5 规则：如果想 100%涵盖所有案例，基于正常流程 5%的偏差需要 80%的投入来管理（这里说的 80%或 5%不是绝对精确的数字，但这个数量级适用于大多数情况）。

第二个观察结果是，纠正这些偏差占据最大一块业务成本，即要么直接通过更大的努力在当前情况下达到最终目标结果，要么间接影响用户满意度和美誉度。

这就是为什么认为"MVP=正常流程"不是一个好的理念。

但需要 100%的保险吗？可能不需要。我之前提到了著名的 80/20 规则：用 20%的努力覆盖最有益的 80%的功能比花费 5 倍的钱覆盖完整的业务需求更经济。

同样，当观察与正常流程的可能偏差时，覆盖这 5 个百分点中的 4.99，其成本是覆盖 4.999 个百分点的一半。为了这么小的改进，要付出的可是一大笔钱啊！

再次重申，不要把重点放在数字是不是精确上。相反，找出问题的业务影响，证明防止该影响发生的投资是合理的是最重要的。

成功的三个维度

最终，如果想找到最合适的解决方案，需要基于事实和数据界定流程范围，而不是凭个人的感觉（"我的经验告诉我……"）或误导性的奖励计划（"……按时交付是主要的事情……"）。

第 16 章中讨论了组织内部相互冲突的目标。项目经理和产品所有者也面临着类似的困境。任何计划都必须在**成本**（"保持在预算范围内"）、**速度**（"按照日程安排交付"）和**质量**（"满足所有需求"）之间进行优化。

项目经理将如何平衡这些相互矛盾的需求？毕竟，创建一个强大的加权函数既不简单，也不会为项目经理提供一个具有现实意义的计划。

相比之下，项目经理应为业务所有者准备一份建议，希望他们充分考虑平衡问题，这是一种可行的方法。

但是如果在计划中出了问题呢？即使是敏捷方法也可能遇到严重的问题，例如，如果选定的技术解决方案被证明存在不足，或者需要很长时间才能找到软件错误。

这种情况需要修改这三个维度：是否增加预算？是否允许更多的时间？还是接受降低质量（即在业务需求上妥协）？无论如何，项目经理都会不高兴。没有人喜欢向高管汇报这种情况，即使有很好的借口也是这样。

那么，项目经理如何避免不得不承认失败？

- 预算？在成熟的组织中，很难非正式地增加支出金额。出于谨慎考虑，组织可能有一些备用资金，但使用的情况往往受限。
- 时间？一旦达成一致时间表并公布，就不能再单方面改变它了。这对敏捷和瀑布模式均适用，即使前者允许将截止日期作为方法论的一部分进行调整。
- 范围？未经业务人员同意，已同意的功能不能从列表中删除（或移到产品待办事项中）。这同样适用于非功能需求，如响应时间或可用性。
- 但请等等！也许产品可以私下进行简化。架构符合性可能会被牺牲。例如，参数可以采取硬编码，而不是可配置的。新的软件可以设计为整体应用程序，而不是创建一个基于微服务或企业服务总线（ESB）的模块化解决方案。所有这些都只会给未来的发展造成问题。

无论这些是项目经理明里还是暗里的想法，它们都反映了一个无奈的现实。项目经理首先会在不可见的领域和无法得到奖励的目标上妥协。

这就是为什么首席数据官要高度关注避免这种情况发生。在所有架构中，如果不遵守数据架构将面临最糟糕的后果，当这种情况成为常态，会对多个计划产生更大影响。

如何应对这个问题，在此给出三方面的建议。

（i）培养意识

没有孤立存在的项目。为了让人们理解计划对组织的其他部分有影响，建议讲述"项目的 3+1 维度"故事：不仅需要考虑项目方面的成本、时间和范围三个因素，还需要考虑企业方面的架构。架构符合性越低，对组织其他部分的影响就越大。

（ii）确保架构参与度

必须强制让架构师参与项目各个阶段的所有评审。在所有计划中，组织需要积极管理其技术债务。跟进数据债务的责任是在数据办公室。如果组织采用"敏捷"的工作方式，则产品待办事项必须包含架构待办事项。

（iii）展示财务影响

基于"秩序原则"或任何其他有效但抽象的论点来要求架构符合性是不合适的。

相反，应从一个孤立的项目角度提升到其对整个组织的影响（利益相关者价值原则）。具体可以通过预测架构的不符合性影响和添加价格标签来实现。

必须考虑复杂性成本，尤其是要说明越来越多的架构冲突对组织未来业务的影响：

- 成本会上升，因为许多领域可能需要一起进行评估、调整和测试。
- 上市时间会拉长，因为组织可能没有足够的专家来并行解决所有必要的变更。可能还需要额外的接口解决方案。
- 错误的风险会增加，因为必须在大量领域正确实施相同的新逻辑。

如果考虑到具体的应用场景，就会意识到，复杂性不仅会让日常工作变得困难，也是对创新的阻碍，创新是成功组织的命脉（见图 19-7）。虽然创新通常很难量化，但其财务影响不应低估。

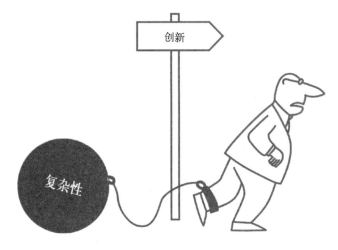

图 19-7. 复杂性的成本

通过这三个步骤应该形成一种平衡的方法，以实现与架构的符合性。

根据组织的整体情况，**最高管理层应始终保留否决架构标准的权利**。这是他们的权利，如果有意识、公开透明地这样做，是完全可以接受的。

范围界定方法

如何找到仅实现正常流程和 100%完美解决方案之间的平衡解决方案？不是凭直觉或 30 年的业务经验，而是需要数据，这样才能根据事实做出决定（为什么这不是一个惊喜？）。

同样，要掌握全貌，就需要考虑"项目的 3+1 维度"，即基于项目的几个方面，以及从组织层面的视角考虑。对于后者，如前所述，需要了解不符合架构的未来成本。对于前者，需要回答以下问题：
- 所有相关业务流程中哪里会出错？
- 故障的直接和间接成本是多少（请记住第 1 章中描述的 1-10-100 规则）？
- 在构建适当的解决方案和日常业务时，覆盖这些要点的计划成本是多少？

但如何理解哪里会出错？数据在这里也有帮助！

通常可以结合以下方法。

（i）用户故事

改进的需求导致了当前的计划，应该为你提供大量的用例和用户故事。发现的每个痛点都有可能形成一个用户故事，通常包括观察到的对正常流程的偏差。

（ii）过往流程的结果

查看过去可比流程或任何新流程的前任流程：即使流程完全变更，来自早期版本或其他领域相关流程的参数也有助于预测例外情况，甚至其概率。

（iii）模拟结果

如果组织在子流程级别系统地记录用户模式（如网站访问者的点击行为），将能够详细地判定某些用户组在某些情况下的反应，即使在不同的环境中也能判断。

了解目标过程各个方面的概率并不会立即告诉你最终的例外情况及其概率。但是它们通常允许使用大量的测试用例来模拟运行。如一个随机数生成器可以模拟日常生活的可变性。

幸运的是，这种模拟通常不需要个性化的数据。这就是为什么可以在网站上收集用户行为的匿名数据，以及办公室计算机前员工行为的匿名数据。

当然，所有这些步骤都是迭代的过程。你会发现应设计一个异常监控流程。但这些流程也会引发新的状况，即"偏差引起的偏差"，一定要在验证后使用。先将这些方法用于自己的数据流程，毫无疑问它们也容易偏离正常流程。

第 20 章 分析数据

"今晚商业新闻:无关紧要的统计数据上升了27.45%,
但是没有意义的数字下降了110%"

图 20-1. 无用的分析

有效分析的前提

拥有精确的算法和高质量的数据就足够了吗？

如果回答"是"，那可能要失望了……

即使拥有可靠的数据，同时还采用了经过数学验证的算法，通常结果也不一定是无懈可击的。

这是因为存在两个核心挑战：

- 算法适用性的先决条件。
- 对规则的解释含糊不清。

这里以应用统计学中著名的方差分析（ANOVA）为例。这种方法经常用于比较不同组样本的变化。这里不详细解释方差分析的定义，但会分享一些统计算法背后的陷阱。

所有前提条件都满足了吗？

通常来说，数据科学家非常乐于接受统计软件提供的超强数学运算能力，让科学家们从繁重、复杂的计算解脱出来。

然而，伴随着便利性而来的，是日常工作中不经意间被草率忽略的风险。算法的前提条件及其充分性往往没有得到验证。

举一个典型的例子：一个单因素方差分析。这种方差分析有三个关键前提假设：

- 响应变量的残差（近似）是正态分布。
- 总体方差相等（"差异同质性"）。
- 给定组的响应是独立的且呈现相同的正态随机分布。

在现实生活中，验证这些假设并不简单。比如，可以根据样本确定残差，但是无法验证残差是否遵循正态分布。另外，也很难判断不同样本的方差是否近似相等。

研究者也能影响结果？

上述最后一点也引出了另外一个挑战：尽管有正确的样本和精确的数学公式，但是最终的决定性因素还是在研究者这边。这一发现让很多人感到惊讶，他们都认为数据科学应该是一门基于数学、基于事实、无可争议的严谨学科。

两个阶段会发生这种偏差：一是在数据准备阶段；二是在数据分析阶段。

数据准备阶段，也称为探索性数据分析（EDA），是早期发现数据问题、排除首要错误等不可或缺的步骤。高质量地完成这个步骤会为后续的数据分析夯实基础，带来有积极意义的结果。但是这并不是一个数学上精确描述的阶段，更依靠研究者个人做出的决策。换而言之，这个步骤更多依靠经验和直觉。

后续的数据分析阶段虽然有可靠的数学算法，但同样也给人类的偏见留下了很大的空间。

这里仍然用方差分析举例，作为一个科学方法的例子，它将大量决策和估计的工作留给人类。

以下内容源于一篇苏黎世大学的培训文章，描述了采用方差分析之后的一些情况：

"……Levene 检验验证了不同分组具有相同方差的假说。如果 Levene 检验<u>不显著</u>，方差同质性假设就可以确认成立。但是如果 Levene 检验<u>显著</u>，则违反了方差分析前提条件中的一项。方差分析被认为在<u>轻度</u>违反的情况下是容错的。尤其在有<u>足够多</u>大小<u>几乎</u>相同的分组样本的情况下，类似的违反行为通常被认为是没有问题的。

如果样本的大小差异很大，对于方差同质性的显著违反会导致 F 检验失真。这时<u>可以</u>使用基于 F 检验调整后的 Brown Forsythe 检验或者 Welch 检验……"[1]

这里给一些词语加了下画线，人们很容易人为地对它们做出带有偏见的解释，这类词语数量惊人！

作为一个例子，对于前文中的"显著"一词，你可能会争辩说，"在统计学中，显著和不显著有非常精确的定义，不是吗？因此几乎没有产生误解的可能。"

是的，的确，"显著"和"不显著"之间的界限通常是有精确定义的。但是这个定义并不是客观最佳（更不用说"正确"）阈值确定的结果。

无论如何衡量，显著性通常都是一个连续函数。因此，越接近阈值，其两侧的显著性程度越趋同。[2]

换句话说，"客观显著"并不存在。虽然在"显著"和"不显著"之间选择一条分界线总有正当理由，但这个过程仍然有些随意：必须在某个地方画一条"阈值"线。

在现实中，想象一下从基本群体中随机抽取两个样本。很有可能两个样本会出现几乎相同的分析结果。现在还要意识到一个事实，即"几乎"可能意味着一个结果略低于阈值，而另一个则高于阈值。

在这种情况下该怎么办？抵制诱惑、选择支持最初设想（或老板期望）的那个样本吗？

---

[1] 苏黎世大学网站，www.methodenberatung.uzh.ch/de/datenanalysespss/unterschiede/zentral/evarianz.html。原始文本：
Der Levene-Test prüft die Nullhypothese, dass die Varianzen der Gruppen sich nicht unterscheiden. Ist der Levene-Test <u>nicht</u> signifikant, so <u>kann</u> von homogenen Varianzen <u>ausgegangen</u> werden. Wäre der Levene-Test jedoch <u>signifikant</u>, so wäre eine der Grundvoraussetzungen der Varianzanalyse verletzt. Gegen <u>leichte</u> Verletzungen gilt die Varianzanalyse als robust; vor allem bei <u>genügend grossen</u> und <u>etwa</u> gleich grossen Gruppen sind Verletzungen <u>nicht problematisch</u>. Bei <u>ungleich grossen</u> Gruppen führt eine <u>starke</u> Verletzung der Varianzhomogenität zu einer <u>Verzerrung</u> des F-Tests. Alternativ <u>können</u> dann auf den Brown-Forsythe-Test oder den Welch- Test zurückgegriffen werden. Dabei handelt es sich um <u>adjustierte</u> F-Tests.(…)
（2019 年 7 月 18 日）。

[2] 这意味着可以通过将两个值充分向阈值移动以获得尽可能小的差异。在数学上，无论在显著性 $s(x)$ 中设置多小的差异 Δ（x 是一个实数），都会有一个值 ε，使 s（阈值-ε）和 s（阈值+ε）之间的差异小于 Δ。

如果其他人使用另一个样本呢？这时就会根据非常相似的统计结果得出根本不同的结论。

这里讨论的是一个典型的数学问题表达，通常没有人提出质疑。可以试着对这些说法提出质疑，即使这些说法来自统计学教科书。至少，应该能理解人类决策偏见产生的基本逻辑。

同时接受两个挑战？

有时我们会发现下面两个问题是同时出现的：列出的前提条件没有对应的解释，并且允许采用带有偏差的方法。在 BA-Support.com 上可以找到一个关于方差分析的完美案例：

这个检验满足一组前提条件：所有组必须包含 <u>30 个以上的观察值</u>，或呈<u>正态分布</u>，而且各组之间必须有<u>可比较的</u>方差。

此外，描述各组的变量<u>应该</u>是名义标度，而因变量（与之比较的变量，或只是"另一个"）应该是区间标度的。在一些教科书中，还能读到各组的样本大小<u>应该</u>是相似的——在 SPSS 中<u>不必担心</u>，因为 SPSS 有一个纠正不均衡样本规模的程序。(BA-Support, 2019)

同样，画线的词语再次成为令人印象深刻、可被人类偏见所左右的案例。我们一起来思考以下问题。

- "30 个观测值"的阈值是怎么来的？
- 在 30 和 31 个观测值之间准确地画一条线的充分理由是什么？所有事物低于 30 的都是"坏的"，高于 30 的都是"好的"？
- "可比较的"是什么意思？这个决定是否由研究者的经验和直觉来左右？
- "应该"意味着某些事情只是建议性的，而不是强制性的。那么，如果不遵循这个建议会发生什么？
- 在不知道软件决策逻辑的情况下，信任软件是否明智？

人工智能的一般限制

人工智能（AI）的快速发展为社会带来了难以置信的机会。但需要意识到人工智能的限制，以及如何应对这些限制。

数据来源

显而易见，如果输入质量不好的数据，最好的算法也会得出错误的结果。用户通常更加关注人工智能得出的结果，却大大忽视了数据质量不好的问题。

而从质量低下的数据中得到的信息往往看起来并不比基于高质量数据中获得的信息差多少，所以在大多数情况下，数据科学家在寻找数据时，通常进行以下活动：

- 在网上使用关键词进行搜索。
- 在无法下载数据文件的时候，截图保存。

- 下载文件（如果有必要，使用二手数据）。
- 重复使用别人之前下载的文件。
- 从标题名称或内容推导出列值的具体含义。

大量常见的问题都是这些方法导致的，从而降低了数据的价值：
- 数据什么时候产生的通常不清楚。这些数据在一段时间之前可能是准确的，但目前已经过时了（而"一段时间之前"代表着一个不断增加的时间跨度）。
- 数据完整程度通常不清楚：数据可能已经被过滤，或者数据采集工作可能很早就停止了。
- 列定义常常是猜测出来的：由于大多数平面文件或电子表格都没有适当的解释，数据科学家不得不从标题名称等方面推导含义。
- 人为的偏差！无法得知创建这份数据表格的人是否有特定的目的。即使提供数据的组织有良好的声誉，一样会有各种人员参与到这些数据的收集和整理中。而且从数据内容本身无法看出什么：一个诚实的"5"和一个被操纵的"5"在数据文件中看起来完全一样。
- 另一位数据科学家在研究某个具体问题时，有充分的理由删除或合并与其他数据密切相关的列。但是，随后他使用这份调整过的数据回答另一个问题的时候，细微的数据差异可能会造成非常重要的差别。

应对措施就是，希望在所有数据科学家的岗位中增加具体的数据采集职责。

（i）了解来源

获得关于公开数据创建者和提供者的相关信息非常重要。如果没有这些信息，数据可能毫无用处，就像互联网上某些产品的正面评价一样，不知道评价人是卖家自己，还是付费好评。

一些数据搜索门户（如 https://datasetsearch.research.google.com，最终于 2020 年发布）很好。但这些门户也不是数据"源头"，也没有对数据质量做出任何保证。

（ii）联系数据提供者

在某些情况下，联系这些数据的原始创建者或提供者，有助于了解其动机和方法。从长远来看，良好的关系可能意味着获得更多的数据，甚至是双方长期、稳定、有效的交流。

（iii）了解数据的历史

数据质量不是恒定不变的。即使数据本身保持不变，数据质量也会发生变化。找出一个数据源的数据质量历史有助于了解现状：数据是否维护过？是否经过持续审查？还是不管多么努力地执行，都是一次性"即发即弃（Fire-and-Forget）"的结果？

（iv）明确数据模型

数据源使用的数据模型和术语，可能会与贵组织对数据元素和关系的称呼以及对数据结构的定义不同。

必须要研究清楚这一点，以避免以后出现不必要且严重的麻烦，甚至是未被发现的误解，导致产生错误的结论。

（v）检查多个来源

几乎没有任何信息是只有通过单一来源才能获得的。因此，搜索同一数据的多个来源是一个很好的原则，这样就可以通过相互比较从多方验证数据质量。

请注意，不同的当事人经常会互相引用甚至抄袭，就像日常生活中的谣言一样（如果从不同的来源听到这些谣言就会显得谣言更加可信），可能会给数据质量带来很大的错觉。

（vi）客观地对数据源分类

为了便于数据科学方案持续得到高质量的结果，需要对每个数据源的质量分类。将来在其他环境中使用这份数据也具有重要意义（也许是由不同的数据科学家使用）。

典型的质量维度包括内容的可靠性、描述的正确性，以及更新的频率。

当判定一个数据源的偏离度和可信度时，请记住，这些内容不仅仅是关于数据的采集者。由此产生的结果数据可能不是基于事实，而是基于"代表性"调查或估算数据。

在全面评估需要付出巨大代价的情况下，抽样调查是了解情况的有效手段，但需要考虑的是：受访者可能会有个人偏见。

例如，如果调查询问 1000 名首席执行官其组织的数字化成熟度，或者询问 100 万名用户其满意度，会得到一个综合样本，但每个答案都会带有个人偏见，受访者的判断标准很可能也会截然不同。

（vii）记录数据来源

关于数据源的信息（包括数据文件本身和它们的来源）应该与所有其他相关的元数据一起记录和维护，以便形成知识，并系统地提供给所有数据科学家使用。

文件应该包含所有已知的属性，如列的含义（已确认的）、覆盖的时间点或时间段、创建的年份、任何应用的筛选条件，以及创建文件的最初目的。

此外，可能希望将所有规则、属性标准化，这样便于在任意两个数据来源之间进行比较、核验。

（viii）协作

如果组织的政策允许，所有的数据科学家应鼓励超越自己的组织，与更多外部数据社区合作。当然，这不是鼓励披露内部信息，而是鼓励分享外部数据源的更多信息。

人工智能算法

下面用一个具体的例子说明人工智能的一些局限性。这个例子是关于人脸识别的，也是神经网络最突出的使用案例。

人脸识别已经能够实现的功能令人印象深刻。然而，把这种算法用于从求职者名单中挑选合适的候选人时，会有一些挑战，可能需要重新考虑算法是否合适。

抛开道德层面不谈，即使是服务本身也不值得花这个钱！

2019年秋，Bobby Hellard 发表了一篇名为"AI and facial analysis used in job interviews for the 'first time'（AI 和面部分析'首次'用于求职面试）"的文章。本文描述了一个美国组织的案例，该组织开发了一款软件，"分析视频面试中的语气、词汇和面部表情，以确定候选人是否合适"（Hellard，2019）。

这个算法不出意外地会出现偏差。更糟糕的是，这个偏差可能是故意创造出来的。创建者可能以一种特别的方式建立该算法，使自己的简历在算法评估中得分最高，看起来像是最佳候选人。从本质上讲，这是一种通过人工智能以非常不道德的方式为自己的职业发展创造完美工作机会方式。毕竟，这是一个黑匣子，其他人也不会发现……

我认为这是最糟糕的方面：这样的做法阻碍了人力资源部在未来不断地改进工作！

下面是人工智能算法底层的一些缺点。在其他场景也可能发现这些缺点。

（i）再现过去的错误

具有各种特征组合的人在过去无法选中，在未来也不会选中。如果过去的选择标准是次优的，那么未来的标准也将如此。

（ii）无法考虑需求变化

世界在变化，需要有不同的配置。一个面向过去经验的算法如何能够理解和满足未来不断变化的需求？

（iii）无法判断学习水平

无监督的学习是改进的关键。然而，在这种情况下很难验证成功率，特别是不能由算法本身验证。这不是算法的问题，而是可用训练数据的问题。毕竟，需要几年的时间才能判断一个新员工是否胜任工作。

（iv）不知道原因

与许多人工智能算法一样，手头的算法并没有告诉大家为什么特定的配置在过去更成功。为了确定最佳候选人，需要将招聘逻辑建立在有意义的参数之上。一个不能区分因果关系和相关性的算法是无用的，也是危险的。

不要误解，这里并没有说相关性分析是无效的！但需要清楚地知道，什么时候该用因果分析，什么时候该用相关性分析。

当要找出是否应该"做更多的 A 来实现更多的 B"时，因果分析是关键。然而，如果想验证"注意 C 以发现更多的 D"这样的说法，用相关性分析可能是完美的选择。

（v）无法超出训练数据的洞察力

人工智能的一大挑战是结果的适用性。没有任何人工智能算法可以在训练数据之外提供可靠的洞察力。如果一个元素由算法进行"评估",而该算法之前的训练或测试数据没有覆盖该元素,那么这个结果是无效的。在一个算法试图改善平均选择时,这样的情况可能是可以接受的。例如,平均需要在地上钻多少个洞才能找到特定的矿藏。如果 50%的案例都有改善的话,可以认为该方法是成功的,而另外 50%只是随机的,总体努力将会有所下降。但是,在处理与个人相关的事项时,在大多数现代社会中,平均水平的提高在道德上被认为是不可接受的。

为什么需要人力资源部的员工具有数据素养?就是为了防止类似的方法成为人力资源部门工作要求的一部分,却没有数据管理人员或隐私管理人员指出人力资源部门这些方法有什么问题!

(vi) 法律问题

使用算法的组织通常强调,这种方法只是一种评估手段,在做出雇用决定之前,仍然要执行大量的人工评估。

然而,这种说法并不适用于那些在首次面试之前就被算法处理掉的简历。这些简历仍然是 100%由软件处理的,无论后来对其他简历执行了多少人工评估,都改变不了这个结果。

这就是为什么这种做法不仅在道德上有问题,还违反了现有法律。GDPR 第 22 条规定:"**数据主体有权不接受完全基于自动处理的决定**"。

总而言之,你不希望失去对流程的控制,如图 20-2 所示。在这方面,我读到的最好建议来自英国招聘机构 Hanover Recruitment Limited。该机构在其网站上说:"Ultimately, you should treat candidate and client data the way you would want your own data to be treated!(最终,你应该像对待自己的数据那样对待候选人和客户的数据!)"(Beatie, 2018)。

图 20-2. HR= "Humanoid Resource(人形资源)"?

人类行为

"我知道我在做什么"是我经常从数据科学家那里听到的话。但对于科学家来说,仅仅知道是不够的。

数据科学关乎可信程度。当两位同事独立研究同一个问题的时候,很可能会使用不同的(变化的)方法。这时可以期待两人以不同的方式解释相同的情况,并得出不同的结果。

这些结果可能没有根本性的不同,但至少会有足够的差异,以至于来自市场部门的外行都会质疑小数点后面数字的精确性。

怎么改善呢?透明度!用通俗的语言分享所做的事情。不要过多承诺,不需要这样做!多说无益。这么说可能会好些:"这个结果只有在 A 和 B 相互独立的情况下才有效,但我们不知道 A 和 B 在多大程度上是独立的。"

人工智能将何去何从?

据报道,围棋是地球上最复杂的游戏之一。在 2016 年,DeepMind 的 AlphaGo 计算机击败了卫冕世界冠军李世石。这一事件被广泛认为是人工智能发展史上的一个巨大进步。

我最近读了一篇 IBM 的文章,文中写道:"李世石失败的重要启示并不是 DeepMind 人工智能可以征服围棋,而是推而广之,人工智能可以征服任何比围棋更容易的东西——这样的东西太多了。"

听起来很合理?嗯,可能不是这样。

我对这种说法的意见主要是"更容易"这个词。"更容易"表明谈论的是个单一维度。换句话说,你可以得出结论,任何两个基于智力的表演都可以按"容易程度"排序(至少如果其中一种是"围棋")。

但如何定义"容易"?是打败围棋的卫冕世界冠军更容易,还是说服绑匪释放所有人质并放弃所求更容易?是赢得《危险游戏》更容易,还是在讨论中说服别人放弃不同观点更容易?显然,这里面临着人脑表现的多个维度。

要求像 AlphaGo 这样的计算机实时计算出足球运动员的最佳下一步动作(不考虑网络和硬件因素),即使是提出这个想法的作者都显得更出色(这说明了很多问题)。看过 RoboCup(机器人足球世界锦标赛)的人都知道我的意思……

我不知道人工智能的进展有多快,我们可以把科研资金投入当作其中一个重要指标。我最近与许多组织的讨论表明,这些组织正在从"我们需要通过各种手段参与其中"的阶段转向"展示价值"的阶段。真正的资金将流向有业务案例的人工智能研究。[3]

因此，如果把自己放在一个组织的位置上，会如何思考和行动？

一个管理良好的组织将不可避免地问："人工智能如何使我们更成功？"考虑到用户、股东和员工通常是三方面的利益相关者。即使是大学和一般的非营利组织，也越来越多地由努力创造实际价值的需求驱动。

我们必须坦诚相待：要让真正的人工智能（类同于人脑的层面）为我们的社会（或是单个组织）增加价值，还需要巨大、长期的投资。那么，是什么在促使组织投资？

首先，组织通常更喜欢为每项任务提供专门的专家解决方案。这并不是人工智能所特有的。没有一家汽车制造商会想投资一辆既能运输笨重货物，又能赢得一级方程式比赛，同时还能提供豪华敞篷车感觉的车辆。三个专门的解决方案通常会在特定领域做得更好，总体成本也更低。需要三种解决方案完成三种不同的任务，这种做法有着充分的理由，并不丢人。

看看机器人技术。虽然媒体上充斥着能够微笑和握手的人形机器人，但大多数商业驱动的研究仍专注于专业机器人，这些专业机器人能够以近乎完美的方式精确地做一件事（并且在能够执行另一项任务之前，至少需要进行大量的重新配置）。该行业几十年来一直致力于此，并取得了令人印象深刻的成功。

其次，进一步开发远远落后于现有能力（在这种情况下，目前人类的能力）的东西是一个糟糕的业务案例。毕竟其投资回报遥遥无期，并且还极其不确定。

这就是为什么有理由相信，人工智能的发展将继续集中在人工智能已经通过专门的解决方案提供优于（或相当于）今天人类性能的领域。模仿人脑的巧妙机制，如神经元的工作方式，肯定会有助于这种方法的成功。

同时，对不需要重新编程就可以应对未来挑战的人脑克隆技术，至少在可预见的未来，我不认为有任何获得实质性进展的希望。

这听起来是不是很悲观？并非危言耸听！

我非常相信人工智能在补充人类能力方面日益增长的能力。造物主没有把人类设计成像神一样的物种（在看完晚间新闻后很容易相信这一点），那么我们为什么要反过来把自己宝贵的脑力投入到开发类人装置上？

关于分析的建议

综上所述，我想提出一套可以让整个分析团队遵循的原则："12条分析指南"。

这些指导原则可以根据自己的发现和优先事项自行调整，但强烈建议制订类似的指

---

[3] 请不要过分关注那些由公共关系驱动的大公司的"创新中心"。在那里，研究人员可以在没有商业压力的情况下愉快地"玩耍"，只需时不时地发布一些有趣的故事。

导原则，这样有助于在整个团队中实现一致性的方法。

1. 确定必要的精确度

有时不需要考虑所有的数学前提条件。

尤其当我们只是通过探索性分析找到一个优化的起点时。在这种情况下，起点的质量对剩余的计算工作量有影响，但对最终结果没有影响。

当然，有时这种做法收敛性得不到保证，而且往往无法在事后验证算法加数据是否运作良好。即使把数据分成训练集和测试集，测试数据也可能无法正确反映现实情况。

但是，如果模型"只是"期望一个流程更有效率，那么验证周期一般很短，而且可以很容易地衡量成功，就没有必要坚持最低的准确度。

是否找到了最好的算法并不重要，如果算法使事情变得更好，其存在就是合理的。如果一个流程的效率是70%，那么让流程的效率达到80%就增加了价值，尽管80%的性能还是远远低于100%。

在这种情况下，可以在几天内将一个模型运作起来。并行期间，模型算法可以提供改进结果。

一旦解决方案上线，就可以更好地进一步微调，特别是可以测量其当前效果与100%完美要求之间的差距。

把这些进展记录下来并绘成图表，有助于给业务用户留下深刻印象：CDO可以将团队所做的事情立即与业务利益相关者的核心指标联系起来。

2. 不要一招鲜吃遍天

设想一个有趣的案例。问题很清楚：数据库中已经有了基本群体数据。通过调用统计软件的一个函数，可以返回语法上（和数学上）正确的结果。所有的输入参数都是可用的。诱惑力非常大吧！

但这个公式是否符合要求？也许有更好的方法，甚至可能直接使用现有的业务信息？

举例说明：你可能已经使用了一个无监督学习程序，通过聚类方法将基本群体信息划分为不同的簇。簇的数量遵循科学上公认的标准，如使用每组内距离的平方和。直觉告诉你，已经找到了一个很好的折中方案，即进一步增加簇的数量不会明显增加定义的分数，同时也考虑到了任何进一步聚类所带来的簇大小的减小。用经济学的语言来讲，即增加簇数量的边际效益接近于零。

因此，无论最终决定采用什么数量的簇，决定都是基于数据、公式、直觉和经验综合考虑做出的。然而，这个决定可能没有考虑基本群体的业务背景。

这就是为什么数据科学家需要准备好走出自己的舒适区，在业务方面多补充一些知识经验。例如，与对应的业务人员讨论后可能就会发现，从业务角度看，使用熟知的几个属性组合，基本群体的自然聚类已经很明显了。

相比应用被广泛接受但与内容无关的肘部法则（要注意沿收益曲线的明显拐点，表明边际收益显著下降），使用业务知识可能更好。这样还会使业务人员更容易理解 CDO 在做什么，通过解决问题也能增强他们对你的信任感。

3. 检查所有的前提条件

基本群体呈正态分布吗？真是这样？能保证完全的统计独立性吗？

你无法从结果中看出是否满足了应用某种方法的所有前提条件。如果几乎不可能满足某个前提条件，至少应该知道这种方法在多大程度上满足了这些前提条件。

只要有可能，就应该定期验证是否满足了所有前提条件。在某些情况下，可能会发现结果太差，这是因为前提没有得到满足——有时结果会证实假设，即所有预设条件都得到了满足。

想一想选举民意调查，选举调查机构询问从选举小屋出来的人刚刚投票给哪个政党，然后将结果显示为投票结束后的首发预测。这些机构通常选择在上次选举中与选举结果非常接近的投票站。此外，这些人需要随机挑选，而且都需要自愿说出实情。

这种民意调查的结果通常与选举的最终结果比较接近。但是，是否所有的统计学前提条件都得到满足，结果才会像预想的那样好？答案是**不需要**。做一下数学计算就会发现，从统计学上讲，只要是满足 98% 前提条件的民调结果都会比观察到的结果好。

当然，不是业务场景中的所有计算都能像选举民意调查那样迅速得到验证。但是，如果有机会，可以把整个产品组合的销售预测与之后的真实销售数字进行对比。这样做能够更好地感受到各种前提条件的有效性。[4]

4. 对局限性持开放态度

数据和算法都有天然的限制。你可能有足够的理由突破这些限制，冒着风险使用它们。但必须要表达清楚你的选择和动机。

有时可能被迫使用两个不同来源的年度数据逐年比较（例如，所分析的年度内引入了新的软件，或者因为数据提供者发生了变化）。请务必在结果的表述中加入这一信息作为警告。

另一个典型的限制来自人工智能模型训练的数据源。你通常不能自己收集数据，特别是想在数百万条记录的基础上进行分析时。因此，通常会使用数量有限的公开数据库。问题就在这里：你的结果与其他人的结果一致这一事实并不能证明数据的正确性。该结果可能反而表明所有人都在使用同一个数据源。

---

[4] 这并不意味着必须告诉最高管理层你在缺乏前提条件的情况下工作。

看一下用于 OCR 和图像识别的图像库。这些数据库通常是在一个特定环境中整合起来的，很可能在那些环境之外无法工作。

另外一个挑战是伴随着 OCR 字符识别而来的。没有一种 OCR 算法能够安全地分辨出数字"0"和大写字母"O"之间的区别，或者分辨出"I"（即以盎格鲁-撒克逊风格书写的数字"1"）和大写字母"I"（如果没有衬线）之间的区别。同样的图像可能意味着两种不同的东西。即使在数字家族中，欧洲的"1"和盎格鲁-撒克逊的"7"也可能看起来是一样的。为了保险起见，还需要考虑上下文。如果无法做到这一点，请公开说明！

5. 解释你的假设

请再看一下前面的聚类例子，并想想本章开头的方差分析。多久进行一次人工选择？
- 定义一个分数。
- 选择一个簇行为的各种元素相似程度的度量指标。
- 将每个簇内的方差与随簇数量增多而花费的精力加以权衡等。

目前的技术离完全的无监督学习水平还差很远，这种学习可以让我们把所有调整参数的事情都交给算法，让算法自主地知道要考虑哪些信息。这意味着人类没有参与算法决策的问题。

但需要解释这些决策：通过哪些假设做出了决策？

6. 不要造成精确性的假象

设想一下，收集一个 40 人团队成员的护照，记录成员的年龄，并计算出团队成员的平均年龄。假设四舍五入后得出的平均年龄是 34 岁。

假设另一个人不参考护照，直接估计每个成员的年龄。这个人算出的该团队平均年龄为 37.575 岁。

这两个人中哪一个能提供更准确的结果？

我的目的恐怕不言而喻。

保持分析结果的精确性是让别人信任你的重要手段。与其说"本组用户偿还贷款的可能性为 68%"，不如说：

"在 95% 的概率下，假设算法的所有前提条件都得到满足，可能性介于 65%~71% 之间。换句话说，如果该组的真实可能性是 68%，平均 20 次模拟中有 19 次会预测出 65%~71% 之间的可能性。当每一个前提条件没有得到满足时，不确定性都会增加"。

这段话比较难消化，但一旦人们明白了，就不再需要反复强调，有助于你实现以下目标。
- 帮助组织成为一个全员具有数据素养的组织。大家不需要能够证明贝叶斯定理，但应该对可能的情况有基本的了解。
- 能够管理其他人的预期，保护自己：人们应该对数字的精确性有一个现实的想法。而且你不希望"被证明是错误的"。

改进的余地总是存在的。更多的数据和性能更强的计算机通常会提高准确性。这使你能够衡量提高准确性的成本。如果某位高管对前面例子中 6 个百分点的幅度不满意，你也知道该如何建议了。

7. 认真实现数据预处理的自动化

数据预处理的自动化可以节省大量的时间，而且减少了包括个人偏见在内的人为因素，因此可重复性较高。

请注意，自动化并不能保证（甚至改善）数据的正确性。除了减少人为错误和加快流程之外，数据预处理的自动化只是让同样的数据看起来更好，而且可以简化后续处理。然而，这可能会带来一种对数据质量的错误印象。

8. 使用 DataOps

随着 DevOps 的兴起，开发、运维等可以合并为一个团队，统筹人员、流程和技术，从基础设施到用户服务层提供可信赖的一站式技术服务。人们开始将 DevOps 的理念扩展到数据主题，自然这个概念就被称为 DataOps。

DataOps 通过避免不同团队只为自己目标工作的情况，来帮助组织正确地设置激励机制。

此外，周期性的数据审计和对数据质量的持续监测有助于发现不合理的数据，如通过探索性数据分析方法去发现。

但请注意，不要将这种方法局限于分析。对以前未被监测的数据启动 DataOps 进行分析为时已晚。

9. 保持平衡

找到问题的总体优化解决方案很难。这个世界实在是太复杂了（双关语）。有太多的影响参数，而且很难客观衡量不同的优化标准。

这种情况迫使你做出妥协——要么进一步简化模型（每个模型都会根据定义简化），要么减少评估清单的选项（因为选项很容易比已知宇宙中的原子还多）。

可以在多个层面上应用这两种策略：
- 通过建立一个技术上尽可能复杂的模型来处理简化的问题，或者在获得语法上有效结果的同时尽可能简化。
- 另外，通过巧妙地使用算法来减少选项的数量（例如，一旦发现一个选项优于该组中的其他选项，就不需要评估整个选项组）。
- 此外，在应用算法之前也可以根据非科学因素（如商业战略）过滤清单选项。例如，已经确定了一组选项，而且可以证明整体最优是该组选项的一部分。但是，这些选项都不与组织决定作为其产品战略的一部分关注的内容相一致。

但怎么才能知道应该在多大程度上做出妥协？同样，必须进行计算。而且会很快发现，确定"最佳"的妥协程度是一个极其复杂的计算过程，复杂到无法执行。

第一个挑战是如何衡量妥协的程度。坚持充分考虑所有的参数显然意味着一点也不妥协，而随机选择则是百分之百的妥协。如何找出两者之间的平衡点？

复杂性不能通过开发更多、更复杂的算法来克服。算法越紧密就越复杂，而算法越复杂就越不知道结果有多准确。换句话说，与拍脑袋猜测的正确性相比，并不能多获得什么。

人们经常认为自己已从传统的直觉判断直接进入现代数据科学，数据科学将取代直觉。这种思维方式表明：数据科学是提供终极答案的解决方案。

不过，最好的选择可能仍然是介于两个极端之间的中庸之道。然而，这可能需要对目标做出一些改变：从旨在找出什么是"正确的业务决策"到确定如何以最合适（而非完美）的方式应用数据驱动的方法。

并且，经验和直觉仍然是这项工作的一部分，认识到算法的局限性是非常重要的（参见上述第 4 条"对局限性持开放态度"）。

10．排除情绪因素

还有一个有用的技能是区分"理性"和"感性"决策因素的能力。正如我们所看到的，即使是理性因素也是有缺陷的，更别说感性因素。这就是为什么至少应该消除骄傲或愤怒等情感因素。

如何培养这种技能？当然，可以阅读有关情商的书籍（我鼓励这样做），但与科学学习不同，不能只是"阅读和记忆"。

这就是为什么建议与他人一起反思回顾。要有开放的心态，期待别人带来惊喜。同样，与科学不同，你会发现两种不同的观点可能都可以接受。

因此，这种方法并不意味着要在大脑知识库中增加另一种知识或规则引擎，而是更有希望为未来的决策拓宽基础。

11．考虑模型之外的变化

在传统建模中，要有意识地决定将哪些参数成为模型的一部分。在宏观经济学中，这种考虑通常被描述为 Ceteris Paribus（拉丁语中的"其他条件不变"）。凡是不想（或不能）建立在模型中的，都假定为常数。因此，不得不预先考虑所有具有潜在影响的因素，以便能有意识地决定是否将其作为模型的一部分。

神经网络中经常依靠模型做这项工作。人们期望模型能隐含地发现所有相关因素。如果这些是训练数据的一部分，发现的特征将自动对训练过程产生积极的影响。

不过，遗漏某些需要考量的因素是有风险的。这些考量包括正在训练的模型和事后验证所用样本数据的代表性。

事实上，在收集这些数据时可能会错过某些因素。你自认为数据是有代表性的，但可能不小心遗漏了整个群体中的某个子集。

最常见的遗漏是不考虑时间因素。任何样本都是在过去收集的，事情可能已经发生了变化！COVID-19 病毒及其在感染偏好方面的巨大变化就是一个很好的例子。

可能还有一些根本不会考虑到的因素变化，但这些变化可能会对评估产生影响。一个例子是立法的变化或公开的丑闻可能会对人们的购买偏好产生重大影响，而此类事件之前的样本不会反映今天的现实。

问题是，这种失败很难发现。像往常一样，用 70% 的样本训练模型，再用剩下的 30% 样本测试算法。结果，测试数据会确认模型的有效性，仅仅因为模型反映的是与训练数据相同时间段的情况。

积极的一面是你可以对此做点什么。不足的是需要花费额外的努力：必须考虑到所有可能产生影响的因素，即使是那些远离核心的因素。

特别是，仅考虑在样本中发现的所有属性是不够的，不管这个样本多么可靠。在某种程度上，又回到了确定该模型的艰苦工作中：要不断思考所有潜在的影响因素。

当然，也可以考虑某些缓解措施：尽可能使用长时间范围的训练数据，并按时间段分开。如果模型对过去不同时间段的数据有类似的效果，那么至少对常规的变化（如时尚潮流或政府更迭）或单一事件的出现（如大流行病、自然灾害或奥运会）会保持稳定。但是，如果训练数据所涵盖的所有时间段都在有影响的 X 日之前，而现在试图预测 X 日之后的情况，那么模型就没有帮助。

这是我学到的关键经验：好模型需要的不仅仅是训练有素的数据科学家，广泛的教育背景几乎同样重要。复合型团队的主要优势就是不同的技能组合相互补充。

12. 全面定义成功

如何验证一项人工智能计划是否成功？或者，如果正在反复改进一个模型，怎么知道方向是正确的？

乍一看，如果在前面定义了一个可衡量的业务准则并进行测量，那就很容易实现。你如果看到了改进，就可以证明算法是成功的，即使不知道是否还能做得更好。

这种判断可能是错误的，原因是超出了你的关注目标，对影响因素的测量可能不够完整。

想象一下，一个警察局希望减少辖区内的犯罪率。假设有足够的历史数据让警察局开发和训练一种算法，确定任何（已知的）人不久后犯罪的概率。因此，警察局可以实施一项政策，将那些计算出的犯罪风险超过一定阈值的人送进监狱。

当然，即使是最专制的国家也不可能这么干。但这个理念可能听起来很熟悉，因为它们不断被用于其他地方。

这里有一个有趣的方面：在前面描述的案例中，肯定会发现犯罪率确实会下降！这是很重要的。人工智能算法还是识别出很多真正危险的人，这些人在监狱里将无法犯罪。从安全角度讲，这一计划将被认为是成功的。

有没有一些不希望出现的副作用？

如果评价中不考虑一项计划的整体影响，则可能会遗漏关键因素（如这个例子中的基本人权），从而使整个结果产生负面影响。

在组织内可能不会找到同样极端的例子，但往往会发现类似的模式。

一个非常简单的例子是评估各种增加收入的措施。一个方案是使用折扣，不仅要验证营业收入的增加（在这种情况下几乎是肯定的），还要考虑折扣对利润率（最终是组织的底线）的负面影响。

建议：确定所有可能受数据变化影响的领域，并在整体目标中加以考虑。如采用加权的做法，可以迫使企业中的利益相关者下定决心，确定目标功能的优先次序。

诚然，将每个参数转化为一个分母（最常见的是对组织底线的财务影响）需要大量的工作。哎呀，数据可以帮助完成这项工作，而你正在进行数据管理！

可解释的人工智能（XAI）

与过去根据规则构建的算法不同，许多现代人工智能方法都是基于学习的（通常的表述是机器学习），包括通过实例学习，或是通过奖励机制学习。

传统的确认性方法，如运筹学理论研究，在20世纪下半叶成熟。确认性方法总是从确定所有规则和约束开始，然后结合适当的（数学上经过证明的）算法转化为一个模型。

这种方法主要存在两个方面的风险。

（i）存在偏见和欺诈行为

确认性方法是从明确算法之外的一套规则开始的。这些规则通常由在某些问题上有既得利益的人收集，他们可能会先入为主，甚至是为预期结果而努力。

结果，边界被忽略，约束被低估，或不等式被"调整"。另一个重要的偏差来源是目标函数的建立，也就是不同的目标参数对整体归一化目标的加权。

由此产生的"问题"通常是一个不等式方程组[5]，可以用数学方法精确计算，这表明结果毫无疑义是正确的。然而，如果基础模型受到偏差的影响，结果反映的就是研究者

---

[5] 这样的不等式方程组通常用矩阵表示，因为矩阵会非常稀疏，在网络优化任务中也会用更有效的符号表示。

追求的目标，而不是客观上正确的最优解。

（ii）模型的不完全性

每个优化问题都有无限多的参数。任何节点、边界和约束条件的列表都代表了对真实问题的简化。

在早期，计算能力是主要的限制因素，而今天的主要限制因素是基础业务知识的完整性。如果人们不知道所有的制约因素，就不能把这些因素添加到模型中。

当然，模型是对现实的简化。然而，在运筹学中，如果无法预先判断模型是否足以代表真实情况，那么结果也不会告诉你这一点。

只有在现实世界中使用这个结果时才可能发现这个模型有多好。然而，在大多数情况下，由于某些约束条件原来在模型中就是缺失的，可能最终会得到一个无效的结果。这种情况需要一个漫长的迭代过程，不能完全交给计算机处理。

这种情况表明，要扭转这种情况，给人工智能的发展带来了第二次机会：要从数据入手，随后推导出相关性和因果关系。

这种从基于规则的方法向神经网络的过渡意味着方向的改变：

从

智慧到数据（确认性方法）

到

数据到智慧（探索式/贝叶斯式方法）

你可能已经猜到，这一举措并没有解决人类面临的所有问题。事实上，这一举措甚至带来了新的问题。下面列举一些显著的挑战。

因果关系不明

显然，现在的算法像一个黑盒子一样工作：人们不知道为什么一个神经网络会得出这样一个结果。因果关系不清楚。神经网络都是基于阈值节点激活和触发的。

如何改进一个不知道决策过程的算法？无法微调规则——毕竟没有规则，至少在确定的意义上没有。提高神经元网络决策质量的唯一方法是进行越来越多的训练。但如果训练数据用完了怎么办？

而且，即使为验证目的而保留的已知案例确认了足够高的成功率，但是怎么处理误报情况？

想象一下，有一种算法能够成功识别99%有狗的图像，甚至可以识别其他图像上的动物类型。

但怎么知道在现实生活中该算法不会把一个（未经测试的）任意颜色图案识别为狗？在"它可能是一只狗"和"它是一只狗的概率高于它是任何其他动物的概率"之间的阈

值通常通过手动设置来确定。

几乎可以肯定，随着时间的推移，科学将更好地理解这些黑盒子。但这将是一个漫长而乏味的发现之旅，类似于数十年来一直进行的对人类大脑本身活动过程的理解。

信任问题

通常情况下，病人知道模式识别算法可以支持医生检测皮肤癌，而且其结果不会比单纯的人类判断更糟糕。

但是，那些可能会对某些个人做出不利决定的算法呢？

人工智能算法对计算主题一无所知，通常不能说"等等，这个被监控摄像机拍下的人不可能是罗纳德·里根——一定是狂欢节面具！"相反，因为算法本身不是基于规则的，用户需要提前丰富或修改数据。

很容易联想到与用户更相关的实际例子，比如计算信用分数的 AI 算法。

算法困境的另一个例子是自动驾驶，可能需要在两个选项之间做出选择，这两个选项都可能造成伤亡。你会让算法控制汽车，从而得出结论，你的生命不如路上一群人的生命更有价值吗？

伦理问题

基于证据的算法是没有良知的,而基于规则的算法通过智能设置边界或在目标函数中选择不同的权重使输出结果不那么引人注目，从而避免不道德的结果。

但如何才能发现人工智能算法认为最优、实际上却不符合伦理的结果？

还记得本章前面"人工智能的一般限制"部分描述的人力资源部例子吗？示例中根据算法系统地对候选人分类，甚至连数据科学家都不明白为什么算法能做出这样的决定。

这不仅违反了 GDPR 和其他数据隐私法，还歧视了某些群体，而开发者却没有这样做的意图！这也是一种歧视。换句话说，仅仅感到符合伦理是不够的，无意识地违背伦理也是不行的。数据科学家还需要采取合乎道德的行动，有意识地寻找产生伦理问题的负面影响因素。

出路在何方？

人们越来越频繁地提出这个问题，并由此产生了"可解释的人工智能"（XAI）：能理解正在发生的事情被认为是解决黑箱算法、伦理和信任问题的关键。这个讨论才刚刚开始，还没有令人满意的答案。

然而，以下问题可能会引导我们完成可能发生的对话。

- 数据科学家如何能获得用户的信任？没有人再相信基于经验选择候选人的算法，这种算法可能不是最优的。
- 在什么情况下，用户会接受"黑箱"，什么时候会拒绝？
- 那该怎么办？是否会有新的算法可以追溯决策？在多大程度上可以从学习人工智能算法的梯度中推导出"生活规则"？对已知算法，诸如最近推广的"相关性逐层传播"（LRP）的增强是否足够成熟，从而可以增加现有神经网络的透明度？或者，在设计带来透明度的地方，新方法会占主导地位吗？例如，从维度数量较少、更容易理解的子问题开始，或许人类只能理解简单的相互依赖关系吧？
- 是否有可能对这样一个"黑箱"的输出，通过另一种算法显示哪些参数（或参数组合）导致了决定？
- 如果透明方法得到发展，如何对其分类，以便数据科学家知道在何种情况下可以应用哪种算法？
- 塑造可解释人工智能的计划会很快成功吗？或者人们会习惯于信任人工智能吗，就像"学会"信任 IP 电视设备或 Alexa 设备一样？
- 在业务活动中，还有哪些地方是我们面对的黑箱？例如，因为组织不希望透露其商业秘密，我们总是理所当然地接受它们？
- 如果所有的数据科学家都使用相同数量的分析库和训练数据集，其中个别人有人为偏差，我们会接受更大的影响吗？
- 我们最终是否会有主要取决于算法的伦理标准？数据科学家是否能够，甚至有义务在为特定问题选择或开发最适合的算法之前检查法律？组织是否会制订伦理准则（"负责任的人工智能策略"），以获得法律要求之外的信任？
- 数据科学家个人遵守所有这些"非技术性"的准则会有多复杂？一个数据分析主管要确保整个团队的行为符合规定会有多复杂？是否有可能审计合规性？

这种讨论并不是基于如下假设：我们可以使所有现存的人工智能算法充分透明。但对于其中某些算法，这肯定会成为可能，而其他算法可能会允许部分透明。例如，想象一个两阶段的算法，在第一阶段使用测试数据训练的基础上制订一套规则，然后在第二阶段应用合适的规则，这在近乎实时的情况下是可能的，因为复杂的计算发生在第一阶段。这样的算法可以共享在第二阶段选择和应用哪些规则。

你仍然不知道为什么在特定情况下这些规则最合适，但至少可以检查潜在的缺陷，即一个规则可以被证明存着客观错误或是有歧视性的。

最后，在算法的有效性和"可解释性"之间进行权衡是可能实现的，也是必须进行的。人工智能解决方案供应商可能被迫降低算法的有效性，以遵守最低透明度的法律要求。

从欧盟 2020 年 2 月发布的《人工智能白皮书》（2020）中可以看出，这种监管有望来自欧盟。在这里，透明度已确定成为欧盟委员会对人工智能监管框架的七项关键要求之一。

委员会在其白皮书的第 15 页指出：

由于缺乏透明度（人工智能不透明），而很难确定和证明是否违反法律，包括保护基本权利、追究责任和满足索赔条件的法律规定。因此，为了确保有效的适用性和执行性，可能有必要调整或澄清某些领域的现行立法。

如果你的组织希望符合欧盟法律或在任何欧盟国家开展活动，建议仔细关注相关发展情况。出于伦理原因，无论处于何种情况都应该考虑这样做！

第 21 章
危机中的数据管理

图 21-1. 准备应对危机

准备应对危机

思考不可思议的情况

在一次数据任务中,我和团队为所有能想象到的危机做好了准备。我们的计算机中安装了大量的工具,载入了大量的数据。随后,一个勒索病毒攻击了整个组织。虽然我们公司不是攻击目标,但是勒索病毒扩散到了我们的网络。我们所有基于 Windows 的系统都被感染,几分钟内网络就陷入瘫痪。

最终,一群天才数据科学家、数据分析师和项目经理组成的团队只能坐在各自的办公桌前,无论是台式机还是笔记本都无法使用。可是,所有的危机应对计划都要使用计算机才能执行。

类似地,到 2019 年为止,世界各地的公司都制定了大量的应急计划,所有这些应急计划的第一步都需要人们聚集在一起共同评估形势并成立行动小组。2020 年初爆发的新冠肺炎危机也需要成立这样的行动小组,但现实情况又让与这场危机斗争的面对面会议变得不可能。

为应对危机做准备时,不仅要从以往的危机中吸取经验教训,也要更进一步想象一下不可思议的意外情况!

你可能不必为太空中强烈的无线电波导致地球上通信中断的事件做准备,而且……等等,为什么不呢?

当然,也许不必想象所有可能诱发危机的原因。但是,反过来看,是否可以列出组织业务中所有不可或缺的方方面面?毕竟,应急计划的适用性通常取决于该计划的影响,而不是造成危机的原因。

要让团队打破陈规,跳出固有思路,整理归纳发生过的危机,经过几轮艰难的整理工作之后,把执行过程中所需的各种因素确定下来。

将每个人都认为是理所当然的要素包括在内,并考虑各种要素在后续过程中出现的可能性。问一问"如果要素 X 不可用会产生什么影响?"并记录所有的想法。

在接下来的一轮中,关注与数据相关的方面。数据在哪儿会成为问题的一部分?数据在哪儿可以成为解决方案的一部分?

最后,考虑一下可能性。大部分危机准备工作都应该花在(非致命)影响最大和可能性最高的情景上。

准备将活动按优先级排序

看看数据办公室的成员们正在做什么。他们做的所有这些活动都是有用的,但哪些是必需的活动呢？要准备好在危机期间停止那些"仅仅是有用"的活动，从而把处理能力留给危机时特定的活动。

在正常时间做的任何准备工作都有助于在紧急情况下节省宝贵的时间。除了正常职责以外，考虑新冠肺炎疫情可能带来的影响也是合理的。

随着时间的推移和员工的流动，需要时常与团队一起回顾和审查这个计划。

成为组织危机计划的一部分

对危机的任何反应都需要数据。面对一场危机，人们可能会退回到尝试自己寻找数据的老习惯，甚至可能会恢复到主要依靠直觉。

因此，在这种情况下，为组织准备可以随时使用的数据至关重要。数据办公室的角色必须提前制度化，在危机已经发生时再尝试这样做可能会为时已晚。

这就是为什么需要把和领导者讨论危机管理作为日常沟通工作的一部分。

此外，你可能希望确保数据办公室参与公司所有的危机预防计划制定工作，并自动成为危机响应团队的一部分。不想在危机开始的时候把精力浪费在试图让别人听取意见上吧？大多数灾难都具有跨职能相关性，数据管理也是如此，这是让数据成为所有应急计划核心的一个很好的理由。

数据办公室中谁应该被任命为"危机领导"？答案很简单：如果一场危机不能让CDO亲自带头，那就不是真正的危机。

把握危机

与公司优先事项保持一致

所有的优先事项在危机中通常都会发生变化，而且随着危机的演进，它们会不断变化。设定正确的数据优先级，并和最高管理层为危机确定的优先级保持一致，这是很有帮助的。换句话说，你将走"快速通道"进行战略调整（参见第4章）。这种方法不仅可以确保支持正确的目标，还有助于避免数据活动受到批评。

当然，要利用好作为危机响应团队成员的机会，在优先顺序的确定过程中提出自己的建议。

不要想着扬名立万

如果只想着出名，通常不会成功。名声应该被视为随之而来的结果，而不应被作为追求目标。

回想我们面临勒索软件攻击时，最大的风险是业务中断造成的收入损失，因为这会耗尽我们的现金流。因此，每个人都在努力确保自己提供的服务能够继续正常向用户收费。

解决这一难题可以让你出名。但我们不认为有必要成为第十个处理这一难题的团队，也不想告诉其他团队说，让我们数据团队接手吧。

相反，通过仔细观察和了解情况，我们很快发现主要风险与收入损失相反：各组分别恢复了有关交易的数据，可能导致一次服务多次计费。

我们决定分析匹配的交易记录。几乎找不到100%确定是描述同一笔交易的两条数据记录，但是，我们不需要这样做。对数百万笔交易的概率分析指导我们系统性地创建了重复交易副本。

我们对副本的发现与其他团队所做的恢复交易的努力一起，为公司增加了价值。最后，在这个过程中所有人都得到了表扬。但是，如果没有人解决双重计费问题，那么，尽管所有相关方都付出了巨大的努力，也不会有人受到表扬。

让团队做好准备

你的团队不能将这种情况视为"某人的危机"，而应视为"我们的危机"。这对行动能力至关重要。这就是为什么应该尽快与团队中的每个人分享这一信息，最好是在首次危机会议上（无论是面对面会议还是远程会议）传递以下信息。

- 确认团队的每个成员比组织更重要。安全性和稳定性是优先级最高的。
- 分享组织面临的严峻挑战。开诚布公地讨论。
- 强调团队可以针对这种情况采取一些措施：可能无法结束危机，或解决由此产生的所有问题，但至少能够缓解危机。这可能是组织生存所必需的！

倾听团队声音

危机期间的第一个问题不是如何做正确的事情。而是：正确的做法是什么？

数据办公室的答案不一定只来自CDO一个人。如果还有时间和场地进行头脑风暴，那么好好利用这个机会！即使你已经有了想法，也不要过早地抛出来，做好在头脑风暴中放弃原有想法的准备。

做好行动规划

面对各种变化，需要开展新的活动，现有的某些活动也会变得更重要。同时，面对有限的资源，其他任务需要减少甚至停止。前者包括业务运行支持、影响评估和战术步骤建议等活动。

准备一份数据办公室所有现行活动的综合清单，以便危机响应团队甚至最高管理层可以确定优先级（或者，最好是确认你的提议），而不会因为忘记一些重要事情而面临风险。这一步有助于你停止提供一些人们习以为常的数据服务，这些服务在危机期间并不那么重要。

从组织结构角度讲，与危机相关的协调工作应整合到数据办公室的危机核心团队中。该团队还应与其他部门建立直接沟通渠道，提升响应时间。

管理紧急状态

根据危机的严重程度，组织的一些规则和原则可能需要暂时取消或重新修订。无论什么时候，只要在数据领域发现有必要这样做，就要获得危机响应团队的批准。

有时，你可能需要向最高管理层申请授权你全权决定，这样就不会陷入这样一种困境：要么违反组织规则（这可能会让你受挫），要么偏离设定的目标（这可能会延误进度）。

数据领域的典型案例涉及数据隐私或数据安全。当然，你必须非常谨慎地使用任何被授予的自由裁量权限。

从危机中吸取教训

危机何时结束？

大多数危机都没有正式的结束日期。随着时间的推移，情况通常会有所改善。但是，应该有意识地从危机模式切换到正常模式。因此，在危机期间就危机结束标准达成一致是有益的。

回到"正常模式"可能并不意味着回到危机前组织的运行方式。危机的发生可能改变了组织，改变了组织所在的行业（通常由技术进步引发），乃至改变了整个世界。正如2008年金融危机和2020年新冠疫情给世界造成的变化。

危机是催化剂

我们经常在危机中看到一些创新，如果没有危机，这些创新可能需要数年的时间才能得到全部利益相关方的认可。由于许多创新都是关于数据的，尤其是在数字化领域，这些特殊情况简直就是巨大机遇。

危机后，组织应决定保留这些创新还是回到原有的工作方式。

与此同时，危机期间不得不中止的某些活动可能被证明是恰当的。我想起有无数的报表，报表的需求提出者几年前就离开了公司，从那以后就没有人读过这些报告。

利用这一机会放弃那些被证明是可有可无的活动，这样团队可以将精力投入具有更高价值的活动中。

经验教训

人们在危机中学会了如何应对危机，也学到了很多危机之外的东西，比如了解了组织、行业和用户。因此，好习惯是不仅要记录"危机教训"，还要记录危机阶段发现的各种行为模式。

你甚至可能会发现需要一个完全不同的数据办公室来充分处理危机后的情况。如果调查结果与最初的结论和概念一起被记录下来，形成"经验教训"文档内容的一部分，那么就更容易证明改变的合理性。如果打算提升活动或职责范畴，这一点至关重要。

庆祝

如同已完成项目一样，你应该组织团队一起庆祝克服了这场危机。通常这是第一次一起回顾危机的机会。在庆祝活动中分享的故事往往容易被铭记于心。这会成为组织文化的一部分，并让人产生归属感。忠诚建立在共同经历之上。

庆祝的另一个原因是有意识地宣布危机已经被战胜，同时要强调仍有许多后续收尾工作有待完成。如果没有这样一个明确的日期，组织就有可能悄无声息地回到日常业务中去，而没有对那些危机期间立下汗马功劳、做出杰出贡献的人做出认可。

在危机期间，许多员工都表现出了超乎寻常的奉献精神，你可能想保持这种势头。要做到这一点，就不应以已经取得的成就为名义来奖励他们，这会让他们沉浸于过去的成就，驻足不前。相反，**要赞扬他们的努力、勇气和"能干"的态度**。这种方法通常会激励人们将这种行为方式扩展到未来的工作中，而不局限于已完成的任务或已克服的危机。

第 22 章
并购中的数据

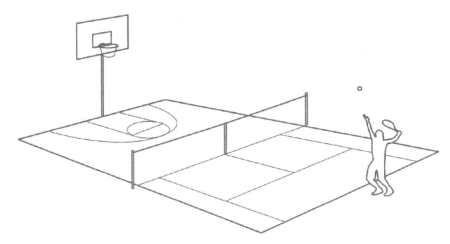

使用游戏规则改变之前的技术,
你必须知道正在玩什么游戏!

图 22-1. 同样的规模和相同的类型可能并不会让事情更容易

今天出了什么问题？

许多不同组织之间的合并，无论是体量相当的组织合并，或是收购，大多都以失败告终。

自从合并和收购在自由市场经济中司空见惯以来，人们逐渐认识到大多数失败都是由于忽视文化和人文因素造成的。

这使得世界各地的组织越来越重视理解和解决并购过程中的文化问题。这样有助于避免许多过去犯过的错误。不幸的是，观念转变的同时，很多组织低估了各种因素的有效兼容性。

结果，如今大部分并购整合失败的原因不再是文化问题，尽管一些咨询顾问还在尽可能让我们这样认为。

相反，越来越多的并购失败是由于单纯的**兼容性**原因导致的。无论是不兼容的销售区域还是不同架构的产品组合，大多数非技术的兼容性问题都与对**数据**的不同处理方式有关。

因此，数据不能被视作合并或收购后的产物固定下来。相反，整合两个或多个组织的各个方面都需要从业务角度、技术角度（如果适用）和数据角度共同努力解决。

这就是为什么除了不同硬件和软件的技术整合计划之外，成功的整合还需要一种系统、跨部门的数据整合方法。

整合计划

一个有代表性的整合计划要建立在多个主题领域的基础之上，并为这些主题领域建立并行的工作组。

通常，整合工作的主要挑战是工作组之间的相互依赖性、注重短期成功的奖励机制，以及对数据方面的忽视。

如果一个组织正在合并过程中，那么整合计划最好与业务变更的流程一样，采取相同逻辑顺序的步骤，从一开始就将重点放在数据上。

（i）市场定位

希望整合后的组织代表什么？理想情况下，用户希望从组织购买什么？为什么他们更喜欢我们而不是我们的竞争对手？

（ii）提供目标服务

未来的产品和服务是什么？打算如何组织安排和确定产品？ 预期的复杂度是什么（如单独由市场或本地化特征定义的一组产品）？我们可以提供什么架构的服务产品，以便后续步骤可以实现自动化（如生产或开票）？我们的目标服务组合是什么，在多大程度上偏离了之前的服务组合？

(iii) 我们的目标流程是什么

我们的服务需要流程的支持。必须确定什么情况下可以预先定义这些流程，以及在什么情况下所提供服务的个性化要求会迫使我们调整策略。

设计不同的备选方案，予以比较，并评估每个方案的影响。尽可能精确地确定资源的成本、时间和可用性，任何情况下，这些都是选择目标流程的关键。

(iv) 数据的要求是什么

如何构建数据的各个方面？哪里的数据模型不兼容？哪里可以匹配两个（或更多）数据模型？哪里可以找到解决方法？哪里可以合并两个系统而不丢失数据和日常操作中的信息？

与第(iii)项同样的步骤也适用！需要开发不同的目标数据模型，并且需要使用相同的标准选择目标数据模型。这一点至关重要。

任何软件开发必须基于目标数据模型。可以使用临时模型，甚至可能经常用到临时模型，但目标模型必须已知，并且必须优先考虑。

(v) 技术实施

根据(iii)和(iv)的结果，我们需要制订一份路线图，再次考虑变更的成本。即使纯粹的成本计算不建议速赢，速赢也是最容易被接受的方案。

这是因为从心理角度看，人们需要尽快看到结果。如果需要一直等待，等有人在流程的最后启动最终解决方案，那么人们很难一直保持忠诚。另外，每个人都可以从临时解决方案中学习，这些经验可能有助于改进目标解决方案的设计。

此外还需要处理抛弃型数据，特别是为了获得暂时的兼容性而在不同领域之间以不同速度处理的数据。[1]

需要在所有领域的计划之间绘制关系图以确定关键路径。几乎没有什么能比九个已完成的工作被迫等待第十个工作更令人恼火。

不用说，这种方法并不意味着要有一个严格的顺序。要将这种方法看作一个迭代过程。几乎没有什么比企业合并更具挑战性，合并双方的人员每天都要面对各种突发状况。

数据方法

以下是对合并或整合过程中数据处理方面的一些建议。

数据整合应由谁管理？

这些挑战不应该由直接受影响的各个业务职能部门各自单独去解决。这样做很容易

---

[1] 这需要一个宏大、全面的业务案例，以便把这些临时工作作为长期计划的一部分加以调整。

解决了一个团队的问题，却对其他团队造成不利影响。

每次合并或收购都应评估合并过程中的数据问题。通常应基于数据映射问题评估，并形成一份长长的协同操作和挑战事项清单。

要充分解决"并购中的数据"问题，应尽早确定数据领导层。如果合并导致两个数据办公室并存，则应尽早确定唯一的首席数据官人选，同时需要两个团队的成员全体参与后续工作。在领导层做出最终决定之前，尽量与同伴就候选人的激烈角逐达成一致。

如果你就任领导岗位，应该立即成立一个专门（临时）团队，负责整个并购计划的数据工作。如果有专门的并购预算（通常有），应该合理申请预算，这样就可以在不严重影响数据办公室日常工作的情况下解决数据方面的问题。

了解动机

无论面临合并还是收购，了解导致并购发生的驱动因素都至关重要。了解驱动因素有助于决定是快速整合还是彻底整合（或者在两个极端之间找到平衡的方法）。

一个长期的战略合并计划更容易采取"第一次就把事情做好"的方法。反之，两家公司为了生存而合并，因为两者规模都太小，不合并将无法生存，可能首先会采取"以某种方式继续运营"的方法。

在试图通过与数据相关的决策之前，必须充分了解董事会的优先事项，甚至可能要了解监事会的优先事项。

但是，通常要意识到组织做出协调一致决定的背后有着不同的动机，无论是出于合并、战略考虑，还是运营需要。

一些组织从便于统一管理角度，打算将以前独立的各国家组织或实体合并，这种情况下更容易比较业绩。

有时，组织希望在所有实体机构间实现统一的产品供应，或者单一品牌应有相同的价值主张。

还有一些组织决定统一，是为了能够外包或将流程自动化与标准化（经验表明，组织在外包之前应该标准化。如果将同一活动的各种不同程序外包，供应商的管理工作将变得烦琐，成本可能会大幅上升[2]）。

在任何情况下，未来的数据整合业务案例通常都应该以底层驱动为主要目的。

关注互操作性

作为合并或收购的一部分，必须将来自不同方面的数据汇集在一起。这些数据可能

---

[2] 德勤的一项调查显示，RPA 的"第一大障碍"为"流程碎片化"，即多种管理流程的方式。这种方式被 36% 的调查对象视为采用智能自动化的主要障碍。17%的组织认为 IT 准备就绪是主要障碍（2019）。

用于不同的目的，包括运营、从订单到收款的流程、用户可视化或者财务报告。

这就是为什么主要的整合目标是**互操作性**，即一方的流程或系统需要能够从另一方采集、解释和处理数据。互操作性的一个重要方面是可以为公司处理的所有事务提供一致的识别逻辑，如原材料、发动机、产品和员工等。

这个互操作性目标必须代表"新世界"，而不是两个"旧世界"中的任何一个。这意味着，在大多数情况下，收购方也需要改变（除非该收购的占比较小）。

你还需要规划好联合报告。整合期间典型的业务需求表述如下：
- "财务部门报告被收购组织损益的方式需要进行一些调整。"
- "谁能告诉我一个实体的哪些数据已经在另一个实体的数据仓库中可用？"

虽然充分整合的组织只能在整合后找到这些问题的答案，但在整合之前和整合期间，你需要花费额外的精力建立适当的报告体系。

即使在创建联合数据存储和不同实体间物理传输数据方面取得了良好的进展，**数据元素的结构和含义往往也存在巨大差异！**

请记住：如果将遗留问题积攒在任何一方，数据挑战就会成倍增加。

■ **注**：所有这些挑战并不是合并和收购所特有的。以往各自独立的国家组织或实体要协调一致可能要完全遵循同样的方法。从技术层面看，不同的实体是否刚刚成为同一个组织的一部分，或者它们是否已经在同一个组织中共存多年，这些并不重要。

建立高层次计划

无论所在组织希望整合的深层次原因是什么，根据经验都可以采用以下常规步骤：
- 根据不同实体的主题确定最佳实践。
- 以"可重复使用"的方式解决个别问题。创建一般流程、指南等。
- 确定最适合的流程和应用程序（可能来自法律部门、子公司或中心职能部门）。
- 修改这些流程和 IT 应用程序，使它们能够协同工作。
- 首先选择一个或两个实体作为试点来试验该解决方案。
- 将试点的经验教训大规模推广应用。

确定"同类最佳"解决方案

每个实体可能在某些活动中已经表现很好了，但也可能还可以使用更好的模型。利用这种情况确定一个比每个实体更好的目标组合：
- 盘点要整合的所有实体解决方案和流程。
- 采用相同的标准测量，了解哪些实体最擅长哪个流程。
- 检查解决方案的兼容性和互操作性，确定最佳解决方案。

- 为目标设置选择最佳有效组合。因为不同的实体可能在不同的流程中表现最佳，而这些流程之间却无法完全实现互操作，这时或许不得不做出妥协。

不要同时进行（太多）创新

有时会面临挑战，因为人们不会同意在整个整合期间暂停创新。不要赞同人们的这种想法。要坚持"先调整后优化"的原则，调整与优化同时进行是失败的根源。

另外，整合的同时不进行创新，整合的过程将更快。而保持较短的整合过程十分关键。

此外，通过成功的整合，创新和优化将变得更加容易，因为可以专注于流程和数据结构的单个领域。

最后，用优秀的解决方案替换原有解决方案时，只要遵循同类最佳的原则进行整合，就能间接实现创新。

数据映射

为了成功地整合两个或多个不同的实体，需要以一致的视角看待组织的所有部门。为了做到这一点，需要映射数据字段和数据元素。

好好把握这个机会，并尽可能努力形成一个规范化的模型，该模型将引导各实体达成一致的业务目标状态。

如果尚未定义此类业务的目标状态，则应将其视为最高优先级，它也是开展其他整合活动的前提。

如果这样的定义（技术上或法律上）是不可能的，那么应当根据已经商定好的临时步骤开展工作，没有这些步骤就根本不可能有针对性地实施整合。

数据映射过程不是一项技术活动！数据映射需要有主动、有意识的业务决策支撑。这也是为什么永远不应该单独由IT部门做数据映射。

这样是因为映射通常是不明确的。如果找不到完美的 1:1 映射，则需要找到接近的映射。但如何选取可能的选项？这就要根据对业务的理解来做决定：既要考虑对组织业务的直接影响，也要考虑是否符合组织的最终目标。

一旦做出业务决策，数据办公室和IT架构团队就需要密切协作，把流程中的基本结论明确记录下来。

典型的工具是数据流图、实体关系模型（用于目标和临时步骤）和标准数据模型。

组织

"整合数据"的组织需要明确单一联系人满足所有映射需求。这个人通常不会执行具体映射活动，而是协调和安排所有的映射活动。严格的协作对于避免重复工作以及消除不同职能部门之间映射的差距和不一致来说至关重要。

与组织开展的任何其他整合活动一样，每个实体的所有映射计划都需要从数据角度执行**完整性检查**。下面是一个典型的检查清单：

- 说明业务上的问题。
- 已明确数据拥护者，并准备好获得业务所有权。
- 已解决跨职能问题。
- 交付物清晰（要同时考虑业务交付物和数据交付物）。
- 达成基本的业务决策。
- 依赖关系明确。
- 明确了时间节点。
- 已分配任务。
- 已制订灵活的变更流程。
- 遵循了"数据原则"（参见第 6 章）。

一旦解决了上述所有问题，就应当将实体"数据映射"的工作范围限制在监测、盘点和记录几方面。

具体映射案例

没有"放之四海皆准"的办法！典型的映射类型如下。

（i）1:1 映射

这种最简单的映射情况适用于单个数据元素或数据结构由不同方面调用，但含义却相同的情况。

需要完成的任务是创建一个传统的术语表：定义前导表达式和别名/同义词。这个过程需要各部门共同协作，以确保做出最佳选择。

（ii）1:n 映射

1:n 映射的一个典型示例是由代码表示的属性列表，其中一方为多个不同的变量设置了多个代码，而另一方则将所有这些变量设置在一个代码下，操作方面没有差异。

充分的映射需要运营部门的理解。需要与所有受影响的业务职能部门（如生产和产品管理）密切合作，才能找到最佳映射。

在某些情况下，如果无法通过其他方式避免在操作的时候丢失必要信息，甚至可能必须改变操作流程来实现跨实体的处理。

（iii）n:m 映射

想象一下这种情况：需要映射的两个属性列表中，数据粒度有时在这一侧更细致，有时在另一侧更细致。

与前一种情况相比，这面临着更多挑战，不能只站在粒度更细的一方考虑来做出决策并开始映射。相反，需要做好准备接受或解决某些信息的丧失问题。

通常在整合过程中，可以通过变通办法解决或缓解这种情况。最大的挑战通常是组织不愿意投资改造即将报废的工具和计划停用的流程。

典型的解决方案是启用现有但未使用的代码。这样做存在着模棱两可或可能被误解的高风险。这就是为什么这些事项都需要仔细记录、详尽沟通，最重要的是，要在所有业务职能部门中一致地应用。

（iv）无代码对应

在这种情况下，一方在使用另一方不知道的代码或数据元素。如果这些代码是目标设置的一部分，组织可以利用这个机会将这些代码介绍给目前没有使用的一方。

然而，如果整合后这个代码或数据元素应该取消，那么关键要做到与产品整合活动一致：哪些服务/功能和可视化能力将不再作为哪个产品/服务的一部分提供，以及何时停止提供。这些决策将有助于理解对现有解决方案的变通或变更方式是否合理。

（v）一维结构差异

这种情况下，数据使用相同的维度，但结构不同。

一个典型的例子是，报告日历的基准期可能会不一样。这可以相对容易地映射到存在共同点的地方：如果一方遵循日历年度报告，而另一方按照会计年度报告，则可以使用"月度报告"作为公共基础。

当查看周报（通常是运营角度）与月度报告（通常是财务角度）时，情况变得更具挑战性。需要一定的妥协或者组织结构调整，才能找到这两个基准期映射的可能方法。

（vi）复杂的结构差异

有些情况下，不同实体采用完全不同的逻辑方法，因此无法轻易映射数据结构。

运输业务中有个很好的例子是，如何定义"装运"（或"托运"）。这远远超出了可能使用不同术语的范围。"装运"的含义可能在多个维度上有所不同：一件还是多件、生命周期、可视化、"一起结算"还是"一起运输"、海关处理等。这里没有正确的映射标准，但是，很明显需要跨职能、跨部门共同协作。

（vii）会说话的代码

这些代码中，一个字段的子字符串包含了不同的信息。例如，用户识别码中的前两个字符是用户的国家代码，或者总账账户代码的第一个数字是数据类型的分类代码。

目标模型不应当被认为是"会说话的代码"，而应该具有定义清晰的属性。当面临此类挑战时，**需要分解代码，并将这些属性添加到规范的目标模型中**（仍然需要定义该模型）。此外，需要将代码结构指定为元数据的一部分。要从长期规划的角度避免这种"会说话的代码"问题，同时要彻底地梳理和盘点建立在该假设基础上的所有应用程序和流程。

第 23 章 数据创新

"创新？不，我们已经试过一次了。
创新没有用。"

图 23-1. 不是每个人都喜欢创新

数据如何驱动创新？

揭开创新的神秘面纱

首先，让我们稍稍揭开"创新"神秘面纱的一角吧。

（i）创新总是破坏性的？

创新不一定是"一件大事"。不是设计一台永动机或一种能点石成金的方法才叫创新。基于一个好的想法，逐步改进某些东西也非常具有创新性。

人们可能会拒绝将影响很小的伟大想法称为"创新"。请不要让这种观点阻碍各个层面上的创新！

创新是一种态度。应当每天努力创新。

（ii）大公司不能创新？

创新与规模无关。

员工的创新能力与所在组织的规模无关。

大型公司有时可能过于官僚主义，无法快速把想法落地，但大公司的成熟模式通常可以避免过早实施想法。成熟模式有助于专注于有希望的想法，而不是缺乏创新。

毕竟，创新主要是个人思维层面的事情，而不是组织规模的问题。

（iii）创新仅仅是创意专业人士的工作？

不，创新可不仅仅是专业"创新者"或创新部门的工作。更重要的是，创新也不是有创意的人天马行空、无法预料的想象结果。

创造力确实对创新至关重要，但创新既与技术和组织有关，也与个人天赋有关。创新是一成伟大创意加上九成努力工作。

图 23-2 显示了需要做多少工作才能打造一个有利于创新的环境，以及需要做多少工作才能将创新想法转化为商业效益。

（iv）创新者必须理解其产品吗？

许多公司围绕其产品大力开展创新工作，取得了令人印象深刻的技术成果。但是，复杂的工艺或流程设计并不是成功创新的保证。相反，组织需要预判**客户和用户**的想法、愿望、偏好，包括很好地了解他们改变主意的原因。毕竟，你想了解并影响用户。

可是，如何了解自己业务的需求？是的，对目前的产品过于熟悉可能会适得其反，因为很容易陷入常规的思考模式。据报道，柯达数码相机的发明者史蒂文·萨森（Steven Sasson）曾说过："创新最好来自对这个主题一无所知的人。"

柯达也证明了这种说法的正确性。想象一下，发明一种不同于现有相机的相机技术多么有创意。我们都知道，柯达在将创意转化为创新方面多么失败。柯达认为自己知道相机应该是什么样子：镜头后面要有胶卷。真是这样吗？

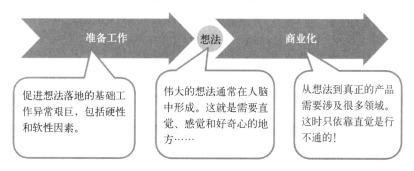

图 23-2. 除了一个伟大的想法外，创新还需要更多

创新的一个关键方面是要有质疑现有一切的能力。要做到这点并不容易，需要反思多年来一直认为不可缺少的事物（或者那些已经开发出来的产品），这种反思从感性方面来讲并不容易。人们需要获得的是这种能力，而不是现有产品的相关知识。

（v）创新只关注用户？

创新不仅仅是创造新事物，即对用户从你这里得到的商品或服务产生直接影响。

这里有一个简单的例子：生产效率更高或更环保的产品也是创新，不是改进产品本身才叫创新。

事实上，通过创新给用户留下深刻的印象，而不创造有形价值，可能是一种理想的（副）效果。

但是，创新也要能明确关注其他相关利益群体：所有者、供应商和员工。

- **利益相关者**通常喜欢单位投入产出值的增加，这样组织市值会上升。投资者对"创新"的定义通常比用户满意度更广泛。
- **供应商**不仅是获得更好供应和服务的创新目标，同时也是价值链上合作创新的潜在伙伴。
- 创新可以使组织对现在和未来的**员工**更有吸引力，也不会触及员工生产的产品质量或生产效率问题。更好的工作条件、更清晰的职业道路或更好的个人发展机会都可以通过创新实现，而不仅仅是提高工资。

（vi）创新需要更多数据？

如今，创新人员不需要费力去收集或生成数据。大多数组织只是使用了自己已经拥有的大量数据中的一小部分。

因此，建议首先集中精力探索已经拥有但仍然未使用的数据。其次，许多数据可能已经收集起来，但除了支持直接的操作外，并没有使用。还有一类数据无须支付成本或支付少量费用就可以采集了。

如此之多的创新能力存在于这些数据源中，以至于大多数组织甚至没有精力处理更多额外获取的数据。

某些具体情况下可能会有例外，如获取那些必需的数据，但是从经验来看，组织应在积累更多数据之前全力使用好那些已经可用[1]的数据。

而且要记住，不应采用任何未来可能被怀疑适用性的方式去收集个人数据，以避免与隐私法规（如 GDPR）发生冲突。

什么是数据驱动的创新？

想到数据和创新，首先想到的是什么？例如，无监督学习的新应用程序或云中的多域主数据管理？

所有这些都非常有价值，但技术创新经常让人们忽略另一面：**数据管理正成为业务创新的助推器。**

换句话说，数据驱动型组织首先不会改变创新的人员和流程。相反，数据驱动型组织将配备数据和工具，简化人员的工作。

事实上，巨大的机遇在于探索基于数据或之后通过数据验证的那些传统而又有新意的想法。

这就是数据驱动的创新。它被公认为一门专门的学科，人们已经开始使用缩写 **DDI** 来表示这个概念。经合组织（OECD）早在 2013 年就发布了这个定义。[2]

必须考虑到 DDI 并不是与"传统"创新竞争，而是扮演了对传统创新的支持角色。同样的研发实验室将继续致力于创新解决方案，但数据的支持会越来越重要。

利用数据进行创新

数据不仅可以支持运营或用于预测，还能以多种方式推动创新。

尤其是数据可以揭示出组织内外的相关性和因果关系，还可以通过确定以前未知的需求或新产品机会来回答以前未提出的问题。

除此之外，数据也提供了定制产品或服务的替代方法，因为可以帮助衡量用户购买新产品或不同产品的意愿。

毕竟，大多数组织的创新能力弱并不是由于缺乏创意而造成的。无论何时，只要员

---

[1] 在上下文中，"可用"是指在数据库中拥有的数据以及可以免费访问的外部数据，即免费数据或已经付费的数据。

[2] 参见 Exploring Data-Driven Innovation as a New Source of Growth: Mapping the Policy Issues Raised by "*Big Data*"（探索将数据驱动的创新作为新的增长来源：了解"大数据"带来的策略问题）（经合组织，2013）。

工站在用户的立场上考虑，创意都会不断涌现。然而，由于在商业上成功的不确定性很大，往往阻碍了商业化的过程，换句话说，是风险规避阻碍了这一过程。

当然，数据并不局限于对现有想法的验证。开发新产品或服务也可以用数据支持，如模拟数以百万计的几十种属性或成分的组合，手动模拟会花费人们大量的时间。

此外，数据还可以帮助组织以新方式宣传产品，即分别向人们介绍并展示创新产品如何满足个人不同的需求。

数据甚至可以支持专业方面的创新，如新生产工艺的确定和验证。这类工艺允许以相同的价格生产更好的产品，或以更低的价格生产相同的产品。

支持数据驱动的创新

希望创新发生，它也不一定会发生，当然，不创新的组织将被其他创新的组织所取代。这就是为什么仅仅**允许**数据驱动的创新是不够的。相反，组织需要积极**创造**数据驱动的文化，不是通过海报和口号，而是通过鼓励和奖励每个人。

那么，组织如何有效地支持数据驱动的创新？

确定障碍

有多种原因导致数据驱动的创新在组织的各个层面上都会受到阻碍。

（i）高管

要积极创新？不是每个高管都会同意这种看法！经过不懈努力（有时会长达几十年）成功打造了一个组织的高管们，会对组织的现状和组织在过去取得的成就感到非常自豪。

高管层面的第二个障碍是经常将效率提高和成本节约同创新相混淆：**节省成本**的做法会被竞争对手毫不迟疑地复制（或许你的组织也在这么做），因此，很难仅通过降低成本赢得市场。相比之下，**创新**是竞争对手无法轻易复制的。

（ii）员工

员工已经为数据驱动型组织做好了准备，因为数字原生代都精通数据。

真的是这样吗？

要正确认识到对私人数据的处理完全不同于对业务数据的处理。以智能手机为例，手指轻点就可以完成操作，不需要与任何人合作。处理组织业务数据的方式也是这样吗？

我猜不是这样，主要基于以下差异：

- 在私人生活中，**其他人**正在确保数据对你有所帮助。
- 在业务环境中，你需要注意让数据帮助到**其他人**。

从这个意义上，我们可以说，智能手机开发者是精通数据的人，而不是用户。组织中有多少智能手机应用开发人员？

（iii）中层管理人员

组织中会有管理者公开承认反对建立数据驱动型组织吗？可能不会！

事实上，很难看到公开反对数据驱动的管理者。在许多传统型组织中反倒可以观察到以下这些行为模式。

第一步：最高管理层推动创新。

公开支持数据管理和数字化是高管们共同的客套做法。如果看过《福布斯》等杂志对首席执行官的采访，就会知道我的意思……

第二步：员工们喜欢创新。

如果科技让个人每天的生活变得更轻松，那么人们很可能也会在职场上欢迎这种进步！只要不被视为竞争威胁（将自己的工作置于风险之中），数据驱动的进展通常被认为是积极的。

第三步：中层管理者有顾虑。

是指哪些人呢？是那些不参与组织战略制订但又拥有庞大团队的经理们（如分支机构经理）。他们本应作为推动者将公司战略引入其负责的领域并发扬光大。但是很多时候，创新也是在这里失去了动力。

是这些经理不够聪明吗？他们不理解公司的战略吗？

不，大多数中层管理者都足够聪明，通常，他们也很喜欢创新的想法！只不过他们各有各的理由不去推动变革。

2004 年，雷纳·迈耶（Rainer Meier）担任德国邮政公司通信主管时已经观察到了这一现象。雷纳曾称之为"中层管理云"，并将其定义为对掌握知识的管理层而言，变革被视为一种威胁（2004）。

那么，中层管理者的担忧从何而来？对于这种情况该怎么应对？作为变革拥护者的管理委员会应该建立一个通道，让中层管理者发声。随后需要找到为关键问题确定可靠答案的模式。以下是中层管理者处理创新时担忧的几个典型问题：

- 如果失败了怎么办？只有一次机会吗？失去的比得到的更多吗？
- 这对我有什么好处？这是否符合我的职业生涯规划？
- 创新是否会转移团队日常工作的精力？
- 如果不能理解新知识，该怎么办？毕竟，创新往往伴随着新技术，而这些新技术是我 30 年前在大学里不可能学到的。

成功的组织将把公开处理此类问题作为管理者领导力发展的一部分。你的组织是否有这样的计划？

组织创新

统筹考虑的架构有助于推动数据驱动的创新。以下三个方面对建立必要的坚固基础至关重要。

（i）创建适合的组织架构

在受到保护的创新空间中推进创新的想法更为容易。否则，创新就会被过多的日常工作所淹没。

如果希望组织能够利用数据创新，你可能更喜欢以数据为中心的研发方法。毕竟，相同的数据源可能会推动不同产品或服务领域的创新。

然而，并非所有创新的数据工作都需要从日常业务中剥离出来投入到研发环境中。即使在正常的部门内，也可能希望提供组织支持，以便人们能够在不被日常工作分散注意力的情况下推进创新想法。

如果组织规模足够大，那么拥有一支经过培训、能够将想法转变为现实的数据专家团队是一项不错的投资。这些专业人员可以支持那些来自不同部门、拥有良好创新想法的同事。

有时，即使是定义新方法的创造性任务，以及该方法的处理过程也需要不同的技能。因此，如果有人提出一个好主意，不应该强迫创意提出者完成所有的后续步骤，应找到受过训练并愿意接手的人员来继续。

（ii）管理整个创新过程

人们倾向于过早地结束创新过程，通常是在过程中取得令人印象深刻的结果之后。

这类结果的例子包括：受到广泛赞誉的概念、已签字验收的软件和成功的试点项目。

你可能不希望创新过程到此为止。

一个精心设计的"创新流程"可以在此提供帮助。"创新流程"涵盖从想法、研究到产品化的整个过程链，确保创新在最终实现之前得到充分的关注。

一旦机会出现，良好的创新流程将确保这一机会被识别、规范化，并获得优先权和资源，包括那些"脏活累活"，如烦琐的业务案例计算。

请注意，形式化并不一定会扼杀创造力。相反，一个精心设计的流程可以防止有创造力的人分心，同时确保所有必要的非创造性活动能够完成。

此外，所有相关的业务职能部门都需要在早期阶段参与到创新活动中来。如果创意在受保护的环境中停留太久，许多关键、非技术性的副作用就会从视野中消失。

示例 1

假设有一个考虑使用无人机送货的公司。

这个创意本身并不是一项创新！

测试这一想法相对容易，受控的测试环境基本就是测试成功的保证。

通过这样一项提议，一个公司可以塑造自身创新驱动者的形象，正面的新闻报道也随之而来。

随后，艰苦的工作开始了。

a）用户关注点：公司需要确定无人机送货能够为用户增加什么价值。用户为什么要为这样的服务（花更多钱）买单？有多少用户会购买这样的产品？

b）业务关注点：公司必须计算附加值，并通过商业导向的试点项目进行验证。该方案能为我们赚（更多）钱吗？

c）运营关注点：必须界定所有可能偏离正常流程（Happy Flow）的情况，比如故意破坏，或者可能发生的无人机之间的碰撞。解决方案需要从工程、流程设计和软件方面进行研究。结果需要具有可操作性，可以在日常工作中使用并推广。

d）法律关注点：合规性在监管日趋严格的无人机业务中至关重要，同时需要预见到新的尚未治理的方面。安全和安保方面也需要注意。

总而言之，第一次成功飞行所做的工作不到整个工作的百分之十。

从我们在媒体上看到某品牌无人机首张照片后的两年内，为什么没有一家著名的物流公司建立大规模的无人机业务？这是有充分理由的。

（iii）让数据可用

应该组织好数据，让所有潜在的创新者都能看到哪些数据可用。

数据办公室要支持让大家访问这些数据。要附带有关数据的所有相关信息，即数据源的可靠程度、数据年代、数据结构等元数据，以及数据质量信息，如数据的完整性、格式符合性等。

考虑到组织中可能有更多的潜在创新者，而数据专家和研究工程师数量有限，因此，让数据可用对于创新很有帮助。

适时使用业务案例

在为组织增加新产品之前，业务案例必不可少。但是，在创新过程中，不应过早地应用业务案例，因为在探索可能的盈利方案之前过早使用业务案例会扼杀有希望的想法。

如果缺少详尽的业务案例信息，可以采用如下两个步骤：先从低成本项目开始，以便验证想法的商业可行性，确认了项目的创新潜力后再启动实施项目。

将数据纳入创新文化

即使在创新文化高度发达的组织中，人们通常也不认为"数据"是创新的驱动因素，提到创新首先会想到的是头脑风暴、市场分析、创意管理等。

从这点看，"让我们问问数据！"的文化的确非常有帮助。

当然，单靠数据永远无法创新，正如单靠赛车无法赢得比赛一样。但即使是最好的赛车手也会喜欢更快的赛车。因此，建议鼓励最好的创新者使用数据增加成功机会！

为了让每个人都参与进来（不仅仅是"天生的创新者"），应该大张旗鼓地奖励正确的行为：

- 人们应该积极使用获得的工具开展下一步工作，而不是希望有创造性的想法冒出来就能立即转化为创新成果。
- 创新者应该有勇气在无法实现盈利时立即停止项目。这需要强有力的文化，鼓励人们迈出这一步，而不是总想着失败了。
- "每个部门提供创意的数量"可以用作公共指标。这个做法适用于创新的所有后续步骤，包括那些吸引力较弱的步骤。
- 在创新早期阶段应允许人们多走走看看，如为其最初的想法寻找更好的实现方式。要鼓励、奖励人们尝试和犯错。通过创建"游乐场"以及正式为创造力工作留出时间来实现这一目标（请将其视为"研发"的一部分，而不是将其看作浪费工作时间）。

好的示例会帮助人们认识数据的力量。它们不一定来自自己公司或自身经验，只要案例真实可信即可！

将数据创意商业化

根据 2019 年 NewVantage 的调查（Brown，2019），只有 11% 的首席数据官承担组织的盈收职责。

鉴于越来越多的组织将整个业务模型建立在数据之上，许多组织可能错过了一个机会。即使组织的主要目标不是直接建立在数据商业化的基础上，首席数据官也不应该静静等待业务人员寻求帮助。

相反，数据本身可能会带来机会，成为向内部甚至外部提供的产品。

"十万用户"战略

- 一位用户的信息是轶闻趣事。
- 100 位用户的信息可以形成初步的洞察报告。
- 十万名常规用户的信息从数据的角度看就是一笔财富。

如果为一个拥有众多用户的组织工作，或许应该制订一项战略以便利用好这些资产，甚至超越核心业务：可从组织购买人员或数据。

除了用户数据之外，没有任何其他数据领域能够提供将自己的信息与外部信息结合分析的绝佳机会：社交媒体对用户非常了解，但它们永远不会直接分享给你。

数据管理第 12 定律

十万条数据记录的价值是一条数据记录价值的十万倍以上。

以下是"十万用户"战略的一些建议。
- 十万名用户足以创建一个社区：人们围绕组织的核心产品，交流思想、问题和想法，这些活动都是以看得到的组织品牌和徽标为背景开展的。
- 这些用户可以帮助收集其他组织（至少是所在行业以外的组织）无法收集到的数据。这些数据可能对其他领域的组织至关重要。
- 不必与个人用户信息打交道（记住 GDPR），十万条匿名记录足以统计相关群体的偏好和行为模式，甚至可以出售这些偏好和行为模式：其他组织通常对属性层面的相关性和因果关系感兴趣，不需要个性化数据。
- 吸引这些用户购买组织提供的其他服务（从而产生额外收入），用户与组织的关系为后续业务的开展起了个好头。
- 垂直扩展业务，为用户带来无缝、直观的体验（不仅仅是亚马逊这样的大型公司才可以做到这一点）。
- 通过对交易数据的统计分析找到追加销售或交叉销售的机会，而不是靠猜测行事。
- 研究流失用户有哪些共同点，从用户流失分析转向防止用户流失分析，在用户群流失之前采取相应行动。
- 通过分析可以更系统地了解用户。一个葡萄园不仅知道有多少顾客为酒柜的最大容量购买了足够的白葡萄酒瓶，还可以确定愿意接受此类服务的用户百分比。最后，甚至会发现哪些用户属性组合购买辅助设备的可能性更高。100 个用户的数据不足以找出答案，因为许多属性组合只代表一个或两个用户。
- 在完全不同的产品或服务中结合你的知名品牌，用户会因为信任好品牌而愿意开始新的体验。

从统计意义上看，100 人的民意调查未必准确。不过，很难在合理的成本下要求更多的人接受调查。询问十万名现有用户可以为你提供可靠的统计基础。他们不代表所有人，但很可能代表目标用户群体！
- 可能会收集到对其他组织有价值并能向其出售的数据，甚至可能是原始数据。

如果有足够多的数据能够一次又一次地验证新想法，就会具有相当大的优势。小型组织可能很灵活，但大型组织有着广泛的用户基础，还有可供不断尝试的资金。只有在自己的组织试行过，才知道有些东西不起作用。其他组织的失败是因为它们可能用了不同的方法，直接采用他人失败中得出的结论是有风险的。

试试奇怪的想法。回顾过去，大多数真正的创新都是这样开始的。假设以前各种普通的想法都探索过了。你也不会因为尝试和失败而毁掉声誉。如今，用户都会赞赏企业家的勇气。

数据创新工厂

曾注意过实验室产品和正式产品之间的差距吗？

我在"数据产品"上经常观察到这种工业化差距——包括内部产品和对外提供的产品均是如此。它们似乎倾向于保留"学术性"。

如本章前面所述，数据创新工厂可能是实现数据驱动创新最可持续的方式，负责从最初的想法到试点阶段、从产品定义到最终产品初步评估的所有步骤。

这样一个集中式机构还将保证以相同的标准衡量不同的想法，有助于消除优先级不同带来的偏差。

这是个可以帮助你实现"言行一致"的机会：数据创新的备选创意可以通过数据来判断和评级。

附录 A 定律列表

序号	定律	章节
1	**数据需要治理。** 关于与数据相关的责任和活动是集中管理还是放权管理，组织必须适当权衡。 ● 任何集中都需要有充分的理由。 ● 任何放权都必须以信任和支持为前提。	2
2	**数据是一项业务工作。** 数据管理是整个组织中每个人的工作。它尤其不是一项 IT 工作，也不是从技术开始的。数据管理是在相互理解的坚实基础上构建业务与 IT 之间的桥梁。	2
3	**数据总是使用所有事实。** 仅仅根据某些事实做出决策是不够的，而是需要整体考虑组织范围内所有的相关事实。	2
4	**数据都需要授权和认可。** CDO 既需要最高管理层授权，也需要员工的认可。前者必须从一开始就存在。后者必须由 CDO 自己来实现。	2
5	**数据是跨职能的。** 因为数据是跨职能的，所以数据管理也是跨职能的。	2
6	**数据意味着变化。** 要成为数据驱动型组织，整个组织范围内各方面都要做出改变。	2
7	**数据面向每个人。** 数据处理不只是一小群专家所关注的主题。数据驱动型组织需要提高全员的技能，并为他们开放所有相关数据的访问权限。	2
8	**整个数据供应链都很重要。** 数据管理需要涵盖数据供应链的所有步骤，从数据的创建或采集一直到数据的使用。	3
9	**数据采用全球标准在本地应用。** 数据管理需要集中治理。默认情况下数据治理应该强制执行。	6

（续）

序号	定律	章节
10	**数据是资产。** 无论从法律角度还是税收角度，组织都应将数据视为资产。	16
11	**决策需要数据。** 有效的数据管理让所有管理层都能够做出清晰、充分知情的决策。	18
12	**数据的价值呈指数级增长。** 十万条数据记录的价值是一条数据记录价值的十万倍以上。	23

附录 B
参考文献

Allen, K. (2019). Radical Simplicity. London, UK: Ebury Press.

BA-Support. (2019, July 18). Business Analytics for Managers. Retrieved December 10, 2019, from www.ba-support.com: www.ba-support.com/ doc/stat/Content/anova/anova.htm

Baxter, M. (2019, April 23). The future of the CDO: Chief Data Officers need to sit near the top. Retrieved December 17, 2019, from information-age.com: www.information-age.com/ future-role-cdo-data-scientist- 123481892/#

Bean, R. (2018, January 29). The Chief Data Officer Dilemma. Retrieved December 17, 2019, from forbes.com:www.forbes.com/sites/ciocentral/2018/01/29/the-chief-data-officer-dilemma/#678dedee3896

Beatie, K. (2018, January 18). The Importance of Data Management in Recruitment. Retrieved February 9, 2020, from hanrec.com: https:// hanrec.com/2018/01/18/the-importance-of-data- management-in-recruitment/

Brown, S. (2019, August 15). Make room in the executive suite: Here comes CDO 2.0. (M. S. Management, Editor) Retrieved December 18, 2019, from mitsloan.mit.edu: https://mitsloan.mit.edu/ideas-made-to-matter/ make-room-executive-suite-here-comes-cdo-2-0

Davenport, T. H. (2017, May). What's your data strategy? Retrieved from Harvard Business Review: https://hbr.org/2017/05/whats-your-data- strategy

Delesalle, P., & Van Wesemael, T. (2019). Deloitte Global CPO Survey.

Deloitte. (2019, December 05). How Companies Are Using Intelligent Automation to Be More Innovative. Retrieved from Harvard Business Review: https://hbr.org/sponsored/2019/ 12/how-companies-are-using- intelligent-automation-to-be-more-innovative

Dykes, B. (2016, August 24). Data-driven success rests on the shoulders of a strong executive sponsor. Retrieved December 10, 2019, from Forbes.com: www.forbes.com/sites/brentdykes/ 2016/08/24/data-driven-success-rests-on-the-shoulders-of-a-strong-executive-sponsor/#31c68cb52233

EU Commission. (2019, November 27). What does the General Data Protection Regulation (GDPR) govern? Retrieved from Website of the European Commission: https://ec.europa.eu/ info/law/law-topic/ data-protection/reform/what-does-general-data-protection-regulation-gdpr-govern_en

European Commission. (2020, February 19). White Paper on Artificial Intelligence – A European approach to excellence and trust. Retrieved from https://ec.europa.eu: https://ec.europa.eu/info/sites/info/ files/ commission-white-paper-artificial-intelligence-feb2020_en.pdf

Gieselmann, H. (2020, February 1). IT-Sicherheit: Von Clowns und Affen. c't(4/2020), p. 3. Retrieved February 1, 2020

GoFair. (2019). FAIRification Process. Retrieved December 10, 2019, from go-fair.org: www.go-fair.org/ fair-principles/fairification-process/

Goyvaerts, J. (2019, November 22). Regular-Expressions.info. Retrieved December 25, 2019, from www.regular-expressions.info/: https:// www.regular-expressions.info/

Hellard, B. (2019, September 30). AI and facial analysis used in job interviews for the "first time". Retrieved December 12, 2019, from ITPro.: www.itpro. co.uk/business-strategy/ careers-training/34522/ ai-and- facial-analysis-used-in-job-interviews-for-the-first

IFRS. (2017). IAS 38 Intangible Assets. Retrieved from IFRS: www.ifrs.org/ issued-standards/list-of-standards/ias-38-intangible-assets/

InformationAge. (2006, December 22). Intelligence as a service. Retrieved November 14, 2019, from information-age.com: www.information-age. com/intelligence-as-a-service-276141

Labovitz, G., Chang, Y., & Rosansky, V. (1993, 11 01). Making Quality Work: A Leadership Guide for the Results-Driven Manager. Wiley.

Logan, V. (2019, March 07). Be the centre of gravity not control. Retrieved from Information-Age.com: www.information-age.com/gartners-chief- data-officer-survey-123480481

Luke. (1971). Holy Bible – English Standard Version. In Holy Bible – English Standard Version. Crossway.

Marr, B. (2019). Why every business needs a data and analytics strategy. Retrieved December 10, 2019, from bernardmarr.com: www.bernardmarr. com/default.asp?contentID=768

Meier, R. (2004, May 3). Communication in Time of Change. DHL Advanced Business Leadership Programme. Boston, MA, USA.

Möller, A. (2019, November 25). Heading AI lighthouse cases at Bayer. Retrieved December 3, 2019, from LinkedIn.com.

Moran, M., & Logan, V. (2018, June 25). Success Patterns of CDOs Driving Business. Retrieved from Gartner.com.

OECD. (2013, June 18). Exploring Data-Driven Innovation as a New Source of Growth: Mapping the Policy Issues Raised by "Big Data". OECD. Paris: OECD Publishing. doi: https://doi.org/10.1787/5k47zw3fcp43-en

Parker, S., & Walker, S. (2019, 10 28). Think Big, Start Small, Be Prepared – Master Data Management. Retrieved November 14, 2019, from gartner.com: www.gartner.com/doc/ reprints?id=1-1XTK8FUK&ct=191127&st=sb

TOGAF. (2019, 12 01). The Open Group. (S. Nunn, Editor) Retrieved December 25, 2019, from www.opengroup.org/togaf

Treder, M. (2012, March 31). Basics of Label and Identifier. Retrieved from SlideShare: www.slideshare.net/martintreder16/2012-03-basics-of- label-and-identifier

Treder, M. (2012, November 30). License Plate – The ISO Standard For Transport Package Identifiers. Retrieved from SlideShare: https://de.slideshare.net/ martintreder16/license-plate-the-iso-standard-for-transport-package-identifiers

Treder, M. (2019). Becoming a data-driven organisation. Heidelberg, Germany: Springer Vieweg.

UPU. (2019, December 1). About Postcodes. Retrieved December 24, 2019, from www.upu.int: www.upu.int/ en/resources/postcodes/about- postcodes.html

Wikipedia – Boiling Frog. (2019, October 13). Retrieved November 30, 2019, from wikipedia.org: https://en.wikipedia.org/wiki/Boiling_frog

Wikiquote – Helmuth von Moltke the Elder. (2019, December 16). Retrieved from https://en.wikiquote.org/: https://en.wikiquote.org/wiki/ Helmuth_von_Moltke_the_Elder